陌途中的故鄉

Homeland Along Unknown Roads

陌途中的故鄉

Homeland Along Unknown Roads

Published by Oves Books 燕麥地書社

Copyright © 2026 by Vincent M. Hu

Designed by Vincent M. Hu

All rights reserved. No part of this book may be reproduced or transmitted in any form or by any means without written permission from the author.

Manufactured in the United States of America
Oves Books are printed on acid-free paper
First published in the United States Perfect Bound in 2026

ISBN 979-8-9943499-0-8

陌途中的故鄉

Homeland Along Unknown Roads

胡木貴 著

by Vincent M. Hu

燕麥地書社 OVES BOOKS CINCINNATI OHIO

暮色中的少年游。

歌吟是路，星辰是門。與先賢同旅。殘山剩水為我故鄉，古今廢墟皆我家園。

獻給

途中的人們

目錄

代序：大地上的異鄉者

奉獻給讀者的這本冊子，是我的旅行隨筆。記錄了這些年我在世界漫遊的足跡。這些文字，有對沿途的風景流連，對名山大川的浩歎；有在通都大邑攬勝，有在博物館、畫廊的美學散步；有途中邂逅有趣的靈魂，遭遇形形色色的世界；有對歷史掌故的探幽，對古壘廢墟的憑弔；有與先賢的異時同遊，與其純粹心靈的隔空對話；有路途獨行的哲思，有異鄉旅羈的詩緒；有音樂藝術的采風，有文學詩歌現場的尋蹤等等。

或許人生來就有一種衝動：在路上，去遠方。過一種放浪形骸的生活。四處肆意逡巡，無拘無束漫遊。看盡天下至景，飲盡世上美酒，閱盡人間百態。之於我，就是如此。少年時，我住在長江邊上的一座古城。望著滿江滔滔東逝水，孤帆遠影消失在天際，內心充滿渴望。及年長，我負笈跨過大洋，旅居北美。一有機會，便滿世界行走。對於現代人而言，旅行的樂趣，大概也包括一種暫時逃離名韁利鎖、逃離謀害自己現場的快感吧。似乎這樣能擺脫各種規則、身份和角色的約束，超越如蛹般生活，擺脫西西弗斯似的苦役，重新獲得全然的自我。當然，一次旅行怎麼就能使自己脫胎換骨？其實，人的世界本質上到處都一樣。不必對別處的事物抱太多的希望。

但人在旅行中，真有可能收穫前所未有的視野開闊和心智覺醒。途中的所見所聞，會激發新鮮感和好奇心，觀察力和審美力。旅途上，因為異鄉人的視角，而變得格外敏銳和獨到。見識到大地上千萬種生存方式，不同的人文傳統和價值觀念，以及各種信仰體系。體味不同生存智慧和文化的豐富層次。從中可汲取養分，進而塑造出自己獨特的價值系統。當我抵達一座陌生的城市，常常站在一個喧囂的十字路口東張西望。就像窺探一個巨大的迷宮，面前充滿了各種誘惑和可能性。陌生的街道有著獨特的魔力，每一個轉角都可能帶來意外的驚喜。看著來來往往的人群，猜想他們各自的故事。印證以前閱讀過作品的文學現場細節。有時覺得他們就是另一個自己。不消說，我最喜歡的是大自然。旅人作為一個異鄉者，遊蕩在古樸原野，彷徨於蒼茫大地，航行於無邊大洋。仰觀宇宙之大，俯察品類之盛。如宇宙的塵埃般飄蕩，切實感受到自己僅是整個大自然的一分子，而非主宰萬物的中心。從身到心皆體會到人與自然的和諧共生。於是學會謙卑、順應和包容，用平和的心態接納這世間的無常變遷。一顆大地上異鄉者的心，往往比閉塞一隅的人之見識更通透、更寬廣。

在路上、去遠方的衝動，以及奔走與漫遊的背後，是一種對生活在別處的希冀，對永恆家園的渴望和追尋。在這種追尋中，旅人作為異鄉者，行遍人間千萬種生存形態，見識不同的文化智慧，領會繁複的歷史經驗。用赤子般的眼光，觀察和體味這個世界上的一切可能性。找尋詩意的棲居。也許正是腳踏大地的層層解構和體驗，讓原先那個虛無縹緲的至高家園更趨真實。

車窗外的風景如同生命的縮影，不斷變換卻又永恆不變。看到城市逐漸融入鄉村，平原讓位於山脈，日出變為日落。在這流動的畫面中，我開始思考：家園究竟是什麼？是否真的存在一個固定的「故鄉」？旅行中，我在那些神交已久的書寫者、作曲家或畫家的故鄉漫遊，印證他們作品中所描寫的故鄉。體會其鄉土的詩意。讓我有一種歸鄉之感。當我看到人們在孜孜不倦地活著，即使環境惡劣，也會把幾堵牆加一片鐵皮瓦稱之為家。這讓我感動萬分。或許家園的時空維度就在當下。故鄉，不僅僅是一個物理空間，更是一種情感狀態。「吾心安處即故鄉」大概就是這個意思吧。

旅途中，最讓我震驚、唏噓和惋惜的是那些古老廢墟。它們是過往輝煌文明的碎片，也是未來的預言。其展現的創造力令我驚歎和敬畏，記錄了先民表達自我、對美的追求、對神明的敬畏。反映了人性中一些永恆的特質。同時，廢墟展現出的人類因不能容忍其它種族、宗教和文化而引起的摧毀力，以及對環境的破壞力令我悲傷。強大文明也是脆弱的，法國哲學家加斯東·巴什拉在《空間的詩學》中提到，廢墟會喚起對「家」的原始記憶。漫步在仍散發曾經家的餘溫的斷垣殘壁之間，我不禁想像，那倒塌的門框，是否曾迎接過遠方歸來的遊子？唉，溫馨的「家」只是一個瞬間。人類歷史就是不斷毀掉家園又在廢墟中重新建造家園的過程嗎？在我的眼中，廢墟是一種對普世「家園」的召喚。我們都是人類大家庭的一員，都在書寫著這個星球的歷史。在與廢墟瓦礫的歷史對話中，我意識到，「家園」不僅僅是當下的居所，更是一種跨越時空的文化認同。家園包括了我們的文化傳統，我們的集體記憶，以及我們與過去的聯繫。家園應是與他人、與環境、與歷史的和諧共處。家園不僅是生我養我之地，更是情感聯結、文化認同、生態責任和人類共情的綜合體現。它是脆弱的，也是韌性的；它是個人的，也是集體的；它是當下的，也是跨越時空的。一切廢墟，都是我的家園。

人生如旅，我們是大地上的異鄉者又是歸鄉者。行走中，我意識到，真正的故鄉在不斷的行走中，在與他人的相遇裡，在風景與靈魂的對話中。對於大地上的異鄉者而言，與世界萬象相遇，實際上就是一種心之旅程，一種在路上發現並建構家園的過程。也許，正如風景在眼前流轉，我的「故鄉」也是流動的。每一個停留過、愛過的地方，都成為了我心靈的一部分。每一個被人們讚美之他處、眷戀之他處，也都是我的故鄉。我帶著這些地方的印記繼續前行，讓世界的每一個角落都有可能成為我的家園。

大地上的異鄉者，是大地上踏在歸途中之人。

對於這個世界，無論何處，即便異國他鄉，我都不是一個局外人。於是，我且行且歌，且行且寫。問道於先賢，與途中的際遇對話，叩問生命的意義，文明的意義和家園的意義。行囊中裝滿途中的風景，耳中充盈了大自然的歌吟。享受行走的妙味。將陌生的他鄉轉化為故園的甜美記憶。出走一生，歸來依然是少年。所得見識已足以富甲一方。現在，我把途中的文字殘片歸攏，呈於讀者慧目之前。不敢言集腋成裘，僅聊表撇帚自珍之意耳。

最後，祝願讀者諸君自己今後的旅行，能像希臘詩人卡瓦菲斯筆下所寫的那樣：

「當你起航前往伊薩卡，

但願你的旅途漫長，

充滿冒險，充滿發現。」

胡木貴

2024 年秋 於寓所 聽星閣

美國俄亥俄州，辛辛那提市

逝去的廊橋

橋，從小令我著迷。它，架在流水上，橫跨溝壑、峽谷。於是，有了通途。車水馬龍，南來北往，有了外面的世界。有了歸來的故鄉。橋，可以是任何形式，或獨木，或幾根鐵索，或石，或竹。當然，也可以是一道彩虹，或由一群喜鵲搭成。

橋，連此岸彼岸。詩意沛然，「騎驢過小橋，獨歎梅花瘦」。橋，容忍任何過客，鮮衣怒馬，趾高氣揚，請便；老馬識途，歸來空空行囊，滿面塵土者，可過。《華嚴經》雲，「廣度一切，猶如橋樑」。一座搭成的橋，除了風化、崩塌、焚毀，就是為廣度而存在。為人間的聚散，為人世的故事提供一個入口或出口。從它的第一個黃昏，到第一萬個黃昏，橋下的水永無止息地流逝，見證世間萬事萬物的迴圈與重複。

旅居北美，最讓我喜歡的是那些廊橋。其實，廊橋在中國也有。尤多見於故鄉南方。叫風雨橋，其歷史可遠溯秦漢。古畫中常見它在山水間，霧嵐氤氳。北美廊橋，大都漆成朱紅色，架在絕路之處，仿佛一座溫馨的家宅，安居在激流之上。為疲憊的路人，提供了遮風擋雨的庇護所。流浪漢還可於此棲身過夜。曾經，這些廊橋是鄉村的交通命脈，農民們依賴它們運輸農產品。其牲口也通過橋，日出而作，日夕而歸。鹿也會在橋上留下蹄印。

這些古廊橋，是鄉土生活中的獨特文化符號。以前，鄉民常在廊橋舉行公共活動，比如鄉鎮會議，政治和宗教聚會，以及雨天午餐，飲酒狂歡、跳舞。即便現代，每年的夏天，當地人會組織「廊橋之夜」活動，在廊橋上燃放焰火、遊行、擺設藝術裝飾等，以此慶祝和緬懷這些承載歷史的橋樑。每一座廊橋都是一座本地的獨特紀念碑，承載了其鄉土記憶和人文遺產。每位大地的旅行者，心中都會有一座這樣故鄉的橋吧。

廊橋，因其能遮風擋雨，當然也可用於私密情侶聚會。在廊橋上，憑窗竊竊私語，看著青春的笑臉在河面上流淌。在印地安納的羅基爾廊橋，一位村姑為踐約和情郎結為連理，曾隻身在橋上等了整整一天一夜，因情郎遭遇了意外阻滯。十幾年前，一部《廊橋遺夢》惹得一眾癡男女灑下熱淚。說起來，史上最早的「廊橋遺夢」，應是但丁與貝特麗絲在佛羅倫斯「維琪奧橋」的邂逅吧。其淒美的單戀愛情，也成就了不朽詩篇《神曲》。

這些過去好時光裡的橋，正在逐一風化消逝。在十九世紀，北美廊橋曾盛極一時。超過一萬兩千座廊橋覆蓋在美國各地，俄亥俄州約有三千五百座。然而，今天廊橋已寥寥無幾。它們或是被火災，冰和洪水摧毀，或是被鋼筋水泥橋代替，或是最終被時間摧毀。俄亥俄州的廊橋僅存約一百三十八座。並且還在迅速消失。就像過去的好時光，一去不再來。

前幾天，在網上偶爾讀到一位叫珍妮·德赫蘇斯的寫的詩《一個叫家的地方》。寥寥數行，深深觸動了我（詩意轉譯如下）：

「*在廊橋上*

一隻鳥正在築巢

被陰影隱藏」

這首詩還附帶了一張廊橋照片。深紅的橋身，充滿了時間的斑駁。倒映在一條小河的河面上。這讓我萌生去探訪殘存的廊橋念頭。正好秋天，是橋的季節。滿河五彩的落葉在橋下流淌，橋就像一個看慣時間流逝的老人，只是在風中咿呀作響。蕭瑟的秋天，更適合去看一座凋敝的橋吧。於是我驅車，在九月的山野穿行。野花已盛開過了，樹葉開始變色。九月令人傷感。疫情肆虐，時局混亂，人類似較過去更分裂。遙遠的南方，一位好友，正在烈日下奔忙，為其老父籌備葬禮。不能前去分憂，深以為憾。

九月也帶來慰藉。蘋果樹果實累累，不時墜落。路過農家，看見賣秋果的牌子。大豆田野延展至天際，一片片金黃的葉子，在陽光下閃亮，彷佛一片波光粼粼的海洋。大豆正成熟。紅色農舍、穀倉在陽光下顯得格外醒目，其旁池塘的水面平靜如鏡，倒映著藍天和繽紛的樹葉。偶爾魚兒跳躍，激起一圈圈細微的漣漪。時見牛馬悠然吃草，那些雲懸在乾草穀倉的屋頂上，還是過去時光的模樣。我不緊不慢地驅車。輪胎與蜿蜒曲折路面摩擦，發出輕微的簌簌聲響。跟著約翰·丹佛清亮而懷舊的嗓音，我哼著經典民歌《鄉村之路》。穿過田野和樹林。

蜿蜒的盡頭，終於見到休斯頓森林廊橋。朱紅的橋身，白色拱頂的橋孔和窗。橫跨在一條四英里長的溪谷上。跨度約一百英尺。這是一座罕見美麗的橋，居然分隔三道，中間是車道，兩邊是人行道。全木建成，是典型的伯爾拱桁架結構。即由一個拱和多個柱桁架設計的組合。每一塊橋板、每一根橫樑都被精心打造，力求做到相得益彰。廊橋的側廓線條優雅流暢，中部拱門的曲率幾何精確無比。兩側被欄杆環繞的過街天橋恰到好處地襯托出了整座建築富麗堂皇的氣勢。

最令人讚歎的，是廊橋內部那座精心雕刻的冠型斗拱結構。宛如巨人的肋骨般盤繞其間，既富有質樸的藝術氣息，也蘊含著深厚的工藝傳承。敬佩當年的工匠精神，那時候的廊橋大都就地取材，用當地的楊樹、山毛櫸或橡樹做橋樑。用附近開採的石灰石或花崗岩做橋臺。所用螺栓、螺母和釘大都由手工鍛造。

作為一名木匠的兒子，我一向對建築從外觀到結構有濃厚興趣。我繞著休斯頓森林廊橋欣賞了一周，讚歎著。遠遠望去，廊橋呈現出一條長長的木制拱形廊棚，顯得十分簡潔樸實。而當走進廊道，頭頂上方便是一整片串聯起來的木質桁架結構，縱橫交錯，組成了整座廊橋的承重骨架。置身其中，仿佛走進一條會呼吸的百年老巷，一度讓我忘卻了時空的界限。我明白了，給一座橋蓋上屋頂和牆，是因為暴露上層結構的木橋容易腐爛。屋頂保護桁架和橋面不受雨雪侵襲。一座裸露的木橋可以持續大約二十年，而一個有覆蓋的木橋可以延續上百年。據說，把橋蓋成廊的還有其他用途——可以防止牛、馬被橋下的激流嚇壞。

經過圓拱的門洞，走進橋的人行道。木板「咿咿呀呀」地輕響起來。木料的氣息，含有時間的芬芳，在微風中緩緩散開。我駐足四觀，通過拱形的窗，看見半乾涸的溪谷，亂石累累。雜生著各種野花。大部分盛極而衰。而高長的麒麟草並沒有放棄的意思，滿目都是它們紫色的花穗。間雜些名叫「安妮女工的蕾絲」的野花，白色的裙在風中搖曳。兩岸雜木茂密，鳥聲茂密。隱約有蟲鳴。似乎有牛蛙在附近發出空洞的呱呱聲。綠野溪流從橋孔下流過，泛起層層漣漪。橋下丘壑旁，有幾位鄉村小夥在釣魚。手中的銀色漁線起舞。陽光照在他們稚氣的臉上。

橋內居然還有可供休息的長凳。坐下喝口水，看橋壁陽光晃動。時光似乎靜止不動。橋內壁上有頑童噴漆的塗鴉。窗框上刻著心形。忽聞鳥鳴似的笑聲。循聲看去，橋頭處一對少年情侶正相擁在一起，低語甜蜜。少女低垂的秀髮在男孩的臂彎中微微飄拂，儼然一幅惹人憐惜的溫馨景致。一會兒他們從橋洞走過來。青春的身體在狹長的廊裡擺動，在強烈光的背景上，形成一個剪影。我微笑著，無怪乎那些塗鴉裡有「傑克永遠愛艾米」之類的誓言，這些建築通常被稱為「接吻橋」。這樣好的去處，若不用來幽會，當真可惜了。這古老而樸實的橋樑，應該是愛情佳話的持久見證吧。讓青春的誓言和悠悠小河一樣永在。

這時，有位身著牛仔褲戴著棒球帽五十來歲的漢子，也在橋上邊走邊看。他叫布萊恩，是本地人。是位狂熱的廊橋迷。他告訴我，他祖輩幾代人都是修建廊橋的木匠。只是在他這一代改行了。他來自印地安那的派克縣，那裡曾經有密集的廊橋群。構築於十九世紀中葉的繁榮時期。他爺爺在世時，帶他四下轉悠。指著一座拱腰曲背、滿身斑駁的廊橋驕傲地說，「瞧，那是我和你太爺爺架的。」布萊恩的少時，最多的戶外活動，就是和爺爺坐在一起，看著魚兒在廊橋下游來遊去，聽他講有關橋的故事……。但隨著高速公路的興起，廊橋風吹雨打去。後來爺爺走了，墳墓就在他建造的廊橋對面。河水冰冷，清澈，湍急。後來，這座廊橋被洪水衝垮，鄉里建了座水泥橋來代替它。「那天，我們都流淚了。」

布萊恩的故事真讓我唏嘘。是啊，廊橋，它承載著許多靈魂。他還囑咐我一定要到印地安納看廊橋。特別是印地安納波里斯市近郊的西伍德廊橋，被譽為全美最後一座經典的「Town」式拱橋。精美絕倫。輕盈的廊身以一條完美的拋物線曲率，聳立在斑駁陸離的青草地中央。「在夕陽的映襯下熠熠生輝，不啻一個世外桃源。」布萊恩眼睛發亮地說。

與布萊恩道別後，我也起身離開。臨走時，在橋頭，我讀到了重建銘文。原來的那座百年的休斯頓森林廊橋已腐朽。現在這座，是二零一二年夏天重建落成的。我點頭，深感欣慰。

我有些流連。但一個異鄉人，站在一座異鄉的橋前，能緬懷什麼，可憑弔什麼？有無數的人，經過這座橋，不再回來。我們都在路過而已。該離開的人，已經跨過了橋。該歸來的倦客，已經跨過了橋。

緬因：到燈塔去

接近佛蒙特最北端的新港時，秋色已殘，愈發荒涼。黃草蔽天的沼澤，不知流向何處的深藍色河。時間越來越緩慢。很多時候，我以為到了天地的盡頭。想起梭羅在《緬因森林》裡說，如果你走到世界的盡頭，你會發現那裡有人走得更遠。我笑了起來，向東轉，去緬因州吧，那裡比世界盡頭要遠些。那裡驚濤駭浪，形形色色的燈塔，照耀著或蠱惑著去更遠方的船，也引導著筋疲力盡的船回港。

我一路朝東。群山又恢復到佛蒙特南部秋色萬花筒的模樣。一片又一片的血紅荒野。似乎，愈靠海的地方，秋天要慢一步。但地貌在改變，更多繁茂的松樹，海風帶來豐盛的雨水，滋潤著一切。一片片沼澤，還是最原始的樣子。湖泊像紫水晶，赤裸裸暴露在陽光下。幾隻鳥，可能是潛鳥，在水面上拍打著翅膀。也許它們在尋找那曾經的印地安人獨木舟。那些由一整棵堅韌的白樺樹幹雕刻而成的獨木舟，梭羅稱讚它們「輕如鵝毛」。能在狹窄的溪流和險峻的河段中自如穿梭，好似在滑行的魚。當然，獨木舟不需要燈塔。哪裡有水流，哪裡就有獨木舟的路。

越過緬因州界時，一個標語上寫著「歡迎來到緬因州：生活應該有的樣子」。我有些好奇，生活應該是什麼樣子，緬因州又如何能呈現生活該有的樣子？我特別期待那些黝黑的守塔人，從傳說中走出，亮著他們能透過迷霧的眼睛，親身講述，他們的燈塔如何照亮漆黑的大海，船隻如何離奇失蹤又重現。那些在礁石上的鬼魂，海怪如何從深海浮出水面，冰塊如何撞擊岩石如人魚的歌聲。以及愛倫坡未完成的燈塔作品……

我徑直來到了芒特薩漠島。這是阿卡迪亞國家公園所在。我登臨卡迪拉克山。這是東北部臨海最高處，每天全美第一道曙光在這裡呈現。滿目都是岩石。這座山其實是一整塊有無數裂痕的巨石，被風霜雨雪刻蝕成各種奇形怪狀。表明世界上哪怕最堅硬的事物，也經不起時間的消磨。沿著懸崖邊緣的步道，我行行止止，仰天俯地。海天寂寥，空氣中彌漫著沙灘玫瑰的香味，即使是海風也無法驅散。它們在每一道縫隙裡生長，但已接近尾聲，藤蔓上果實累累。勃勃生機的野生藍莓也如錦鋪。短松傾斜生長著，猶如大地的頭髮。海岸懸崖的花崗岩壁陡峭而雄偉，與波濤洶湧的大西洋形成鮮明對比。

在山頂，看著遠方帆船和龍蝦船滑行。正發著呆時，一位來自新罕布夏的中年人吉爾與我攀談。他其實在緬因長大。他說，此處是觀星的好地方。這個季節的夜晚，貓頭鷹叫喚，涼風習習，不再有煩人的黑蒼蠅。星河燦爛，有彗星劃過。兒時常想，宇宙茫茫，彗星可知道自己去哪兒，它需要一座燈塔嗎?

於是，我們談起了燈塔。吉爾講，高中時去要好的同學家，在閣樓打開一個佈滿灰塵的盒子，看到一本發黃的家庭剪貼相簿。有其母親還是小女孩時喂小雞的照片，背景裡有燈塔。還有其祖父母在燈塔前的結婚照等其它照片。原來他同學家有在一個孤島上當守塔人的歷史。那之後，他們經常分享守塔人的故事，以致吉爾也成了燈塔迷。他告訴我，以前，緬因州曾有幾百座大大小小的燈塔，矗立在危崖之上，或散落在離岸的大小孤島上。給來往的船隻指明方向。世界上，可能沒有其它海岸像緬因海岸，擁有過如此豐富多彩的燈塔了。它們有的高聳巍峨，有的小如螢火；有的阿娜如少女臨水，有的簡潔如火花塞。有的甚至還有希臘風格的多立克柱。經驗豐富的水手，根據燈塔的樣式，就知道在哪片海域。不會將它跟另一束光線混淆。

望著鋸齒狀海岸線，如此破碎曲折的海岸，亂岩、利礁與海洋交匯。低潮時，懸崖高聳，礁石猙獰；漲潮時，兇險礁石會被海水完全遮掩，成為航行的陷阱。這是最難以捉摸的水道啊。我明白了為何需要眾多燈塔。追求財富、踐履自由，征服未知、渴望連接與交通，甚至流浪漂泊，乃人生而有之的欲望。一旦從最初的劃木頭在水上漂浮，進入無垠海洋，風暴、暗礁、迷航就和航海者的命運緊密相連。而對於方向、歸屬和安全的渴望也就應運而生。於是乎，就有了燈塔。古埃及、古希臘、古羅馬等文明都建造過大型燈塔。其中最著名的當屬建於西元前三世紀的亞歷山大燈塔，被譽為古代世界七大奇跡之一。其巨型石塔頂部燃燒著永不熄滅的火焰，成為後世燈塔的典範。可以想見，歸來的水手，看見故土的燈塔，該多興奮！

吉爾喝了口水，繼續道，守塔聽上去浪漫，實則是項幸苦且危險的工作。得經受嚴酷的氣候。特別是冬日的雪風暴，像一頭狂怒的野獸，席捲著整個海岸線。狂風呼嘯，冰塊撞擊。雪花飛舞，將天地間籠罩在一片白茫茫之中。守塔人一年四季，日以繼夜看著水面上。夜間睡前寫航海日誌。白日裡，為燈芯添油，擦淨菲涅爾透鏡，它是一個大得足以容納一個成年人的透鏡，用以放大燈光。在黃昏將盡前燃起燈塔。早期的燈光是通過燃燒木材、鯨油和石蠟，或其它什麼油。那時，保持燈光的燃燒並不是一件容易的事。我插嘴說，那些透鏡需要專業的燈匠來定期檢查，對嗎？逐一輕擊鏡片，如同演奏音樂，帶著無限的耐心。我曾經看過一部「最後的燈匠」影片，說這門手藝快失傳了。吉爾點頭，是這樣的，現代燈塔，再也不需要燈匠了。

吉爾接著說，你知道嗎，對於守塔人，霧是最可怕的。不可預測。可以如畫畫般一縷縷出現，也會像窗簾一樣落下，鬼魅般遮蔽一切。這時得敲響霧鐘或鳴放霧號，給來往的船隻警告。幫助和引導船進出港口，穿越礁石犬牙交錯的海灣。有時，光是燈塔不夠，需要守塔人親身救護。即便如此，也常有迷失、擱淺和翻覆。如利比島有一個時隱時現的嶼。五十年間竟然有過三十八起沈船。燈塔的光芒，照亮了海面，卻無法照亮那些沈沒的靈魂。但也有許多動人的救助傳奇。曾經盛傳一個有關得救的故事。在亨德里克斯角的燈塔，耶誕節的前一天，一條船摔碎在礁石上。守塔人瑪律竭力施救，但狂風和洶湧的海面，讓救助成為不可能。忽然，船上放下一隻箱子，讓海浪送到岸邊。打開，裡面安全躺在一個嬰兒，哭泣的女孩，還活蹦亂跳！不久，海濤吞沒了船骸。瑪律收養了這名孤兒，取名西伯恩。類似的故事，貓頭鷹燈塔歷史上也有。

我說，對於守塔人，最難忍受的是孤獨吧，我少時讀過此類小說，道盡了那種離群索居的孤寂。守望無垠的海域，指引著迷途的航船。海鷗的哀鳴，呼嘯著掠過燈塔尖頂，也掠過守塔人那佈滿皺紋的額頭。特別是在那沒有電的時代。吉爾點頭說，對於在與世隔絕的島嶼或礁石上的守塔人更是如此。不過，通常他們是全家住一起，共同守護燈塔。孩子們把海鷗、鯨魚和海豹當玩伴。冬天，家人一般去陸地避寒，島上只留下男人孤守燈塔。接著，吉爾講了少女艾比和燈塔的故事。馬蒂尼庫斯岩的雙燈塔，是緬因最荒涼、最孤獨的燈站之一。艾比的全家住在島上看守燈塔。一年冬天，艾比的父親到大陸補給物資。風雲突變，困在大陸無法返回。日日夜夜風暴呼嘯，房屋被淹。艾比憑著超越年齡的勇氣和遠見，把母親、妹妹轉移到另一個地勢高的燈塔內。連同養的下蛋母雞也搬去了。一家人每天僅靠一杯玉米麵，一枚雞蛋維持生命。還讓燈光繼續在黑夜中燃燒。整整四個星期後，風暴才減弱，她父親從大陸返回。見到家人安在，喜極而涕。後來，艾比的事蹟還寫進了課文。

接下來的幾日，我按照吉爾的指點，沿著緬因州嶙峋的海岸，穿越海灣和河口、島嶼、鹽沼和濕地、海灘和沙丘、漁港小鎮，由北向南，開始了尋訪燈塔之旅。就像打開一本書那樣，一頁頁讀著它的傳奇。緬因州有很多標誌性的燈塔。從最東北部西奎迪角燈塔，到波特蘭海德燈塔，再到南部的內迪克角燈塔。最衝擊我眼耳鼻舌身意的是佩諾布斯科特灣燈塔，美國最古老的燈塔之一。於一八二七年由約翰·昆西·亞當斯總統委託建造。使用四階菲涅耳透鏡。白色的塔身和黑色的燈籠台形成鮮明對比。燈塔旁邊是燈塔博物館，展示其豐富海事歷史和相關文物。一張泛黃的照片吸引了我的目光。那是守塔人斯洛金。他還是位出色的氣象觀察員和博物學家。每天，他都會仔細記錄風向、氣壓、溫度等資料，為當地漁民和農民提供準確的天氣預報。閒暇時，他喜歡在礁石間收集貝類標本，研究潮間帶生物。他撰寫的《佩馬奎德角的鳥類》一書，至今仍是該地區鳥類研究的重要參考。斯洛金在八十三歲高齡才退休。離開的那天，他久久佇立在塔頂，淚水模糊了雙眼。

佩諾布斯科特灣燈塔讓我敬畏。它矗立在層層迭迭刀片般的片麻岩之上。這些岩石，張開無數獰厲的獠牙，帶著洪荒的曠野，帶著時間錯綜複雜的紋理，傾斜地指向天空。像是大自然中最原始、最瘋狂的力量在肆意詮釋、張揚著自己的野性、粗狂和無拘無束。海岸線處有多個斷崖峭壁，高低起伏，直插入海。海水侵蝕著岩石，形成了許多小的洞穴和凹陷。有的岩石像巨大的鯨魚骨架，風吹過時，發出陣陣哀鳴。懸崖頂部的觀景點提供了絕佳的視野，可以俯瞰大西洋的浩瀚。遠處的海面波光粼粼，近處的礁石形態各異。狂風裹挾著海的鹽腥味，拍打著懸崖峭壁，將白色的浪花拋向高空，又化作漫天飛舞的霧，在夕陽下折射出金色的光芒。懸崖頂部和燈塔周圍生長著各種野花和低矮的灌木。海鷗、海燕在懸崖上空盤旋。有時還能看到海豹在海中嬉戲。

站在佩諾布斯科特灣燈塔腳下仰望，頂部的燈室在秋日的陽光中閃爍生輝，那是第四級菲涅耳透鏡，曾在漫漫長夜中為無數迷途的船隻指明航向。沿著狹窄的螺旋階梯拾級而上，木板發出吱呀的呻吟。每一級臺階彷彿都有無數故事，在腳步聲中被喚醒。登上塔頂的瞬間，凜冽的海風撲面而來。極目遠眺，碧藍如洗的海天相接。往陸地俯視，腳下起伏的丘陵和綿延的松林，目光所及之處，皆是斑斕迷人的秋色。在白人到來之前，這裡曾是印第安人佩諾布斯科特部落的家園。他們捕魚織網，採摘漿果，過著寧靜的生活。而如今，狩獵的號角早已偃息，篝火的餘燼也已冷卻。唯有眼前這座巍峨的燈塔。一些遊人上下忙碌著，從不同角度拍照。這裡是一直風景攝影師的天堂。燈塔的古樸與堅韌，懸崖的壯麗與動態，都啟發創作的靈感。長曝光可以捕捉到海浪的柔和動感，而廣角鏡頭則能展現海岸線的宏偉。

我繼續向南。在路上打尖喝咖啡時，常聽到熱情淳樸本地人回憶他們的燈塔，具有史詩般的傳奇。全美第一位流動燈塔學校教師莉拉 · 塞弗倫斯小姐的故事特別令我感到溫暖。其偉大精神體現在她奉獻青春給燈塔看守人的子女教育。她冒著風浪，乘坐平底小船、或傳教船，沿著緬因州海岸航行數百英里，巡迴給守塔的家庭教課。往往在與世隔絕的燈塔停留很長時間。上課時，燈塔就成了教室。白天教孩子，晚上教家長。還因地制宜，用硬紙板做成龍蝦、蛤蜊和鱈魚形狀的抽認卡。地理課在燈塔的最高處舉行，窗戶看到的景色，本身就是課程。科學實地考察包括探索岩石和水灣。在海浪濺起中，最好的地理課。有一次塞弗倫斯小姐在布恩島燈塔。風整夜雷鳴般的海浪衝擊著燈塔，像一頭咆哮的巨獸，撕扯著海面。海水從可怕的地方湧來。她仍然堅持。有時候，她甚至充當臨時助產士，給守塔人的太太接生。

但一路上，我看見更多燈塔在飄零而去。遇到一些本地老人也念叨、歎息著那些逝去的事物。如鷹島的燈塔被風暴奪去永久消失；聖克羅伊河燈塔，被大火摧毀。人們幾乎沒有記錄它的樣子。阿巴加達塞的燈塔，如今只剩下一片瓦礫，一張發黃的守塔人舊照片。有關那些燈塔的記憶，也許在閣樓的盒子裡、家庭剪貼簿裡、燈光下家庭故事裡。更糟的是，其本身連帶記憶都消失了。從時間的指縫中溜走。船隻或已不再需要燈塔的庇護，被新的導航技術——軌道衛星、GPS、聲納、雷達所取代。

緬因僅有六十八座燈塔存在。每座都有自己的傳奇。我不曾想，這些立在陽光中、立在風雨雷電中燈塔，如今搖搖欲墜的燈塔，曾那樣深深地融入一個國家的成長。為其帶來力量、安全、浪漫和神秘。它們看到了一切，殖民、開拓、捕鯨船、一個國家的誕生、英雄、悲劇、戰爭、時間的流逝和變遷。它們意義如此之大，它們見證了如此之多。

參觀伊莉莎白岬角的波特蘭燈塔，當然是我燈塔之旅的重中之重。它坐落在懸崖上，俯瞰著波特蘭港和大西洋。海岸線崎嶇不平，岩石嶙峋，海浪不斷拍打著岩石，發出低沉而有節奏的聲音。周圍的植被茂密，十月的陽光下，樹木的葉子變成了金黃和火紅。燈塔一側有沿岸一些小徑，供遊客散步和觀賞風景。海鷗、鵜鶘和海燕在海面上翱翔，時而俯衝入水中捕食。波特蘭燈塔由美國第一任總統喬治·華盛頓下令建造，是最古老的燈塔之一。白色的塔身由石塊和磚塊構成，呈圓錐形，頂部則是黑色的鐵制燈籠。巍峨、堅韌。第一任守塔人也是華盛頓任命的。守塔人的房子是新英格蘭維多利亞風格建築，白牆紅瓦。燈塔與守塔人的房子組合在一起，形成了鮮明的對比。既保留了歷史的厚重感，又充滿了視覺上的美感。堪稱建築的傑作。在風吹草木動，湛藍的海背景裡，極具觀賞性。勿怪乎它是全美地標性燈塔。

解說員是一位名叫迪克的老人。一雙藍色的眼睛卻像大海一樣深邃。其祖先來自歐洲，是這片土地最早的拓荒者。與這片海有著不解之緣。迪克的曾祖父曾是一名捕鯨船長，為鯨魚跑遍大洋。捕鯨業的衰落，放棄了航海，回到了緬因州，成為了燈塔的守望者。迪克抑揚頓挫地介紹這座燈塔不僅在航海史上頗具聲譽，也在戰爭時期建立功勳。見證了許多歷史事件。是詩人和藝術家的靈感源泉。著名詩人亨利·朗費羅曾在此與守塔人相處了幾天，創作了詩作《燈塔》。吟詠燈塔在風暴中的堅韌和在夜晚中的光輝。迪克即興地朗誦起朗費羅的詩句:

「*燈塔高聳，夜晚如火柱，白天如雲柱。*」

夕陽西沈，明黃的光線中，波特蘭燈塔的輪廓越發動人。在一片狂野的岩石之中，它顯得文明雅致。像一個古老而堅毅的智者，在那裡沈思。孩子們笑聲圍繞著燈塔。他們一定會把這座燈塔放進有關故鄉的圖片中吧。在往後的人生中不管走多遠，在記憶中，這座燈塔將會是他們溫暖和慰藉的核心吧，感受到家的方向。

我坐在一塊古老的石頭上，遠眺那夕陽下，由光芒與孤寂砌就的燈塔。在這個瞬間，有一種永恆在這裡流動，在這個無垠的宇宙中穿行遊蕩，無處安歇。我，一個大地的異鄉者路過波特蘭燈塔，感受時間、孤獨、無目的性，以及過程之美。觸碰那虛無縹緲的天際。

我們這些過客都只是匆匆而過，但願這些燈塔永遠屹立在那裡，照亮海面。

再訪新罕布夏

就在思緒仍環繞佩馬奎德角燈塔，被那些裸露的片麻岩與白色火成岩，如刀槍劍戟，刺向大海與天空視覺衝擊力震驚而餘韻不斷時，車已出了緬因，駛入新罕布夏。

這是十三年後，我再次來到新罕布夏。上次從這裡帶回一隻廢棄的蜂巢，一塊白樺樹皮。它來自一棵倒下的老樹。那軀幹在褐色的草上雪白得就像骨頭。我把樹皮和蜂巢放在案頭把玩。常懷想白山林泉之美。野蜂嗡嗡，自由飛翔在野花之海的情景。鹿，像一道陽光在林中一閃又隱去。那一片片白樺林，挺拔無辜。喜歡白樺，也許還因為它有某種隱喻的意味。記得弗羅斯特有首詩《白樺樹》。他寫道，「我想爬上一棵白樺樹，爬上雪白的樹幹，爬上黑色的樹枝，朝天而去，直到那棵樹再也忍受不了」。

一進入新罕布夏，就看見一些居民的車牌印有該州格言：「不自由，毋寧死」。多自豪啊。不愧為第一個獨立於英國控制的北美殖民地，第一個制定自己憲法的殖民地。不過，這個驕傲的州，許多傳統的產業都敗了。曾經的世界上最大的紡織廠早就消失。大部分農田，也退耕了。因為後來開拓的俄亥俄，伊利諾的土地肥沃、易耕得多。無怪乎新罕布夏帶有一種濃厚的鄉愁。

我驅車前往白山國家森林公園。金黃、橙紅、深紫的樹葉在陽光下熠熠生輝，仿佛一幅濃墨重彩的油畫。山間的溪流潺潺，水面倒映著五彩斑爛的樹影。但樹林密而深邃。東北部沿海地區，在秋天，似乎更容易近黃昏。一過下午兩點，就斜暉脈脈了。燦爛的秋葉，就像要熄滅的火，突然暗了下來。林中路，一半明，一半暗。許多暗影撲面而來，還有無數暗影在後面追著，似乎催促行人趕緊回家。很快，天空只剩下些殘霞，甚至可見寒星。五彩的落葉，如一只只墜入黑夜的蝴蝶。也難怪，比起我居住梅森-迪克森線邊（美國南北分界線）上，此地太北了。據說那些離極地近的區域，冬季，太陽在天際剛升起，就落下去了。令人難分那究竟是早晨還是黃昏。

在路邊客棧過夜。旅館前有一片草地，上面還殘留著幾個乾草堆。空氣中彌漫著淡淡的草香。坐在旅館的門廊上，望著寒星滿天。夜半突然醒來，不知身是客。聽零星的孤獨夜行者的車，像風一樣刮過。然後，奔向不知何處的遠方。十月夜，新罕布夏很冷了。特別是白山森林區。據說其最高山峰華盛頓山，有世界上最糟糕的天氣。經常起颶風。早上起來，見半片殘月，像薄冰，似乎就要滑下來。霜風欺緊，秋色濃烈。地上的雜色落葉染著白色的霜邊，車窗上也結霜花，有鑽石的切面。輝煌又凜冽。折射一年中最後溫暖的陽光。但新罕布夏的秋天輝煌之極。如同一個巨大的祭壇，上面擺滿了金色的祭品，那是生命凋零的象徵。在祭壇的周圍，是開敗的野花，是寂靜的森林，是空曠的田野，是沈默的河流，莫名地美麗動人心魄。它們都在等待著冬日的降臨，等待著生命的輪回。我閉上眼睛，感受著冷凜的秋風吹過臉頰，嚴霜中竟也帶著一絲溫暖。聽到飄零的事物在低語，告訴我，生命短暫卻又永恆。

一早出發去溫尼珀索基湖。上次夏日在那兒劃獨木舟、游泳。湖岸曲折離奇，多島。黃昏時，滿湖溢金。湖名源自印第安人，意為

「‘靈’的微笑」。我猜想湖濱秋日定會迷人。有部電影《金色池塘》（其實應該翻譯成「金色的湖」），就在那片湖域取景拍攝的。看這部電影時，我正當勃發年華，生活在長江邊上的一座古城。相信明天會不斷到來，甚至生命永恆。不甚了了電影披露的兩代人之間的隔膜與衝突、親情的疏異。電影傳遞的有關衰老、孤獨、焦慮、恐慌、死亡與終極關切，之於我更是對夏蟲語冰。只是喜歡赫本和方達的精彩出演，被電影中那片金色的湖，潛鳥的叫聲，以及溫暖的晚霞所迷醉。人生總是充滿變數，而相同的故事，每天在不斷重複。如今我遠涉重洋，旅居在俄亥俄河邊。《金色池塘》的故事也正在自己的家庭發生。一堆由代差、文化衝突產生的芥蒂。而忽然間，我自己也立在黃昏的邊緣。步入「金色池塘」那個老頭諾曼的心理歷程，會迷失在曾經無比熟悉的森林裡，面對一個吞噬一切的「黑洞」。希望這次秋日之旅，能讓我沈靜，發現和解之道。

一路上，行行止止，或為一群引朋呼友的野火雞讓道，或為一奇妙的秋色組合佇足，或在一個山口，對著遠方藍色的峰巒迭嶂，歎天地悠悠。在這林泉豐沛之地，我常常喜歡走下大道，上旅行路線之外的偏僻岔道甚至歧途，驅車進山林土石路，或為白樺林所誘惑，或去追蹤一條河的去向。秋林中樹枝交錯，陽光透過樹葉在地上投下斑駁的光影。路上黃葉堆積，不知有多少年。這場景與弗羅斯特所遇神似，「我選擇了一條人跡罕至的路，這讓一切與眾不同。」在這片寂靜的樹林中，我似乎能感受到詩人當年的心境。我常常踩著厚厚的落葉，肆意行走，直到無路可行。於是，途盡而返。我倒不是效魏晉名士阮籍載酒而行與窮途之哭，而是以為歧路往往能得到意外之美。尤其是，面前這萬山繽紛，只是轉瞬即逝的事。似乎弗羅斯特也曾如此看待秋葉，「她的輝煌不會持續，但她的沈思是永恆的。」

最值得一記的是在路旁拜訪了一對神仙夫妻。住在紅楓林環繞的木屋。庭前開滿了純黃的洋薑花，以及其它花草。琳達太太開了一片小店，賣她採集的香草製成的產品。甚至還有給貓咪洗澡的肥皂。據說貓喜歡那氣味。先生鮑勃搓著雙手泥土，笑呵呵地跟我說他們的馬和奶牛。囑咐我別忘了給它們拍照。並告訴我，什麼山谷的秋色最燦爛。指點路線。沿著搖曳的金色洋薑花中間的小路，我去了他們屋子左邊的牧場。一隻花白奶牛在悠閒地吃草，那是他們全家早晨飲品的來源吧。看我走過來，它抬起頭，無辜的大眼睛看了看。那是一雙對大地需求不多的眼睛。接著又低頭啃食秋草。一匹黑馬立在欄杆旁，望著遠方的山谷和繽紛秋林，似乎一位智者在沈思，或者渴望賓士。馬就那樣立著，它身上灑滿了陽光的金粒子。馬好像一輩子永遠立著的吧。我一邊讚歎，一邊忙不停地將他們的樂園拍攝下來。東瞅西看，流連不已。弗羅斯特說，「鄰里之間的交談，是最甜美的音樂。」此言不虛。

在路上，我想，在如此偏僻角落，會有生意嗎，維持生活會辛苦吧？但他們的笑臉，讓我知道，快樂的生活，不必是富有的吧。我進一步問自己，如果把這種生活看作理想的田園詩，會不會是一種幻覺？就像弗羅斯特的詩多取材於新英格蘭淳樸的農家生活，不少人把他的詩當作滲透洋基精神的田園牧歌，或新英格蘭的民謠，有些太過爛漫。未能體味和察覺到詩人的艱辛和悲涼心境：*森林幽深真可羡，但我還有俗務要履約，還要趕些路才安可眠*（《雪夜林邊小駐》以上為作者自譯)。其實，弗羅斯特最好的作品在於探索了存在的基本問題，暗示了個人在冷漠宇宙中的孤獨。

我想著想著，覺得田園生活與富裕，乃魚和熊掌不可兼得。一方面，田園和自然，林泉之美能給案牘勞形的疲乏之身心帶來慰藉，躲避塵世的喧囂與壓力。梭羅也曾描述了他在荒野中感受到的平靜和喜悅；另一方面，離群索居，自給自足，必是艱苦的勞作和物質的匱乏。這真是一種陷入迴圈的悖論。

尋訪瓦爾登湖

一直想去看看瓦爾登湖(Walden Pond)。希望能在湖濱遇到梭羅，聽他描述湖面的冰，如何在春天的夜裡暴裂，發出悶雷的聲音；以及一年四季林中飛鳥與奔獸的妙響。親眼觀看他身體力行的示範：在一個金錢至上，掠奪自然的所謂工業文明體系中，在一個消費至上、縱欲，娛樂至死的商業社會中，在一個喧囂、急於成功、充滿膚淺表演的世界裡，如何重返生命的完整，擺脫名韁利鎖，過一種清新、簡樸而高尚的生活。與自然和睦相處。

多次來新英格蘭，卻一直未能完成瓦爾登湖之行。這次秋旅，又來到波士頓。旅居在裕溫和弘毅的新家。晚飯後，計畫明天一早去瓦爾登湖。裕溫說，早上，急匆匆上班的人群，大都朝那個方向湧，每條路都擁擠不堪。會敗興的。不如下午去吧。然其言，改先去羅德島。下午回來，再取道康科特鎮，去看那片心中惦念的瓦爾登湖，在如今被車馬喧囂圍繞之中又是怎樣的?

在羅德島新港，有濱海的近四英里長懸崖步道。倒是散步的好去處。左邊是大海，閃閃發光、洶湧的波濤，完美的危岩高聳；右邊是令人驚歎的，有百年歷史的，鍍金時代的豪宅廣夏。曾經的工商大亨的府邸。步行途中，遇到一位叫傑克的健步者，是本地的居民，很健談。眉飛色舞地指指點點各種地標性的建築物，描述它們輝煌的過去。幾乎都沒落了。只剩下海浪寂寞地拍打礁石。而那些富豪們現在墓木已拱了吧。「沒有人能真正擁有什麼」，我一路感歎。一個人要那麼大的房子有何用? 如莊子所說，鷦鷯巢於深林，不過一枝；偃鼠飲河，不過滿腹。我想起梭羅在《瓦爾登湖》「經濟篇」討論的核心問題：究竟什麼是真正的富有？當時流行亞當斯密的觀點，一個人貧窮還是富有，取決於他能在多大程度上享受人生所需之物。如此，大亨們當然最富有。而梭羅則認為，一個人在多大程度上不需要購買這些必需品和奢侈品，決定其富足程度。如斯，一位極簡主義者的生活是富有的。

心裡惦記著要去看瓦爾登湖，於是匆匆看過斑駁的新港城，就驅車往回趕。當我走下波士頓擁擠透頂的 2 號公路，抵達湖區時，已近黃昏。斜照的光影，在林中跳蕩。混合著秋葉的五彩繽紛，在湖面肆意作畫。湖水輕波閃閃發光。湖濱的沙灘上，已有了些雜色的落葉，濕漉漉亮著光。其間夾雜著新鮮的野鴨蹼印。一群水禽正在湖中遊弋。它們悠閒的身體在平靜的湖面上，拉出一道道漣漪。時有小魚跳躍。遠處傳來隱約的鳥鳴聲，以及啄木鳥敲擊樹幹的鮮明節奏，與微風拂過水面的聲音交織在一起。

沿著梭羅經常走的湖邊林道，去拜訪他曾獨居了兩年兩個月的小木屋。路旁，高大山核桃樹和黃櫨樹依然挺立，松影婆娑，水聲潺潺。不時有松鼠從樹枝間跳躍而過，發出窸窸窣窣的聲響。夕陽在繼續西下。途中指示牌有些語義混亂，還迷過一次路。終於在樹林幽深處，找到梭羅故居的所在。但他的木屋已不在。原址空餘數塊石頭，以及壁爐的地基。該故居早就在這片山林地產出售時拆走。而即便這個原址，還是一位叫羅賓斯的人，在一九四五年深秋勘探發現的。在那兒立了塊碑，刻著梭羅《瓦爾登湖》的句子：*我到森林中去，因為我希望自覺地生活，直面生活的本真。看看我能否學會它要教導的東西，以免當我離開人世*

時，才發現自己沒有活過。（以上為作者自譯）我扶著碑，感歎良久。松鴉在不遠不近處啼鳴，加深了空山不見人的寂靜。人琴俱亡矣。

我閉上眼睛，彷彿能聽到梭羅當年在此撰寫《瓦爾登湖》時筆尖與紙張摩擦的沙沙聲。他記錄下了這裡的四季變遷、動植物的生息。我很早就讀過他的筆記。他描述森林中各種奇妙的聲響，常讓我掩卷嚮往。梭羅特別喜歡描述森林中的回聲。他寫道：「*有時一聲呼喊會在林間回蕩，彷彿森林本身在回應。*」他描述湖水拍打岸邊的聲音「*如同大地的心跳*」。他還提到紅翅黑鳥的鳴叫「如同森林深處傳來的液態的聲音」，夜鶯的歌聲「*彷彿銀鈴在林間回蕩*」。蟬的聲音則是「夏日的熱情讚歌」，蟋蟀的鳴叫是「秋天的低語」。風吹過樹林的聲音像是「大自然的呼吸」。他形容狐狸的叫聲「如同森林的幽靈在呼喚」，青蛙的鳴叫則是「*春天的頌歌*」。春天的森林「*充滿了新生的歡呼*」，而冬天則是「一種莊嚴的寂靜」。有趣的是，梭羅也描述了寂靜。「*有時，寂靜本身也是一種聲音，它讓人能聽到自己內心的聲音。*」

梭羅對於時間的理解，讓我驚奇。他在夏天的早晨醒來，洗漱過後，坐在門前的陽光下，在松樹、山核桃樹和黃櫨樹中間，在完美的靜寂中，凝神沈思。鳥雀在四周清唱，或默疾飛而過，直到斜照入西窗，或者遠處公路傳來的一些轔轔聲，提醒他時間的流逝。但時間的悖論在梭羅的從容中消解了。他在以一種看似虛擲時光的方式來贏得時間。他整個身心沈浸大自然，簡單生活，不把眼前的美好的時間犧牲在任何工作中，無論是腦的或手的工作。他與四季一同生長，好像玉米生長在夜間一樣。他說，這樣做不是從生命中減去了時間，而是在他通常的時間裡增添了許多，還超產了許多。這何等奇妙！時間流逝不已，而機器文明、分工、裝配線，對於人生時光的剝奪，加速了這種流逝。但簡單自足的生活，會讓時間在度過中增多。在自由逍遙中，時光可駐不遷。

梭羅在瓦爾登湖的時光，很大程度上是一段反思和內省的時期。他宣導人們「過深思熟慮的生活」。他的意思是，要自覺自為地，過簡單的生活，整個身心地投入時間之河中，感受生命。不為金錢，功利，聲名所累，不被其所奴役，時間就真正為自己擁有。生命就得以自由，得以生長，得以豐富。一日就真正成為一日，四季就真正成為四季。時間也就真正成為時間。可歎的是，現代人，把幾十年的人生過成了僅僅一日。每天起來，重複昨天的內容。急匆匆擠在蝸行的車流中，去掙錢，受盡職場政治的各種委屈。被走馬燈似的政客哄騙。工資用完了，又重新去掙。日復一日年復一年。陷入獲取與享受、生產與消耗之間無限的閉環。就像那位希臘神話中的西西佛斯，推著巨石上山，每當快要抵達山頂，石頭又滾回山下的起點。循環往復，終身服著苦役。人生厚厚的日曆其實只有一頁。這也就是為何法國存在主義哲學家卡繆說人生是荒誕的。

梭羅離去了。他曾在這裡，深深地汲取生命的精髓。把生活精簡到一個小木屋，把它放到最低的條件中，根除一切非生活的東西。他以切身的經歷，感受了其中的卑微與崇高。他獲得了自然神性與妙味，帶著喜悅離去。他的背影已走入歷史的深處。湖濱上，先賢沈思的腳印，早已被歲月的湖水沖刷去。湖，不再像梭羅在《湖濱散記》記敘的那樣靜謐，那樣遺世獨立，超脫塵囂。甚至，據報導，梭羅筆下所讚美的清澈、甘冽湖水，也日益被游泳者的尿液污染。在回去的途中，我聽見笑聲，甚至喧嘩聲不斷，有人在劃獨木舟，有人在游水，有人袒露著，躺在陽光下讀流行小說。與一般的州立公園的場景無異。

我終於來到了瓦爾登湖，卻沒有見到瓦爾登湖。在梭羅小道上，看到路兩側被鐵絲網隔離，我不禁憤然。如此大煞風景！其實，一個高度工業化和商業化的世界，哪裡容得下一片神性的湖？誰在乎，曾有過一位逸士，在這兒進行過一次偉大的生活實驗？超驗主義的極簡生活主張，在這享樂至上的時代，完全不合時宜。人類可能永遠失去了瓦爾登湖。就像我們失去桃花源一樣。

我對自己的淺薄發笑。不能免俗地來此地打卡。瓦爾登湖，不必來此尋找。當然更不必遁入山林去獲得它。瓦爾登湖就在斯人的不朽文章中，永不喪失。在平凡世界中，瓦爾登湖可以在地平線的任何地方，哪怕是喧囂的鬧市。像梭羅那樣，與自然和睦相處。直面生活的本真，自在自為，清新而簡樸，生活得穩穩當當。按照自己的內心，創造，發掘平凡生活的價值。打破西西弗斯式荒誕，那種日復一日的同義反復，賦予每一日新的意義。將每一日過成真正的一日。將簡單的生活行為，轉化為藝術的人生。如此，那裡就是瓦爾登湖吧。

偶得秋林記

從住所向西驅車兩哩，發現一處山林，人跡罕至。陽光下，楓葉金黃或血紅，晶瑩剔透。每一片葉，每一縷風都令我驚喜。以前居然不知道有這麼一個好去處。

林中似有路又無路，正適合肆意行走，東張西望。秋蟲低吟，如同大地的耳語，急切而持久，伴隨著每一步的行走。忽有松鼠躥過，靈巧輕盈，轉瞬不見。鳥兒在樹間鳴聲清脆，時而婉轉，時而急促，彷彿也知盛大凋零在即。林子的邊緣，有大片開敗的野花。想那夏日，它們美得如何浩大。陽光沐浴大地，萬物皆在從容流淌。開敗的野花殘骸有莫名的美麗，保留著一種獨特的姿態。有了一種內斂的優雅。似乎甘於由神采飛揚而偃旗息鼓。它們的枝頭舉著種子，枯萎的莖稈有著曲折多姿的線條，從燦爛的油畫蛻化成鉛筆畫。有一種叫「安妮的蕾絲」的野花，我記得它們盛開的樣子。花瓣形同一把傘，白色、透明、薄如輕羽。哦，原來它們的花瓣並不凋零，只是枯萎成雕塑。纖毫俱備的雕塑。在風中堅持著，又隨時會飛走。我一步一回頭。滿目都是黃金，這秋天的黃金，來自草木一生的積攢，怎可辜負?

想這天地大美，多得之偶然。常常在不經意的抬頭間，看見的景物，讓人驚喜心動。剎那情景交融，互動共生。當然，這種際遇，不一定要在名山大川。倘若能解除平日裡對事物的固有印象，會觸發全新的體驗，也可看到尋常中的非凡之美。這就叫去蔽吧。而且，往往擁有之物，因其為己所有而無視其之美。如這周遭的山水，真正的享有者，不一定是誰買下了它，而往往是路過的過客。如詩人弗羅斯特雪夜路過積雪的小樹林，看見千樹萬樹銀花開，風吹拂雪片，飄過一面冰湖。獨享一年中最深沈的暗夜，獨享其靜謐與安寧。寫出他一生的代表作《雪夜林畔駐馬》。

此刻，我何幸，也有這樣的奇遇。浸享這片樹林最輝煌的時光。踩著厚厚的斑駁落葉，不知道積累了多少個秋天的落葉，聽著它們發出男低音般的聲響。而順著陽光的落葉，掠過肩頭，飄出女高音華彩的聲線。有的落葉，則似一條遊魚，在光影交錯中消失了自己的瞬間。林中，有的樹已經很老了，枝幹上爬滿藤蔓。枝幹扭曲成怪誕的螺旋，像一根根血管，脈絡交錯，卻找不到源頭；有的樹中年挺拔，參天而立。樹影婆娑；有的樹細小，就是樹的孩子吧。幾乎承受不住松鼠在其上的嬉戲，但當松鼠跳離後，壓彎的枝又迅速回彈。四周，各種倒下的枯樹橫陳。像無限延長的休止符。它們有的有雷擊的痕跡。有的就碰巧倒在澗壑之間，形成一座獨木橋。那粗壯的軀幹，有的已腐朽成海綿狀，長滿苔蘚。也在變成血紅色。遠處傳來啄木鳥的叩擊聲，彷彿在打著時間流逝的節拍。

更幸運的是，我不再像弗羅斯特那樣，匆忙地要繼續策馬前行履約。之於我，在這片秋林中，時間彷彿失去了意義。我可以從容地走著他那條沒走的路，迷失在秋林的迷宮裡。把時間浪費在風中搖曳的樹姿，以及它們好看的、稍縱即逝的影子上。聽那些用翅膀唱歌的昆蟲，如何急切地呼喚著同伴再最後愛一次。我已放下手中劉禹錫的《秋聲賦》，不再為遠方故鄉的「*廢井苔冷，荒園露滋*」淚目。也不再誦讀歐陽修的《秋聲賦》，為其山寒水瘦，蕭森寂寞詞章而感傷。我只是來來回回，含著笑，亮著眼，在秋林中流連至黃昏。領受著秋風吹過臉頰，帶著一絲涼意。心無旁騖地感受凜冽的秋聲，讚歎廣大無邊的、燦爛奪目的死亡。

秋天太輝煌了，夕陽下，連一株衰草都通體透亮。雖然它們都是瞬間的事物。人世間有許多磨難，常像一顆迷失在宇宙中的塵埃，找不到方向，也找不到歸宿。而且一夜間，飄零就在眼前。即便如此，這個過程也是生氣勃勃的，令人感動。就像這漫山遍野的忍冬灌木，五月，同一根枝椏上開著金色與銀色的花，身前身後都洋溢著它們憂傷又快樂的香氣。現在它們的葉行將落盡，枝頭卻結滿紅色的小漿果！給冬日的鳥做口糧。而之後，鳥又把忍冬的種子灑下另一片荒野。大自然總是相互贈與的，形成完美的生態。唉，不像人類只是肆意掠奪自然而不回贈。

但秋天太迅速了！這滿目的黃金，其美麗和喜悅，只是瞬間的事物。如同流沙，金色的沙粒在指間滑落，來不及握緊，便已消散無蹤。秋天，如同一個神秘的祭壇，上面燃燒著金色的火焰，擺滿了金色的祭品，閃耀金色的光芒。寂靜的森林，空曠的田野，沈默的河流，都在等待著冬日的降臨。如同瑞典獨立民謠二人組合「急救箱」的那首歌（改自弗羅斯特的詩《無法持久的黃金》）《Stay Gold》所唱，*月亮會偏離/所以今天黎明落下/沒有黃金可以留下來/沒有黃金可以留下來。*（以上為作者自譯）她們青春的歌聲，略帶憂鬱，簡潔明快，沒有華麗的辭藻。直率無遮攔，直抵人心。就像小河流水。我每次聞之動容。

在開敗的野花叢中經過時，我的衣服上沾滿了野花種子。它們牢牢地刺在或依附於褲腿和鞋子上。有的像小小的圓球，有的像細長的針，有的像扁平的薄片，還有的像奇形怪狀的小動物。大概野花希望我也成為它們的播種機，雖然我沒有翅膀，只能行走。當隨著腳步，它們可以散落在新的土地上。待新春的陽光雨露的滋養，又可破土而出，綻放出新的搖曳。這就是生命的神奇。這也許是今天我唯一值得驕傲的事情吧。

阿拉斯加的野性呼喚

一、

朝著北極，船緩緩前行。我站在甲板上，望著遠處若隱若現的冰山輪廓，彷彿置身於時空的縫隙之中。船身微微搖晃，潮濕的海風夾雜著些許腥鹹，撞擊面頰。遠處，一群座頭鯨躍出水面，如同巨大的精靈在海天之間起舞。忽然，一隻雪白的海鷗從天而降，落在船舷上。它歪著腦袋，用黑曜石般的眼睛注視著我，彷彿要傳達什麼資訊。我伸手想要觸摸它，在指尖即將碰到羽毛的瞬間，它卻化作一縷煙霧消散在空中。

「先生，您看到什麼了嗎？」一個蒼老的聲音在身後響起。我轉身，看到一位白髮蒼蒼的孤獨旅行者，他的眼睛如大海般深邃。

「一隻海鷗，」我回答，「但它消失了。」

老者露出神秘的微笑，「在這片海域，常有奇異的事發生。也許，是傑克 · 倫敦先生在向您打招呼呢。」他手上握著一本傑克 · 倫敦的小說《白牙》。老者告訴我，他年前失去了老伴，這趟前往阿拉斯加的旅程，是為了追尋一個世紀前傑克 · 倫敦筆下的狂野世界。重新品味其傑作，聽那極地狼嗥。

夜幕降臨，北極光如綠色的絲帶在天際舞動。我獨自坐在甲板上。彷彿聽到遠處傳來狼嗥，那聲音既淒厲又充滿野性。我抬起頭，竟看到一隻巨大的白狼站在船頭，它的眼睛閃爍著智慧的光芒。我屏住呼吸，生怕驚擾了這個不可思議的景象。白狼緩緩轉身，躍入漆黑的海中。水花四濺中，我似乎看到它變成了一個人影，向著遠方遊去。

眼前的景象不斷變幻，時而是十九世紀末的淘金營地，時而是原始森林中的狼群。我來到了一個黑暗的狼穴。一隻年輕的灰狼犬正在與殘酷的環境搏鬥。我認出了它 —— 這是白牙。我看著它成長，經歷人性的善與惡，最後找到了真正的家。在白牙的眼睛裡，我彷彿看到了傑克・倫敦的影子。

順著一條河，我來到了一間簡陋的木屋前。屋內，一個男人正伏案寫作，他的筆尖流淌出極地的風嘯，在紙上化作栩栩如生的角色和故事。這是傑克・倫敦留下的影子吧。屋外，狼嗥聲此起彼伏。我走到窗前，傾聽。「嗯，這是阿拉斯加的聲音，也是我們內心的聲音。」窗外的雪地上，無數的動物和人類的足跡交織在一起。是啊，阿拉斯加的每一寸土地，每一片雪花，都在講述著一個關於生存、適應和蛻變的故事。

淩晨，我似夢非夢。在某個老鎮的街角處，一支雪橇隊正準備出發。十幾隻哈士奇犬興奮地吠叫著，它們的眼神中閃爍著對遠方的渴望。我想起了倫敦筆下那些忠誠勇敢的雪橇犬，不禁對它們肅然起敬。

二、

第二天清晨，我們抵達了育空河畔的道森市。這座曾經的淘金熱中心，如今安靜得彷彿被時光遺忘。我漫步在塵土飛揚的街道上，木制的房屋和酒館彷彿還保留著百年前的模樣。空氣中似乎還彌漫著淘金者的躁動和夢想。一位老人講述著克朗代克淘金熱的故事。他描繪了成千上萬的淘金者如何不顧一切地湧向這片荒野，如何在嚴寒和饑餓中苦苦掙扎，又如何在金子的誘惑下失去理智。這些故事仿佛就發生在眼前，我甚至能聽到淘金者們的吶喊和哭泣。

踏入科朗代克淘金熱潮史跡公園，我似穿越了時空的裂縫，墜入一個金光閃閃的夢境。在這裡，只需要一把鏟子、一個淘金盤和無限的愚蠢，就能成為百萬富翁！這裡的空氣中漂浮著細小的金粉，每一次呼吸都讓人感覺自己在吞咽星辰。

當年，兔子溪發現了金子。溪流裡隨意可撿到黃金。一傳十、十傳百，形成淘金狂潮。前赴後繼，離開家人、拋棄穩定工作、穿越危險的奇爾庫特山口。人們驅使狗橇。可憐的狗，有幸成為了淘金者的「好夥伴」。拉著超重的雪橇，在冰天雪地中奔波，甚至淪為了盤中餐。疾病，壞血病、痢疾或傷寒，只是淘金生活的調味劑。當一位淘金者終於意識到永遠也找不到金子時，已耗盡所有在高得離譜的食物和裝備上。別灰心，還可以去酒館喝一杯，同病相憐的人，彼此安慰。但是嘿，如果在病中還能繼續淘金，那才叫真英雄呢。在零下四十度的嚴寒中，挖掘凍土，從中找到閃閃發光的金子。這難道不是人生最大的樂趣嗎?

隨著深入腹地，越發感覺周圍的景象變得模糊不清，似夢非夢。經過一片金礦遺址，鏽跡斑斑的淘金設備靜靜地訴說著昔日的繁華。發黑的淘金木屋在我眼前坍塌了一地。古老的淘金工具、礦車，冰冷的金屬依然充滿熱望。鐵鍬們排著隊，自己挖掘著河床；淘金盤在河水中旋轉，跳著發財的華爾滋。金礦的鏽跡斑斑的軌道，通向一片虛無。在一條幾乎乾涸的溪流旁，我突然恍惚，竟然發現了一小塊金子，閃爍著誘人的光芒。這時，我聽見狼嚎，於是從夢中醒來。那只神秘的白狼一直跟著我。遠處，一群淘金者的幽靈正在山間穿梭，他們的笑聲和號子聲隨風飄蕩。

一片被破壞的山坡，河中流淌著無數破碎的夢想。

三、

在育空河的冰封邊緣，一聲低吼撕裂了北風的帷幕。*白牙*，你是那灰色的幽靈，從狼群的陰影中誕生，牙齒如霜刃，眼睛如北極的藍火。母親凱莎的乳汁，混著血與雪的鹹澀，餵養你那野性的饑渴；父親，一頭無名的狼王，在月下守望，卻在人類的槍聲中化作回音。

幼時的你，瘦骨如枯枝，奔馳在苔原的脈絡間，追逐馴鹿的幻影，嗅聞死亡的氣息。饑荒如巨獸，吞噬了族群，你學會了孤獨的低語，學會了在風中隱藏爪痕。然後，他們來了——那些火光中的人影，鐵鏈如蛇，拖拽你進入圈養的牢籠。*白牙*，你咬噬那陌生的手掌，血跡斑斑，卻換來鞭子的狂雨，教你畏懼與順從的詛咒。

美麗的北地，*白牙*，你嚴厲主人——*灰貝*的拳頭如雷霆，砸碎你的傲骨；卻也喚醒了心底的火種。在他的注視下，你從野獸蛻變，學會了忠誠的低鳴，學會了在火堆旁蜷縮，守護那脆弱的溫暖。街頭的戰鬥，如地獄的角力，你撕裂對手的喉管，贏得「惡魔」的徽章，卻在勝利中迷失，牙齒染血，靈魂如碎冰飄零。

直到她來了——*薇德*，愛的化身，手掌如春風，撫平你傷疤的邊緣。她的聲音，不是命令，而是河流的呢喃；她的觸碰，不是枷鎖，而是解脫的鑰匙。*白牙*，你顫抖著靠近，野性在胸腔中融化，化作一聲溫柔的嗚咽。從灰燼中重生，你奔向田野，追逐兔影，卻總在夕陽下歸來，躺在她的腳邊，夢見狼群的合唱。

白牙，你是橋梁，橫跨野性與文明的深淵。在阿拉斯加的懷抱裡，你的故事如極光般閃爍：從咆哮到低語，從孤狼到守護者。聽啊，那河水在低吟，你的傳說永不消逝——在每一個冬夜，在每一個心跳的瞬間，提醒我們：野性，從未真正馴服，它只是，等待重燃。

四、

在白茫茫的冰原上，風如古老的狼靈，低語著被遺忘的誓言。雪花不是花，而是獸的爪痕，劃破夜的皮膚，露出脈絡裡的藍色寒霜。阿拉斯加啊，你是那頭不眠的熊，爪子深埋在苔原的脈動中，呼吸著松針與血的混合氣息。金礦的燈火如貪婪的眼睛，閃爍在峽谷的喉嚨裡，卻無法吞噬你隱藏的咆哮。

巴克曾在那裡聽見它——那聲呼喚，不是言語，而是心臟的鼓點，敲擊著河流的冰層，直到裂縫如傷口般綻開。原始的召喚，從北極的深井裡湧出，攜帶著馴鹿的蹄聲、鷹的啼叫，和那隱藏在霧中的狼群合唱。它說：回來吧，孩子，從火堆的溫暖中掙脫，從鐵鏈的低吟中逃離。你的血脈裡，有森林的影子，有冰河的記憶，有那永不屈服的野性，如黑夜吞噬星辰。

我站在育空河畔，腳下是凍土的低吼，頭頂是極光的舞步，像神靈的絲帶，纏繞著失落的靈魂。風吹過我的臉龐，帶來鹹澀的腥味——那是海豹的夢魘，那是馴獸人的悔恨。呼喚來了，它不是溫柔的呢喃，而是暴風的咆哮，撕裂帳篷的布料，喚醒沉睡的骨髓。去吧，奔向那無邊的荒野，在雪中追逐月亮的影子，在峽谷裡重生為獸。

阿拉斯加，你是傷口，也是救贖。在你的懷抱裡，人類的枷鎖化作灰燼，野性的火焰熊熊燃燒。聽啊，那呼喚永不消逝，它在風中，在冰下，在每一個喘息的瞬間，等著你——等著我們——回歸本真，成為那永恆的嚎叫。

五、

步入德納裡，秋日的無邊曠野，用赤紅的瞳孔注視著每一個闖入者。一條條肆意縱橫的河如同銀色的巨蛇，其鱗片由月光和星辰鑄就。沿途，河水卷起野花的殘骸。那些花瓣不是凋零，而是在水中重獲新生。

遠處，麥金利山，北美的最高峰，巍峨矗立。雲霧繚繞其間，宛如巨人呼出的霜霧。傳言說，在麥金利山的某個隱蔽山洞中，棲息著一群會說人話的雪鴞，它們守護著巨人的秘密。陡峭的山脊，常年被雪覆蓋。當狂風呼嘯而過，雪沫飛揚。這座巨山，只是偶爾刺破雲霧，在陽光下露出猙獰。多少孤獨的登山者消失在那裡。我仰望麥金利山，湧起難以言喻的敬畏。

麥金利山前的荒原，有深邃的湖泊，不可思議的藍色，仿佛來自另一個星球。湖水上，野花殘骸編織而成的幻影晃動。有些像狼，卻長著鹿角；有些似熊，卻披著鳥羽。它們的蹄聲是落葉的沙沙作響，奔跑時揚起的塵埃是金色的陽光碎片。

還有更多的靈獸，從海中爬上岸，在山林呼嘯，在血紅荒原漫遊。山羊在懸崖峭壁上，觀望最後一絲溫暖的風，吹拂古原，翻動海水。駝鹿，或犴，低頭啃食河濱的草木，啃食多汁的顏色。雄駝鹿還是那副石器時代岩石雕刻和石洞壁畫的雄赳赳模樣，一對巨大的棕櫚葉般的角，懸蹄發達，挺著牛一樣健壯軀體，君王一般巡視著他的江山。他逆光而立，夕陽裡有威武的剪影。

六、

在阿拉斯加的廣袤荒野中，我漫遊於冰雪與星空之間。血色的荒原如同一張巨大的畫布，映襯著原住民堅韌的身影。他們可能是因紐特人、尤皮克人或阿留申人。

清晨，陽光透過厚厚的雲層，照耀在冰川的邊緣，彷彿在喚醒沈睡的巨獸。我遇到一位中年因紐特漢子，面容飽經風霜，手中握著一根用鹿角雕刻的杖。眼神如冰雪質樸。他講述著祖輩們的故事，「我們與自然和諧共生，觀察季節的變化。春天，冰雪融化，河流復蘇，是捕魚的時節；夏天則是捕獵與採集的最佳時機。」他繼續講述著，聲音中帶著一種低沈的力量：「在捕獵時，祖輩們會用動物的習性來指導自己的行動。他們觀察獵物的足跡，學習風向與氣味，甚至能感知到動物的情緒。他們相信，自然是有靈魂的，尊重它，才能得到回報。」

我問他：「那在寒冷的冬季，如何生存呢？」他微微一笑，目光似乎穿越了時間：*冬天，雪覆蓋大地，食物稀缺。祖輩們會儲存食物，利用冰洞捕魚，或是依賴狩獵。更重要的是，他們會聚在一起，分享溫暖與智慧。共同抵禦寒冷，才是生存的關鍵。*他還談起他的雪橇哈士奇犬。就像倫敦筆下描寫的那些狗，忠誠又充滿野性。在關鍵時刻，能救你一命。

不遠處，年輕的獵人們聚在一起，專注地編織著捕魚網。他們的手指靈巧而迅速，彷彿在與自然的節奏共舞。就在此時，天空中飛過一群白頭鷹，像是從神話中降臨，帶來了希望與靈感。獵人們抬頭，臉上露出崇敬的神情，彷彿在向這些守護者致敬。

黃昏時分，火焰在篝火中跳躍，溫暖著圍坐的身影。原住民們用簡單的樂器演奏著古老的旋律，歌聲飄蕩在空中，如同來自遠古的召喚。每一個音符都蘊含著對土地的熱愛與對生命的敬畏，彷彿在訴說著這個世界的秘密。

七、

巨大的苔原，血紅一片。夏日的「*紛披草樹，散亂煙霞*」，已消失。四顧茫茫何所有，惟黃昏的餘燼搏動的血色苔原，石頭代替我在呼吸。

我化身成為一隻蝸牛。馱著自己微小的宇宙，半盎司平生積攢的智慧，在巨大世界爬行。每爬一寸，世界就變大一尺，就多一百倍的迷。

我的赤足，何時能越過這巨大血紅的苔原？夕陽仍在向荒漠傾倒血，餵養它變大，大得無邊無際。

如此比巨大還巨大，如此恒河沙數的謎。還可以讓我更渺小，讓我更無知，還可以讓我的生命更短暫嗎？好讓我從容地穿越無窮，走遍所有歧途，獲得萬古真理。

流動的山體，高峭巨大的斜坡，還可以更傾斜些，更鬆散嗎？好讓這條蜿蜒棧道，滑入無底深淵，滑入那些宛如蝸牛軌跡的冰河，至大海。

我欲乘風歸去。讓我再看你一眼，凍土荒原，隨時會改道的激流，隨時會崩潰的山峰。隨時會喪失的道路。讓我最後一次合目傾聽，你的萬古長風，鷹叫，狼嚎，熊吼，鹿鳴，蹄聲，白樺金黃葉子的晃動，冰川的裂音，落日的寂靜……

奇妙湖衰草連天，湖水鴉雀無聲。夕照下，德納裡雪峰驚鴻一瞥，死亡之巔刀光一閃。

此生，我終於成為你的過客。你完成了我的世界。不亦樂乎？

海的盡頭，路的斷處，寒冷的中心，萬物的臨終，一切又一如混沌初開。萬古鵲橋旋轉在天空。在這成為孤星或孤獸的向晚，突然，我心中升起暖流，從所未有的愛意席捲周身。

走出旅館，河面的晨霧正在散去。遠處的群山像是沈睡的巨人，守護著這片充滿傳奇的土地。我深吸一口氣，感受著空氣中彌漫的松木清香和淡淡的野性氣息。一隊雪橇犬從身邊飛馳而過，它們歡快的叫聲彷彿在向我訴說著這片土地的無限可能。

在河灘上，拾起兩塊冰川石，堅柔並具。恰好盈盈一握。在冰河中翻滾磨礪了幾十萬年吧。它們有完美的野性。可以把它們帶走，放在我的案頭嗎？它們可以提醒我保持內心的野性，保持勃勃生機。

百獸，雪人，抱歉不能加入你們。我要回到人的世界。回到那黃昏燈火。雖然，那裡每天新的，數不清的房子開始空著，夕光在空白的牆上遊移，回憶往日燭火和廚房的香氣。那柔和的光中，曾並立在彼此生命中的身影。以及孩子們的嬉鬧聲。正是那些已成空缺的人事，讓我們的短促的人生，彌足歡喜。我們還有蕭邦，他的『離別的華爾滋」，可以撫慰傷逝。

踏上歸程的輪船，我回頭望著漸漸遠去的阿拉斯加海岸線。在陽光下閃爍的浮冰中，那只神秘的白狼，厲聲長嘯，然後消失在群山之中。遠處，一群淘金者的幽靈在風中飄遠。

去航行，去遠方

航海聽上去激動人心。在蔚藍色大海遊弋，經過生長奇花異草的島嶼，停靠在海鷗翻飛的港口，遊歷陌生新奇的國度。這對於總是渴望去遠方的我來說，從小就是巨大夢想。

也許在少年時代，我讀過太多有關航海的歷險故事。坐在一堆從「破四舊」現場撿來的泛黃紙頁中，我讀得零零碎碎，讀得廢寢忘食。諸如《魯賓遜漂流記》，《白鯨》等。記得《鏡花緣》中，那一百位沈魚落雁美才女裡，有幾位來自海外。最讓我迷醉的是《一千零一夜》中的《辛巴達航海歷險記》。水手辛巴達遊遍七海，經歷了魔法籠罩的地方，遇見了各種珍禽，有過許多不可思議的奇遇。譬如怪獸看守的鑽石山谷。有一次他登上一個島，而這個島居然是一條熟睡中的巨大鯨魚。在鯨魚背上，樹木甚至已經紮了根。辛巴達的故事，說的是古代人航海。大約是基於阿拉伯水手在印度洋中航行的實際體驗，有古波斯民間傳說的影響。也受到了《荷馬史詩》的影響（畢竟阿拉伯人翻譯了許多古希臘、羅馬典籍，替西方文藝復興保留了文明的根）。可見，對航海、旅行的熱愛，自古已然。

與大航海時代的旨在財富的航海冒險比，現代人的航海旅行，可能多被某種渴望，某種「生活在別處」的心理驅使。所謂詩與遠方，「面朝大海春暖花開」。似乎當下的一切都不值得流連駐足。天天抬頭不見低頭見的周遭，哪有風景可言？太陽每天在辦公室窗戶前無聊地升起，又在下班時蝸行的車流前無聊地落下，令人厭倦。而真正的美好是在別處，在他方，在彼岸，在孤帆遠影消失的盡頭。我時常對著陌生城市、陌生山川的照片發呆。內心滋生對生命的虛無感，於是用出走遊蕩的方式，作為對抗和發洩的出口。人雖在此，心總在彼。似乎在別處，可以拋開羈絆和過往，脫胎換骨重新為人。我的一位同事曾經說，「再也沒有比整天待在同一間辦公室，坐在同一個凳子上更讓人悲傷的了」。那天，讀到波德賴爾的調侃，人生是一所醫院，更換床位的欲望支配著每個病人。他喊叫，「*隨便哪裡！隨便哪裡！ 只要不在這個世界就行！*」我就笑了。這就是人性啊，生而有之的欲望：漂泊無定、四處逡巡，無拘無束、任意妄為。這就如同放歸了天性中最原始的一面，掙脫了一切現實生活中的枷鎖，完全臻於自我。對出走、流浪和放浪形骸的衝動，實則蘊含著一種對自由和反抗的渴望，以及對現有生活方式和身份束縛的一種逃避和否定。旅行大約就是對日常生活厭倦的逃離，由此及彼罷了。所謂「*逝將去汝，適彼樂土*」。

於是，人們紛紛在路上。不惜把喵喵叫或汪汪叫的寵物留下，為其支付大筆寄宿費用。背著沈重的行李，焦急地趕著各種飛機、火車的時刻表，甚至經歷了航班的延誤或取消，丟失行李。一路風塵之東到西。登上殘垣斷壁的城堡，參觀漆黑地牢的滴水角落，瞻仰一座風化成褐色的功德碑，從死記硬背的一堆國王名單中，努力回憶著這一切和誰有關。或進入一個修道院，看著黃昏裡搖搖欲墜的鐘樓、圓頂，褪色的壁畫。站在石棺周圍，讀著八輩子也不相干的英雄的碑文。觀看玻璃罩下聖人的骨頭，瞠目結舌地聽導遊說其曾如何起死人肉白骨的奇跡。旅行者螞蟻般在大地行走，無孔不入，甚至去厄爾巴島，看拿破崙流放時睡過的小床。

當地人，很奇怪地看著我們這群氣喘吁吁的外鄉人，在他們的狹街陋巷東張西望，發出各種歎息。譬如今天，我擠在一群頭髮花白的旅行者中，來到這個叫科布的碼頭——曾是被驅逐到澳大利亞等流放地的男人、女人和兒童的主要登船港。朝著破敗的小漁船，魚腥氣沖鼻的碼頭猛拍照。對著山坡上一排漆得花枝招展的簡陋舊房子，嘖嘖稱善。而此時，另一群陌生人，在我們自己的故鄉，做著同樣的事。對著我們熟視無睹的、甚至疲倦的事物，讚歎不已。記得上周在甲板上，我遇到一位來自阿拉斯加的大衛先生。由於惡劣天氣，他在轉航班時被延誤，錯過了在雷克雅維克登船。他和太太租車，開了一天一夜的車，到了第三個碼頭才趕上郵輪。並說一路冰原曠野棒極了。我就像聽到「向愛斯基摩人賣冰水」的故事一樣想笑。「您一位阿拉斯加人，怎麼會要來冰島旅行，兩者的風光不很類似麼？阿拉斯加的迪納利未馴服的荒野，血紅苔原和冰川，尤其它的雄偉山脈、廣闊森林不更勝一籌麼？」我問。大衛解嘲地笑道，「冰島的美食'腐鯊魚肉'是我們沒有的呀」。

對於癡迷所謂「詩與遠方」的人群，希臘詩人 C.P.卡瓦菲很敗興地在其代表作《城市》吟道：

「*你不會找到新土地，也不會找到不同的海*」。

是啊，人的世界到處都一樣。別處不過是當下的重複。你會走向同樣的街道，在那兒衰老。按照卡瓦菲的意思，既然你已經在這裡，在這個小小的角落浪費了你的生命，那麼無論你搬到世界上哪個角落，你依然帶著同樣的靈魂、同樣的遺憾和同樣的失敗。你也就已經在世界上的任何一個地方毀掉了它。不過，卡瓦菲的這首詩《城市》，雖然提供了一個對人類狀況的沈思視角，用詞狠辣，喚起一種憂鬱感甚至絕望感，並沒有貶低旅行的內在價值和意義。這就是悖論。記得他還有一首詩

《伊薩卡》，則稱讚了旅行的益處，能帶來鮮活的生命體驗。就像特洛伊戰爭之後「奧德賽」，返回伊薩卡的旅程，充滿歷險，充滿發現。即使目的地「伊薩卡」可能令人失望，但它也不曾欺騙你。因為路途的林林總總風景、經歷，讓你嘗遍這俗世的活色生香、愉悅和獲得智慧。還是「讓伊薩卡常在你心中」的好，即所謂「詩與遠方」。

我想，正因為出門在外，在各種陌生的風景裡穿梭，方能找回來在故鄉失去的驚奇吧？就像在奇異的劇院裡看陌生人的戲劇。對於當地人麻木不仁的事物，往往對自己是一種驚奇。破除了熟悉感，激起了孩童般的興趣，點燃興奮、好奇和發現的感覺。讓人重新獲得一種審視人世的機會，一種成長和瞭解自己的方式。那些乏善可陳的景物與人事，彷佛是一面鏡子，照現自己的樣子。所謂你眼中的別人才是你。於是，自己成為自己的旁觀者，通過觀察「別處的生活」來觀察自己，獲得對世界的新視角和理解。啟發旅行者思考自己的生活。當然旅行也是一種閱讀，或更有效的閱讀。它提供第一手體驗和與歷史遺跡。而且通過親身的觀考，還能發現以前閱讀過的歷史文本對自己的誤導。這樣的事有許多旅行筆記多有記述。我無須贅述。

讓我最愉悅的是航海與旅行帶來的驚奇感和敬畏感。廣闊的宇宙，神奇莫測。比如此刻這海面上空半輪秋月。這是一片靠近北極的天空，這是一片怒海。無邊的黑色波濤翻滾。甲板上，東倒西歪的行人。月光下，盡是雪白的浪頭。我見過春江花月夜，也感受過楊柳岸曉風殘月，但從來沒有想過，月亮還有這樣一重世界，這樣一重生活。月亮照耀下事物，究竟還有多少，前所未見？就像詩人蘭波在他的家書所說，「*世界很大，充滿了神奇的地域，人就是有一千次生命也來不及一一尋訪*」。

半夜醒來，不知今夕何夕，身在何處。月光照進艙，更加襤褸。孤零零在那裡，像一個費盡旅資的男人。巨浪拍船，更多的巨浪。晚餐時，船長說，連續幾天都會這樣。如果浪太高，可能會取消後面幾天港口的停靠。船，繼續在愛爾蘭陌生的海。但願明天的海況好些，能夠登岸。能夠朝平凡事物讚歎，能夠向生活在別處的另一個我問候。

雅典之夢迴柏拉圖學園

我們的郵船抵達比雷埃夫斯港。晨曦中，海力斯從海上升起，太陽戰車燃燒著。北吹過愛琴海，弄皺了大海的天藍色斗篷。遠方帆船傾斜著，白帆起伏著，追逐著神話和地平線。黎明的初吻使天空臉紅。我向雅典城進發，就像古典時期的某個清晨，一位旅人從東方遊學歸來，那樣踏著露水。我一直認為，在文化上，我既是中國人，又是希臘人。就像卡瓦菲斯一樣，對雅典有無法消解的鄉愁。通過過去的回聲，踏上歸鄉的旅程。我曾在閣樓書房的天窗，看過與古希臘同樣的星空，同樣的彗星劃過。

五月，雅典從沈睡中醒來，這是一座陽光打造的城市。古老而清新。當太陽掠過利卡貝圖斯山時，派特農的殘垣斷壁出現在眼前。我穿過普拉卡迷宮般的小巷，古老的橄欖樹伸展彎曲的手臂。樹葉閃閃發光。它們記得詩人的詩句和眾神的笑聲。九重葛灑在白色的牆壁上，紫紅色的騷亂映襯著蔚藍的天空。罌粟在裂縫中搖曳，這些廢墟生長出勃勃的舞蹈，是死寂殘垣的脈搏。一群流浪貓在遠古陽光的碎片裡打量著外鄉人，轉瞬又低頭慵懶地舔著絨毛，似乎對這些廢墟、對這些歎息的過客早已習以為常。

智慧女神雅典娜的貓頭鷹棲息在附近，眼睛睜大。打量著晨風中匆匆走來的外鄉人。我有無數次在這樣的黎明，這樣進入雅典城。這一次，我是醒著的，但我又不相信自己是醒著的。我睜大兒童般雙眼，打量著似曾相識的一切。我漫步在普拉卡迷宮般的 小巷裡。就像童年的自己走在故鄉的路上。腳步在鵝卵石地面發出脆聲。古老的橄欖樹伸展著它們彎曲的手臂。樹葉閃閃發光。

我踩著斑駁的石階攀登而上，進入比例完美無瑕的廢墟。被這些優雅的殘片、這詩意的腐朽所驚呆。斑駁的女像柱，站立在塵埃中。巧奪天工的身姿曲線被歲月的侵蝕剝脫，卻依舊阿娜脫俗。大理石的裙裾飄蕩，好像在和晨風分享青春的秘密。帕台農神廟的山牆上的浮雕，有力繃緊其殘缺的大理石肢體。多裡克石柱，斑駁而巍峨。驕傲地矗立著，在哲學家們曾經思考過的破舊臺階上投下陰影。一隻小鳥振翅而起，在破損的石柱間自由飛翔。雅典娜的貓頭鷹靜默無聲，智慧之神不知去向何方。我凝視著這座曾經輝煌無比的廟宇，仿佛能看到當年雅典娜女神潔白的大理石像，端坐在宏偉的神廟，俯瞰著這座她眷顧和庇佑的聖城。

我循著石階拾級而下，路過當年半圓形的露天劇場。這裡就是古希臘悲劇誕生和綻放的搖籃啊。在這裡，在雅典盛期，上演了無數悲劇和喜劇。當劇中英雄最終因過度的驕傲和剛愎而命運垂危時，無數觀眾為之肅然起敬、喟然心痛。我在那些斑駁的石階座席小坐，耳邊似乎響起了歐裡庇得斯的悲劇篇章:「*啊，命運的滾滾沈浪，又將誰推向深淵……*」而當年雅典的文人雅士或許就坐在我腳下的某處，隨著一波三折、悲喜交織的劇情哽咽落淚。而當喜劇中的詼諧幽默、滑稽可笑的情節上演，台下也常常響起陣陣喝彩和笑聲。柏拉圖《會飲》篇中那位「喜劇之父」阿裡斯托芬也是常客吧。他說，愛就是被神砍成兩半的人的相互尋找。令我捧腹、拜服。這些戲劇，剖析人性，思考人生。其精神內核至今仍熠熠生輝。

繼續往前，我進入了當年的雅典集市——阿戈拉。西北角依然矗立著火神廟，供奉的工匠之神。三面環繞著殘缺的柱子，柱礎和牆體，這裡曾經是一片喧鬧的店鋪。從手鐲到水鐘，從玫瑰花到橄欖油；書籍和卷軸，陶器和香料。空氣中飄蕩著香料和烤麵包的芬芳，偶爾夾雜著馬廄裡傳來的氣味。「在阿戈拉，你可以買到一切」。各色人等，熙熙攘攘，絡繹不絕。也曾是雅典市民集會之處，可街談巷議國事。雄辯家們高聲演說，藝術家在一旁塑造大理石像，捕捉著生命的永恆之美。詩歌新作朗誦等。當然也是是眾多哲學家出沒、活躍的地點。特別是那在斯多亞柱廊。智者三五成群地頭腦風暴，相互詰難，爭辯著倫理、政治、形而上學。泰勒斯以降，希臘人不再滿足於星星作為海上商貿導航，而且還要求其對宇宙之迷作出回答。哲學家紛紛仰天俯地，探尋和沈思著宇宙的奧秘。「那崇高的愉悅，那種理解宇宙人生的樂趣」。生命具有意義，尋求它的意義就是無上的快樂。在阿戈拉，每個人都可以成為對話的一部分，無論是參與激烈的辯論，還是靜靜地傾聽。商販的叫賣聲、政治家的演講哲學家的對話，以及市民的家長里短，構成了一幅生動的畫面。

我緩步走在長長的阿塔羅斯柱廊。這殘缺的一切，它們記得哲學家的辯論，詩人的詩句和眾神的笑聲。我手輕觸著那些斑駁的浮雕，試圖從中獲取一些古老文明的力量。陽光在眼前恍惚。突然間，一陣目眩，仿佛時空在扭曲。睜眼看時，我發現自己也身著希頓，一種長及腳踝的亞麻長袍，置身於一個莊嚴的學園中。旁邊還有一條短短的小溪從中央流過。阿波羅及雅典娜的雕像熠熠生輝。中庭四周，柱廊連接成回廊。上面是斜斜的屋頂。這些建築都由純白的大理石砌成。映襯著旁邊的棕黃色牆體。色彩淡雅。樸實無華。綠樹掩映，石柱巍峨，學子們三三兩兩，談論著哲學的奧秘。原來竟然是柏拉圖學園。一群學生，圍繞著他們的導師——柏拉圖。他身影高大，目光深邃而溫和。帶著和藹的微笑。聲音渾厚，帶著一種讓人心安的力量。

柏拉圖在追憶他的老師蘇格拉底。眼中閃爍著懷念的光芒。吾師聖人異像。禿頂、大扁臉、突眼睛、朝天鼻，穿著件皺巴巴的寬袍，看上去像一個搬運工。但他的眼神中總是閃爍著智慧的光芒，他的微笑充滿了機智、幽默，甚至帶著一絲狡黠。聲音洪亮而富有感染力，每當他開口，總能引起人們的深思。吾師蘇格拉底說，未經審視的生活是不值得過的。吾師述而不作，是我們這一代人中最智慧的哲人。他常自謂，吾何知？乃一智慧助產士，愛智而已。在阿戈拉，他常將向學的年輕人聚集周圍，領進柱廊上某些遮陰涼處，向他們的所知發難，從道德到政治，從靈魂到宇宙。他像牛虻一樣叮著，不斷追問真知。讓他們在自相矛盾中瞭解自己的似是而非。

柏拉圖語調中帶著深深的敬佩，說吾師蘇格拉底還是極勇敢的戰士，他在戰場上曾冒極大的危險救了亞西比德的性命；酒品也有君子之風。其獨特人格體現在他的堅定信念和無畏精神。他臨死的高貴，讓人崇敬。

柏拉圖的語氣變得沈重起來，開始回憶蘇格拉底臨死前的情景。他被指控「腐蝕青年」和「不敬神」，最終被判處死刑。他在牢房中度過了最後的時光，依然保持著鎮定和高貴。他的學生們，包括我，盡力想要幫助他逃離，但他拒絕了。他認為遵守法律和原則比逃避死亡更重要。在臨死前的最後一刻，蘇格拉底依然在與我們討論靈魂的不朽問題。他面對死亡時的從容和平靜，讓我們每一個人都深為震撼。他飲下毒芹汁後，平靜地躺下，閉上眼睛，彷佛只是進入了另一個世界。

柏拉圖年輕時當過劇作家。他的話語有嚴密精深的推理，又有熱烈的詩情。辭藻迤邐如音樂。此刻，他的聲音中充滿悲憤。雅典的城邦民主投票殺死了他們最偉大的哲學家。說明即便是民主制，如果與情緒化民粹主義攪和，又被巧言令色、無知低能卻能蠱惑選民之徒所竊取，就變成一種邪惡的煽動制。蘇格拉底就此曾與阿狄曼圖對話，社會好比一條船，如果讓愚民來推舉一位僅會騙取選票的人當船長，誰能指望他可以帶領穿過風暴？這也就是為何我這些年來，著述《理想國》，尋找一種更好的制度。柏拉圖眼睛充滿憧憬。

在課堂間隙，學子們嘰嘰喳喳，「一個國家如果要昌盛，就必須遵循正義……」；「愛是一種天賦，是一種對美好事物的渴望……」；「幸福來自於節制、正義、智慧和勇氣……」我遇到來自色薩利濱海小城斯塔吉拉的亞裡斯多德。他正與一群學子討論著關於自然和宇宙的奧秘，顯現出過人的智慧和敏銳的觀察力。他的眼神深邃，如同無盡的星空，彷佛能穿透一切表像，直達事物的本質。啊，這位就是今後成為亞歷山大大帝的亞裡斯多德。我一面端詳著他，一面和他致意。

「亞裡斯多德，你是否讀過《理想國》？」我問道。他點了點頭，「當然，我讀過。它是一桌精神盛宴。柏拉圖在《理想國》中描繪了一個理想的社會，一個由哲學家統治的社會，一個充滿正義和和諧的社會。但我認為，理想國過於理想化，它忽略了人性的複雜性和現實世界的局限性。一個由哲學家統治的社會，可能會陷入專制和獨裁，因為哲學家們也可能犯錯誤，也可能被權力所腐蝕。」顯然，亞裡斯多德與老師的哲學並不一致。他不贊同老師所講的理念世界是現實世界的根源，而強調若要更好地理解宇宙的奧秘，觀察和研究現實世界尤其重要。他說，吾愛吾師，吾更愛真理。也許這就是哲學，決不人云亦云，即使是老師。亞裡斯多德眼中充滿渴望，「*知道事物的原因並理解宇宙的本質，比做整個地球的王更好。*」

飲過清水後不久，學子們又圍攏，聆聽柏拉圖講述著名的「洞穴隱喻」。他讓我們想像有一個巨大的地下洞穴，裡面生活著一群從出生就被禁錮在洞中的人。他們被鐵鍊鎖住，只能朝前方的洞壁觀看，看不到身後的出口和外面的世界。在他們身後,有一堵矮牆後面燃著熊熊的火焰。經過的人們的身影就會投射在洞壁上。被囚禁在洞中的人們只能看到這些投射在洞壁上的影子,卻看不到投射影子的真實事物。於是,他們就把影子當成了真實存在的事物。我身心大震，可不? 我們每一個人都生活在自己的洞穴裡呢。在虛幻的影子世界中，無知無識。只有成見，不得真理。唯有擺脫桎梏,跳出狹隘的精神牢籠。走出洞外,接受考驗和挑戰,才能認清事物的本來面目,才能獲得對世界的透徹理解和洞見。柏拉圖環顧四周,智慧的眼睛看著他學生的眼睛，總結道:「現實界只是存在的一種影子,真正的理念界才是最高的真理所在。」

空氣中瀰漫著橄欖樹的清香與泥土的濕氣，學子們的低語如溪水潺潺。柏拉圖微微一笑，又說：愛智之人，終其一生不過是學習如何死亡——因為哲學便是對死亡的練習。靈魂若能掙脫肉身的牢籠，便能飛昇至那永恆的理念之境，與美本身、善本身、正義本身同在。那一刻，我感到一股暖流從心底升起，仿佛塵封的翅膀在輕輕顫動。這學園不僅是石柱與回廊，更是靈魂的健身房，在這裡，人們鍛鍊的不只是思辨，而是勇氣——勇氣去愛那永遠不會背叛的真理。

這時，我似乎看見亞裡斯多德起身欲辨的神態。但陽光透過橄欖樹，在我眼前晃動。打開眼睛，竟然是我坐在廢墟巨石上的南柯一夢。鳥聲依然。

廢墟呼吸著——一片低語，民主、悲劇和勝利的回聲。曾經那最崇高的愉悅，那種理解宇宙人生的樂趣。那豎琴吟唱的《荷馬史詩》，我側耳傾聽著。望著如今亂石崩雲的廢墟，如同一場盛宴後的曲終人散，杯盤狼藉。這些碎陶片是來自哲人第歐根尼棲身的甕嗎？這位曾經的米利都貴族，散盡家財，拒絕名利、權力等身外之物。尋求順應自然的生活。曾對來訪的亞歷山大大帝愛理不理。無論白天或黑夜，他都提著一盞燈，在全雅典尋找真誠的人。常常趕往一個散場的劇場；這些殘破的石柱，是彩繪柱廊摧毀後遺留嗎？來自賽普勒斯島的芝諾曾在那裡開課，教人從容接受自己的命運。其斯多葛學派也誕生於斯。而另一位芝諾也曾活躍於此，他是巴門尼德的學生。常以邏輯難題和悖論,指出常識和感知的局限性。他的「飛矢不動」論難倒了多少辯士！瓦礫中，我努力辨認著先哲的足跡。

俱往矣。那是一個多麼神奇的文明軸心時代。希臘誕生了蘇格拉底的一群哲人。印度產生了佛陀，在菩提樹下思考人生。而中國產生了老聃、孔子、諸子百家。他們質疑傳統信仰，追求真理，提出了許多關於人性、社會、宇宙的深刻見解。這種理性精神成為東、西方文明奠基。對於那個輝煌時代，我懷有深厚的崇敬和嚮往。當年在課堂教授中國哲學史時，我沈潛徜徉在先秦諸子百家的哲思中。常把他們與其希臘同儕哲人作比較……那是我一生中最好的工作、最美好的時光。或許，對諸子百家、對古希臘先哲的懷舊也是我個人思想避難所。他們的哲思睿智，特別是懷疑精神，是我的源頭活水。

但如今，一切只剩下斷壁殘垣，一堆荒塚草沒了。曾經的榮光不復存在。好似一個失去了父母的孩子，忽然發現自己無家可歸。站在先哲的廢墟前，有一種深深的哀傷和鄉愁。生活在一個思想缺失、不同宗教相互聖戰、政治和社會動盪的時代，深感憂慮和無奈。人類至今還是「洞穴囚徒」。不同的意識形態、宗教信仰、文化背景構成的形形色色洞穴，只能看到有限的影子，而無法全面把握完整的真相。對彼此聽而不聞、視而不見。這種哀傷和鄉愁，不僅源於對古典文明的敗壞和高貴精神的喪失的感慨，也來自於對那些愛智之心的湮沒的哀歎。夕陽下，只餘下斑駁的遺跡，野花在古老石頭的裂縫中盛開。古老的智慧是否也已經消逝在歷史的長河之中?

與形形色色的世界相遇

一、

旅行，就是與形形色色的世界遭遇，與紛呈的景象和人事相遇。這種相遇是無拘無束的，沒有預設的框架和期待，充滿了未知和新鮮感。

在旅途中，不同的山川河流，不同的城，不同的風土人情，不同的生命經驗，可耳目一新。穿過不同的時空，窺見古老文明的痕跡，不同的歷史，觸摸現代都市的脈搏。得見欣喜雀躍的至景，帶給視覺和感官的賞心悅目。目睹蒼山的萬紫千紅，河水奔流；傾聽大自然的和鳴與綻放；親嗅草木的馥鬱芬芳；甚至用赤足去感受泥土的溫暖和潮濕。這些原初的體驗貫穿著漂泊之路，更貼近大自然的芳菲馨香。當然，也會路過廢紙亂飛的貧民窟。也會有乏味無聊。

旅途中，來來往往，與無數陌生人相遇。來自五州四洋，世界的不同角落。或年輕或年邁，身份各異，陌路相逢，彙聚成人生短暫旅途的夥伴。有的人只會帶給你稍縱即逝的一面之緣，但也許會與其中某些人產生詩意的惺惺相惜，成為知己良朋。無論如何，在與這些過路之人的交集中，將體會到形形色色的命運際遇，領略到人性百態。帶來不同或相似的故事。為旅途增加愉快或不太舒心的插曲。這次大流行後的旅行，在途中分別遇到兩對旅伴，獲有不同感受。

在聖莫里茲到采爾麥特的冰川快車上，遇到一對六十多歲的夫婦。正好坐在我們對面。金髮碧眼，操著德語，神態自得。舉止也似有教養。他們提出交換座位，出於友好，也就應允。一路上，在絕美的風景中，我等倒行逆景，他們順行順景。好在阿爾卑斯的風景，即便是倒退著看，也是萬般迷人。峻峭的山壁下，碧綠的高山湖泊如明鏡般映射著天空，湖畔零星分佈著瑞士傳統的木屋村落，房頂被白雪覆蓋，煙囪嫋嫋升起炊煙。美麗的山谷、溪流和雪峰，倒敘著，回憶似地來到面前。一路上，我倒也無怨言。車過了阿爾卑斯山口，小停片刻。我趕忙下車，讓整個身心沈浸在阿爾卑斯那壯闊恢宏的自然景觀中。群峰聳立入雲，冰川雪峰在陽光的映照下熠熠生輝，氣勢磅礴。溪澗流泉時而靜謐潺潺，時而奔騰湍急，遒勁有力。我對著萬年冰川敬畏不已，感歎一簇簇野花的強盛生命力。回到車上，我閉目回味至景，想銘刻於心。這時，那對夫婦又提出，換回原來座席。我心道，他們真好啊，也讓我等享受一下順景的美好與舒適。哪承想，車啟動後，頭尾互換。哦，原來如此！他們道貌岸然心安理得坐那兒。氣得我發笑，世界上竟有如此厚顏自私之人！一會兒，我借著午餐是按坐位訂購的為由，堅決要回了我的座位。那位男紳士萬分不願，用德語咕隆著，似乎是髒話。

我搖搖頭，很無語。看似十分優雅有教養的人，怎麼會如此悖論地處世，如此折射出人性深層的叵測和矛盾性？這讓我想起了瑞士德語作家赫爾曼·黑塞的《荒原狼》。這本小說的中心人物哈瑞·黑勒就是一位人格分裂者。他受良好教育的溫和知識份子，愛好藝術，談吐得體。他遇到酒吧女郎赫爾米娜，獲得肉欲歡樂。經赫爾米娜介紹他又結識了音樂人帕布洛。在音樂和感官享受中忘卻了一切煩惱和憂慮。但當他看到赫爾米娜和帕布洛親近時，便「狼性」大發，嫉妒地將赫爾米娜殺死。或許，黑塞這是用一葉知秋的方式，暗示每個人的人性深處隱藏著種種荒原狼吧，某個時候會趁虛而出。自己又何嘗是純粹的？

二、

在波爾多晚宴的餐桌上，與一對來自堪薩斯的老夫婦約翰和琳達為鄰。推杯換盞，交談甚歡。琳達是小學退休教師，約翰是退休機器手。所掙綿薄，卻達人知命，安貧樂道。典型的中部美國鄉親。我們誇著波爾多真是好地方，加龍河，流著一半海水，一半比利牛斯山泉水，在此彎出了一個新月形。自從羅馬人在這河邊擠碎第一枚葡萄，葡萄酒就成為這座城的血液。漫山遍野的酒旗，比水還要便宜的美酒，可盡情痛飲而無須當馬質裘。生猛海鮮店多得壓偏了街。而且，波爾多城並非毫無斯文。睿智的蒙田在裡做過市長。他可也是法國啟蒙運動的領軍人物。其《隨筆集》三卷字字珠璣，詼諧機智，讀之如飲佳品。約翰喝得高了些，調侃道，按照蒙田，生命意義不在於活多長，而在於度過它的方式。一個知道如何正當地享受生存之樂的人，是絕對的而且幾乎是神聖的完善之人。依吾看來，其實蒙田是說，人生的價值，是否完善，得要看，喝幹多少瓶波爾多美酒。我聽了樂得大笑。點頭道，是極，是極。一個人一生中不可不來波爾多。無論人生有何種未遂之意，都能在此喝幾杯美酒了結。

約翰和琳達乃有福之人，總是笑呵呵的，有十二位孫女。他們談起，感恩節聚餐，兒孫滿堂，桌子長得都接到院門了。約翰眉飛色舞，雙眼發光地描述。「哇，這麼大的兒孫滿堂啊！這麼多孫女，她們的芳名你不會搞混吧？」我又羨慕又妒嫉地打趣。約翰趕緊否認，「不會的，絕對不會的！我通曉她們每人的脾氣秉性愛好，她們甜美笑容與她們名字的聯繫。」說完，他就大笑起來，洪鐘似的。真是一群習慣在龍捲風裡說話的人們。

酒酣耳熱之際，我們談起各自的愛好。約翰更是一臉光輝。非常自得，「俺的愛好說出來你可別不信哈。」「快說出來試試啊」，「俺業餘時間都花在收集石器時代的箭矢之頭哩」，「哇，這真是難以置信的愛好！」我喊道。約翰得意忘形起來，「我收集的石器有好幾箱呢，基本都是印第安人的。有射野牛用的，有射狼用的……」「嗯，堪薩斯以前印第安部落多，野牛遍地呢」，我裝得很懂的樣子。「可不，以前是很多的」，琳達接腔。於是，她朗誦了一段愛默生的詩，*在連綿起伏的小山丘下，/我們的印第安省沿著寬闊的河谷蜿蜒流過。/所有的印第安男女對它心馳神往，/鐵犁經常從泥士裡翻出箭頭和煙斗，/就在此處，新伐的松木蓋起的一座座小木屋，/替代了印第安部落，農夫變成了新的主人。*（以上詩歌大意為作者自譯）約翰深情驕傲地看著太太，說對呀，收集石器，得先研究一下美洲原住民的歷史。去圖書館或博物館，瞭解一下所在地區附近的美洲原住民定居點和移民路線。交叉參考舊地圖和現代地圖，以確定印第安人可能聚集起來露營的小溪小河。

約翰還告訴我，什麼樣的溪、河中能發現好東西，冬季河水最清淺，是在河床中尋找箭頭的最佳時間。因為水位最低且暴露礫石，最能發現石器。沿著小溪散步，睜大眼睛，尋找不自然的彩色岩石和形狀。在礫石中，尋找那種大小與你腦海記住箭頭的樣子相似的石頭。在使用鏟刀和篩子之前，用你的耙子來清除大部分的碎片。耙子和鏟子最好是塑膠的，以確保不會損壞文物。用你的泥鏟，舀起少量的沙子。然後，用篩子篩出和分離的沙子、岩石，找到潛在的箭頭。你也可以在生長的小溪邊緣樹的暴露的根部之間瞅瞅。它們通常會夾住小箭頭。要是能發現一枚箭頭，能快樂好幾天呢。如果箭頭帶有雕刻、塗飾，那就了不得！從上面可以看出原住民的審美取向和文化象徵。有的箭頭，製作工藝、顏色和材料都無懈可擊，上面有令人驚歎的古銅色。有一次，我還找到一枚石斧。可樂壞了。你知道，那貨有上千年歷史啊。我點頭稱是。可不？上千年來，在哥倫布發現新大陸前，印度安人一直在那片土地生活著呢。穿著牛皮的衣裳，吃著牛肉幹。分享一切。倒還真是桃花源。

其實，旅行所遇見形形色色世界，那些人和事，身邊就有。人的世界到處都一樣。詩和遠方也在每天生活的地方。

羅馬廢墟：與維吉爾同遊

這是五月，我跨過台伯河，望著熙熙攘攘鬧市中的古羅馬廢墟，借著朝暉憑弔。唉，古羅馬重鑄了特洛伊文明，也承繼了特洛伊的灰燼。這難道這就是一種詭譎的宿命？我如此為特洛伊一脈長籲短歎。

曾幾何時，古羅馬的國民詩人維吉爾意氣風發，寫了《埃涅阿斯紀》（羅馬建國史）。宣稱天神對羅馬的青睞，作為特洛伊的後代，是天賦使命之國，永恆無垠帝國。詩人相信，羅馬人在藝術和科學上雖不及那些「輕輕鑿出呼吸的銅人」的民族（希臘人），「用羅盤量出星星的軌跡」的民族（阿拉伯人），但其命運註定是要將其他的文明納入自己的統治中。當維吉爾以此天命為羅馬精神奠基時，對出身如此高貴、堅不可摧的帝國，其可無限綿延的文明竟有一天也會隕落，也是始料未及的吧。

令人哭笑不得的是，人們相信維吉爾具有未卜先知的能力。他的《埃涅阿斯紀》曾一時間成了占卜休咎的聖書，類似中國的《易經》。當一個人要諮詢上天的時，打開《埃涅阿斯紀》，第一眼看到的那行詩便是神意。據說哈德良曾用它藰出一卦：「*誰頭戴桂冠，手捧聖物，佇立在遠方？/我看見的銀須和灰發，屬於羅馬的王者……*」他把這行詩視為自己將來會繼承羅馬皇位的預兆。這就是所謂「維吉爾卦」。而卦的作者，這樣通靈的詩人，居然也不知自己家國的身後事。但歷史風雲變幻，文明此起彼伏，城頭變幻大王旗。誰又能真正預知呢？維吉爾，一個近曼圖亞的安第斯村的鄉下孩子，出生時，他母親夢見自己在給一根桂樹枝生產。當桂樹枝一著地，便變成了一株結滿了鮮花和果實大樹。果然不是凡夫俗子。詩人十七歲來羅馬求學，跟隨當時最優秀的老師研讀《荷馬》，學習修辭和哲學。那時，羅馬如日中天，正是奧古斯都大帝盛世。誰都不會懷疑，羅馬是座永恆之城。

我徜徉於參差不齊的羅馬廣場廢墟之間。禁不住伸手撫摸那參天大樹般的石柱遺骸，似乎它們依舊貯存著當年雕刻者的靈魂與激情。在龐培劇場的廢墟前，凱撒被刺殺處，雜草叢生。骷髏穿著華麗的服裝，安撫哭泣的流浪貓群。它們仍在為凱撒倒下前那句希臘語悲傷，「也有你，布魯圖？」荒涼的羅馬廣場中心，凱撒的火化處，坍塌的祭壇，至今仍鮮花不斷。似乎兩千年前那場葬禮還在進行。幸運的是愷撒選對了接班人。英俊足智又沈著的屋大維，將其未競帝國藍圖，超乎預期地加以實現。開啟了羅馬的盛世，贏得數百年之太平。獲得奧古斯都稱號。一位真正的皇帝。在其治下，一個文學的黃金時代到來。詩人賀拉斯、李維、奧維德與維吉爾群星燦爛。藝術家、雕塑家與建築家爭奇鬥豔。屋大維幾乎營造了一座羅馬。他不無驕傲地說：「來時羅馬一座磚之城，但我留下了一座大理石之城。」

奎利那爾山畔，孤零零的圖拉真凱旋柱，斑駁的原始威嚴，日夜螺旋地升入指向虛無蒼穹。行人留下的歎息，就像起周遭遍地不勝其數的瓦礫。往日驕傲的聖道，蜿蜒地引領著漫遊者的腳步，走向一片繁華的瓦礫。很快雙腳被露水打濕。我手持古羅馬示意圖，努力辨認那些曾經最輝煌建築的遺址。遊人指指點點，莫衷一是。圖拉真凱旋柱上，賢明君主的立像已經失蹤。我對柱上那鵲巢鳩佔的聖徒說，趕緊下來吧。那偉大功業，沒有一件與你有關啊。野草搖曳，發出一陣沙沙聲如同歎息。

我立在羅馬廣場，五月的陽光令人眩目。正如它當年燦爛地籠罩著這座曾經的世界之都。那時，整個廣場由精雕細琢的大理石砌就，道路兩側種植著筆直的棕櫚樹。廣場中央的騎士銅像巍然，代表著羅馬帝國的尊威。四面環繞的建築氣勢恢宏，雕樑畫棟，光芒耀眼。元老院莊嚴巍峨，神廟的穹頂、功德碑在陽光的照耀下熠熠生輝。拱門環廊宛如白玉堆砌。帝國的輝煌無處不在。更令人讚歎的是，這些宏偉壯觀的建築均出自於設計師們高明的用料和比例把控，沒有一處不經精心雕琢。哪怕是最微小的細節處，也能看到追求藝術與美的苛刻要求。十字交叉的街道依舊熱鬧非凡。羅馬貴族闊氣十足地從馬車上俯視芸芸眾生，與此同時，賣力工作的奴隸們不分晝夜地肩負著勞作。走在街頭，你會看到從世界各地遠道而來的遊客與商旅，他們或是穿著炫目的絲綢長袍，或是身著異國風情的裝束。

斑駁的大理石柱廊和宮殿斷壁殘垣間，各種植物，無不綠意盎然，沒心沒肺地生長著，代替那死去的帝國繼續活著。基座石縫裡，一簇簇翠綠的羅馬蕨。這種常春藤狀的小型蕨類曾在古羅馬時期非常普遍，婦女常以其製成花環佩戴。高一些的斷垣上，垂掛著有毒的蜂鬥藤，如同修長的青綠蛇紋。纏繞在石柱上肆意生長。一旦察覺到有誰接近，它就會迅速收縮枝葉。有如當年警戒的羅馬士兵。高大的野生絲柏樹，依然傲然屹立，樹幹亭亭而突兀。在陽光的滋潤下熠熠生輝。偶爾一陣風吹過，送來一陣清香,令人身心頓時為之一振。這些松柏，曾是當年羅馬權貴們最鍾愛的樹木吧。我抬頭，碧空中滑過一兩隻雄鷹，那曾是永恆與力量的象徵。作為戰無不勝的羅馬軍團最引以為傲的標誌，它們曾在數不清的戰役中振翅高揚，成為這座城池威儀的化身。但如今這些雄鷹只是在空無一物中飛行，在廢墟上盤旋。

「多令人唏噓啊，不是麼？」正當我望遠空發呆，身邊出現了一位老者。正是他同我搭話。他身著一襲古羅馬白袍，塵土滿面鬢如霜。像是遠道而來，或是在這殘柱如林的廢墟盤恒了許久。啊，是偉大詩人維吉爾！他曾引領但丁走出迷津，遊歷地獄、煉獄和天堂。維吉爾抖動著花白髮須，指著面前的廢墟說，那時節，整個羅馬都空氣中都彌漫著一股浩大罡氣。士兵雄姿英發、驍勇善戰；皇帝垂衣昂昂自若、雄心壯志。無不彰顯羅馬已登臨世界之巔。而在露天劇場，吟游詩人在星空下，美妙旋律。觀眾陶醉、喝彩、流淚、歡笑。是啊，這正是睿智神武奧古斯都治下的羅馬城，一座富足安康、藝術與權力並重的大都會。陽光底下最奪目的明珠。餘每每目睹帝國疆土日漸拓展，對這富庶強盛的羅馬帝國無比自豪和驕傲。激起詩情澎湃，於是批閱十載，欲寫下可媲美希臘荷馬史詩的《埃涅阿斯紀》。以詩筆歌頌一個嶄新的、無垠的羅馬帝國。惟願吾羅馬綿延萬世，國祚永享。並言明羅馬的立國之本和偉大使命，勉勵族人不忘神靈的特選與教誨。

望著老詩人，我躬身說，是啊，當年我故土中華也聞羅馬的盛名呢。以其如同中華一般斯文鼎盛，故稱之為「大秦」。記得《後漢書》說：「*國內有松柏諸木百草。其土多金銀奇寶，有夜光璧、明月珠、駭雞犀、珊瑚、琥珀、琉璃、朱丹、青碧……*」。

維吉爾聞之動容，驕傲地開言，縱觀萬國史冊，何曾有一興盛文明如此矗立於世？倘若缺卻羅馬之基，今日之世界恐仍在黑暗中摸索。我羅馬法律予後世裨益尤其良多。自國家創立之初，羅馬便有法可依。十二銅表為綱領，秉公行正，懲治犯罪。即便最小之糾紛，亦得公平裁斷。權利義務，一一詳明。良善刑法，賞罰分明。即貴為統帥，倘竊取公器，亦當照例處置。這等公正何等令人讚歎?希臘人，迦太基人，高盧人，埃及人，猶太人，伊利亞半島原住民，在同樣的法律和生活方式下，都成為羅馬公民，長治久安。不似馬其頓帝國的亞歷山大大帝，一路征服，盛極一時。其死後，毫無根基的帝國立刻分崩離析。當然，我羅馬興盛，實有賴於採摘融匯眾多異族文化之精髓。希臘雕塑世無出其右，自然被羅馬廣納芳澤。如此波斯異域瑰寶，埃及神學，種種皆化入熔爐，方成羅馬文化。曾經，諸神的廟宇，百花般開滿羅馬。或圓，或方。廊柱巍峨，彩色大理石奪目。它們是建築的奇跡和典範。諸神各有自己的節日。下層貧苦信眾，常能通過節日得到以該神的名義的金錢饋贈。各路神祇，守護著操持百業信眾的日常，上至君主，下至妓女乞丐。為凡間疾苦慰藉，提供精神家園。

談說間，在一堆瓦礫前止步。這裡以前是劇場。維吉爾凝視著，臉上忽悲忽喜。也許他想起往日這裡吟詠滿堂。蘇埃托尼烏斯記載，一次維吉爾去劇院看戲時，演員在戲中背出了他的新作《牧歌》的詩句，這時，全體觀眾紛紛從座位上起立，以示對在場的維吉爾的崇敬。

維吉爾與我一邊侃侃而談，一邊來到一處湧泉。人們排著隊，痛飲引自遙遠城外山中的泉水。我也大口暢飲。水滴如珍珠般晶瑩剔透，滑過喉間，一股生機湧動。清涼、甘冽、沁人心脾。正午猛烈陽光的熱氣頓消。說來有趣。羅馬人發明和建設了巨大而複雜的城市下水道，解決了污水和雨積問題。卻不幸地污染了台伯河。於是，他們用一個更人性化的工程奇跡，來彌補過錯。這就是著名的供水系統——羅馬水渠。每天，三億加侖的泉水，經過六十英里的高架水渠，翻山越嶺來 到城中。每個十字廣場，響徹泉水之聲。望著由一個個拱門支撐起的水渠直通天際，我讚歎：善哉偉哉！維吉爾面容發光，說道，市政工程，我羅馬冠絕天下。大理石砌就城池，城邑宮室廟宇，美輪美奐。我們還發明了液體石頭——混凝土！故能將拱頂建造極致，萬神殿達四十三米的穹頂，乃一千四百三十六年間之最。那觸及天空的圓頂，可謂天下至善至美的人類創造之物。羅馬，就連最簡陋水井,亦凝聚著精雕細刻之心血。千年間，羅馬戰車所到之處，無不修公共浴池、體育場、劇場、水渠，把羅馬的生活方式帶到那裡。築馳道，舉國無有不達之處。網路般石板大道，從羅馬出發，北至嚴寒的北海，南至酷熱的撒哈拉，西之大西洋，東到幼發拉底河。再從不列顛到敘利亞，從德國、巴爾幹到埃及。

我們越過迷宮似廣場廢墟亂石。穿過凱旋門廢墟時，駐足良久,凝視著上面那些被烈火舔舐過的浮雕：出征歸來戰馬和將士。這裡曾吸引滿城歡呼的人群，夾道迎接凱旋大軍。我看著身邊陷入回憶的詩人維吉爾，在想他是否也曾身在其中,沈浸在歡騰的人群裡？唉，羅馬曾淩駕九重霄,今朝四壁空餘暗。功業無壘，終將溶於煙塵。

一邊感歎，一邊來到鬥獸場。半圓型環形場地的遺跡依然雄偉壯觀，即便早已面目全非。在鬥獸場的圓環上,生長著一叢叢黃花。為蒼老斑駁的遺跡帶來了生機勃勃的活力。它曾體現了羅馬的創造力與人性殘酷的二元對立。是運用拱頂結構和混凝土的顛峰之作。三層拱頂層層相迭，又分屬於多利亞式、伊奧尼亞式、科林斯式三種樣式，繁複奢華。但這曾是以殺戮為樂的場地，血雨腥風的殘酷搏鬥，吼聲彪勇，角鬥士呻吟撕心裂肺，熱血飆高，看臺上萬名觀眾雷鳴般的喝彩，彷彿仍在耳畔縈繞。讓我無端打了個冷顫。如今，驕闊形勝已成殘垣斷壁，繁華燦爛都歸於空寂。

維吉爾痛心疾首，歎息道，可惜埃涅阿斯子孫篳路藍縷，初創羅馬，經由凱撒、奧古斯都、五賢帝的文治武功，達致頂峰。當然也有尼祿，那位擁有豎琴的暴君，他的瘋狂讓城市陷入火海之中。痛哉偉業毀於驕奢淫逸。一再應驗自古勇極而折，盛極而衰，榮光與崩塌，驕縱而腐朽，一脈相承。那會有什麼永恆不衰、無垠的帝國！即便奧勒留這樣的睿智、克勤克儉、勤政愛民的明君，也無法挽救一個帝國的飄搖。他站在羅馬帝國衰亡的十字路口上，每一個方向，都是日落。哲學王死在多瑙河維也納的凜冽寒風裡。《沈思錄》紙頁飄飛，五賢帝的黃金世紀終於落幕。

維吉爾的詩意低語，如莊嚴的啼鴉。歎了口氣，他接著說，這些斷壁殘垣不啻是一面鏡子，照現了人性百態。我瞥見了權力的脆弱，榮耀的無常。人生短暫有限，宏偉的城邦、輝煌文明也終將寂寥無聲。說罷，維吉爾揮揮衣袖，飄然而去。他的詞語，如挽歌般留在空氣中。

望著夕陽下維吉爾的蕭瑟背影，我心生崇敬。他的一路解說，如同他的《埃涅阿斯記》充滿著感傷和悲憫萬物。賦予這片廢墟以生命，以層層迭迭的斷垣殘壁，見證帝國的興衰。他在《埃涅阿斯記》有關羅馬永世長存的預期，並沒有隨著羅馬的陷落與崩塌而失效。其洋洋斯文，也並不是野蠻人、暴民們瘋狂搗砸、焚燒所能毀滅的。

千年的羅馬，嘗試了最好和最壞政體，法治嚴明，工程技藝超絕，種種智慧恩澤後世。而歐洲的文脈，古羅馬也提供了源頭活水。維吉爾作為最傑出的拉丁詩人，其詩作《埃涅阿斯紀》宏大豪邁，英雄主題一詠三歎。他師自《荷馬史詩》，文學成就高於後者。其風格崇高渾厚，直追古希臘悲劇家氣概。其敘事手法，已採進技術性極強的插敘、倒敘。華麗修辭令人絕倒、遠非荷馬時代模式化的修辭範式可比。最難得的，是維吉爾重視戰爭中戰士的個體存在價值，追問戰爭的意義。可以說，維吉爾的《埃涅阿斯記》、《牧歌集》和《農事詩》，教會了歐洲人語言表達。法語、英語中被廣泛使用的大量拉丁文短句，其源頭都可追溯至維吉爾的作品。他的詩句，被當作哲言警語，成為許多大學的校訓。鐫刻在軍隊、公司的徽章上。他的拉丁箴言還出現於美國國璽和美元紙幣上。維吉爾的詩作是西方不曾中斷的文化傳承連續體的核心。孕育了一代代傑出詩人。他們在創作過程中模仿或借用維吉爾的體裁、詩句和表達方式。羅馬詩人賀拉斯、奧維德；義大利詩人但丁；英國作家斯賓塞、彌爾頓、蒲柏、莎士比亞、濟慈；美國作家梭羅等無不受益於維吉爾。記得但丁《神曲》的開篇：「*在我生命的旅途中，我發現自己在一片黑暗之中*」（「*Nel mezzo del cammin di nostra vita, mi ritrovai per una selva oscura*」）就是借用了維吉爾的《埃涅阿斯紀》的開篇詩句。

一切，倒下了。英雄們都陷在他們的骨灰甕裡。維吉爾那句「*Tu regere imperio populos, Romane, memento*」（羅馬人啊，記住你以帝國統治萬民）聽來豪邁，卻也隱藏著對權力代價的歎息。廢墟中的風吹過斷柱，仿佛還在低吟這些詩句，讓人想起：每一個偉大文明，都從灰燼中浴火，卻也註定歸於灰燼。

一堆黯然無聲的東西。驕傲的事物從塵土中翻滾著返回塵土。只剩下時間的聲音。無論風撥動多少張六弦琴，也唱不盡羅馬的哀歌。但別太過煽情，孟菲斯高聳的方尖碑，在四處流落。迦太基也曾陷落，碎裂的城市在地中海閃爍。黃昏的落日投下血色光芒，染紅了古老的廢墟。點燃了逝去的過往。維吉爾所揭示的雕刻在大理石中的神秘，在風中低語；他所講述的神祇和凡人，他們相互交織的命運，仍未結束。在時間的取景器裡，每一個都城皆是廢墟的序曲。我低吟著維吉爾的詩句：「火即是新生的源泉」，懷著敬畏之心告別古羅馬廢墟。它絕非僅是過去的寂靜見證，而對文明興衰的深刻提醒。迴響著人類短暫舞臺的流逝本質。

重歸佛羅倫斯

這是五月的向晚，每棵檸檬樹上都掛著金色果實。佛羅倫斯古老狹窄的石板路上，我看見自己被夕陽拉長的影子，一步三回頭。一點點地離開——這座由銀行家、哲學家、藝術家和詩人共同締造的城，最早生髮現代人文精神的現場。正是在這片土地上，人們開始重新審視自我、探索人性，並將這種精神注入到文學、藝術和哲學之中，最終催生了影響深遠的文藝復興。建造了一座藝術的永恆之城，展現了人類最好的一面，達到了其創造力所能企及的高度。

我坐在由佛羅倫斯返回地中海碼頭的列車上。窗外，托斯卡納平緩起伏的青翠丘陵，點綴著別墅、農場、絲柏、葡萄園和果園。同車的有一群郊遊的高中生，嘰嘰喳喳。托斯卡納方言很悅耳，就像一群春神，從烏菲茲畫廊那些文藝復興時期畫作中跑出。

車廂有些悶熱，他們分享著一瓶啤酒，那清涼的液體，傳遞在彼此的笑唇之間。有人打開車窗，風忽地侵入。摩挲著桃花容顏，輕繞著那些我忍不住要多看幾眼的肩腰。我想起了自己青春。那是 1973 年吧，我正值初中年齡，已在工廠成長為熟練鉗工。那可是純正的工人階級啊，雖然未成年。立場當然不太堅定。用瓶薯乾劣酒向一位四類分子換《神曲》來讀。得知遠方有條阿諾河，穿過古老的佛羅倫斯城。河上有座廊橋，有一位詩人，在橋頭邂逅僅謀一面卻一生單思的戀人。為她寫了一部上窮碧落下黃泉的詩。

四十年後的我，亦如但丁一樣，離開深愛的故鄉，孤懸海外。成了一位自我放逐的世界旅行者。兩鬢染霜。今天，我終於來到這座義大利古城。看見，詩人但丁與他的貝特麗絲已再度相逢。這一次他們就在眼前這群享受人民資本主義的快樂青年中。

我回味著剛度過的目不暇接的一天。清晨，我像一個流亡者歸鄉似地來到佛羅倫斯。聽著自己腳步在發亮的古老街道上噠噠地響著，有些近鄉情怯。那些古老街巷，甚至朝陽在上面移動的影子，都似曾相識。我穿越城中心，徑直來到阿爾諾河旁。晨霧已散去，佛羅倫斯在初夏的陽光中緩緩蘇醒。

阿爾諾河的水面上，我照見自己少年時嚮往遠方的模樣。河水悠悠，不舍晝夜。映照著兩岸古老的建築，彷彿時光又在此停滯，讓人得以窺見幾個世紀前的景象。但曾經河上橫跨的十座造型優美的古橋，幾乎都毀於二戰。惟有被稱為維奇奧（「老橋」）的廊橋倖存。我似乎看見，一位身著古老風格長袍的老者佇立在橋頭，凝望著這座他別離已久的城市。

他是那位偉大的詩人但丁嗎？在流亡七百餘載後，今天也以某種方式重返故里。曾經在這裡，他初見手持鮮花的貝特麗絲，驚喜又悵然，那一刻就是永恆。愛而不得，卻成為其在至高的文學傑作中的不朽激情。而佛羅倫斯，這座孕育了他的城市，他的根，承載著他的青春回憶、文學夢想和政治抱負；也是將他驅逐、威脅他生命的地方。風中似乎聽見但丁在喃喃自語：「我的佛羅倫斯啊，是否還記得那個曾被你放逐的兒子？」

河對岸，坐落著著名的烏菲茲美術館。這座建築在但丁生前並不存在。我幾乎是美術館上午第一名參觀者。推開大門，就看見美術館的大廳懸掛著一幅巨大的但丁肖像畫。這位偉大的流亡詩人，世界上最奇異、最美麗的愛情故事中的男主角。但丁頭戴桂冠，偉岸的高個頭、身穿灰色長袍，紅色頭飾上插著桂樹葉子，一副悲傷的鷹臉，神情莊重，手持《神曲》。我凝視著這幅畫作，內心五味雜陳。昨日的罪人，今日的聖徒。七百年前，在白黨與黑黨的權力鬥爭中，但丁被構陷有罪，以火刑相威脅，逼他永遠離開佛羅倫斯；如今，這座城市尊他為文化英雄，以他為榮。諷刺的是，正是流亡這一悲慘經歷，成就了他的不朽詩篇，也最終為他贏得了故鄉的認可。正如《神曲》中所寫：*人生如輪，或上或下，智者不以為意。*

烏菲茲美術館珍藏文藝復興大師的傑作。我彷彿進入了一場人文主義視覺盛宴。波提切利的《春》、達·芬奇的《天使報喜》、米開朗基羅的《聖家族》、拉斐爾的《佛羅倫斯大公爵夫婦像》等作品散發著生命的光輝。不再是刻板的聖徒和對神的頌揚，而是充滿活力、個性鮮明和豐富情感的現實生活中人的形象。完美體現了人文主義的核心——人的價值。

烏菲茲美術館特別收藏了眾多以《神曲》為主題的藝術珍品。最引人注目的是波提切利的兩幅畫作。第一幅是《地獄的地圖》，畫家根據但丁的描述，將地獄描繪成一個巨大的漏斗形深淵，分為九層，每層都有特定罪人和刑罰。從最上層的色欲之徒到最底層的背叛者，罪行越重，所處的位置就越深，受到的懲罰也越嚴厲。第二幅是《但丁的神曲》插圖，描繪了《天堂篇》的場景：但丁在他生命導師詩人維吉爾的引導下，穿越九重天，見到畢生摯愛的貝特麗絲，最終面見上帝。這些畫作不僅展現了《神曲》中的場景，還體現了但丁試圖超越教條的桎梏，對人性複雜面向和道德的深刻洞察。

在《神曲》中，但丁將他一生中的恩人、仇人都寫了進去。而教皇則成了他揶揄嘲笑的對象。但丁對這些人物的評判並不完全以其宗教身份為准，而是根據其道德操守和對人類社會的貢獻。

《神曲》所及的人物，無論是狂熱的弗朗切斯卡、高傲的法裡納塔，還是悲壯的尤吉諾伯爵，皆具獨特的活生生個性。正是這種對個體生命的尊重，使但丁的《神曲》成為文藝復興的先導。特別值得一提的是，《神曲》使用了托斯卡納方言。當時，經院學者們普遍認為只有拉丁文才適合嚴肅的文學創作，而俗語不過是市井之徒的工具。但丁相信，每個靈魂都有權用自己的母語來訴說喜怒哀樂。在詩中，但丁第一次使用了許多詞語，從拉丁語翻譯過來或從其他歐洲語言（如法語、普羅旺斯語、西班牙語和阿拉伯語）借用它們，從而創造了一種非常豐富的文學語言。他的選擇不僅塑造了義大利的文學語言，也為世俗文化的崛起鋪平了道路。

離開烏菲茲美術館，我走向城中心。一路上，那些文藝復興的大師達芬奇、米開朗基羅、波提切利、布魯內萊斯基、洛倫佐·美第奇、多納泰羅和拉斐爾等，所創造和締造的驚世傑作，從書本上跑下來，真切地環繞著我。一群群人正對著宏偉的宮殿、華麗的教堂、大理石雕塑、輝煌的拱頂嘖嘖稱奇。陽光照在他們生動的臉上。我頗為驕傲和得意，似乎誇讚的正是我的故鄉。我仿佛被帶回了過去，似乎聽見當時市民對米開朗基羅的大衛塑像議論紛紛，「大衛的鼻子，真的過長麼？」那是一個怎樣的年代？每一個市民，無論貴賤，都可以對大師的傑作評頭論足。

我的目光久久不肯從在米開朗基羅的《大衛》移開。這尊高達 5.17 米的雕像意氣風發，勾勒出一種臨危不懼的英雄形象。散發著不可思議的生命力。大理石的肌肉隱含著即將爆發的力量，極具動感和張力。彰顯了個人的獨立人格和自尊心。相信個人的力量可以改變命運。這是與《神曲》一脈相承的。但丁以一個「個人」的視角審視世界，以理性之眼解構並重塑宗教和世俗秩序，並彰顯自由意志。無論靈魂最終到達地獄、煉獄還是天堂，都是其生前行為的結果，而這些行為源於個人的自由選擇。即便是在地獄中受苦的罪人，也不能怪罪於命運，因為那是自己的選擇導致的。無論是《大衛》還是《神曲》，都集中體現了人文主義的核心：以人為本，尊重個性，追求真、善、美的和諧統一。通過理性的拷問、傳統的改造來淨化中世紀的沈屙。

我漫步至聖母百花大教堂。這座教堂以其色彩斑斕的大理石立面、巨大的圓頂和喬托鐘樓而聞名。其圓頂是世界上最大的磚造穹頂由不同色調的白、綠和粉紅色大理石塊鋪砌而成，色彩瑰麗而不失和諧。堪稱義大利文藝復興時期建築的瑰寶。我抬頭仰望那巍峨的穹頂。驚歎於阿諾爾·迪·坎比奧的設計，這種新穎的建築風格，標誌著從中世紀哥特式風格向文藝復興風格的轉變。

據說，這座穹頂的設計靈感部分來自《神曲》中對天國結構的描述。當年但丁在煉獄山上凝望星空，試圖通過詩歌構建一個嶄新的宇宙秩序。他的構想被後世的工匠實現了。這座穹頂這是文藝復興建築的開山之作，巧奪天工。沒有任何支撐木架，僅靠雙層磚壁和精心設計的肋拱，它就撐起了這個令人驚歎的龐大空間。無論是詩人還是工匠，都在用自己的方式塑造著世界的圖景。

教堂的內部同樣令人讚歎。喬爾喬·瓦薩里的《末日審判》在教堂的天頂上展開，描繪著天堂、地獄和人類的命運。人物在畫布上躍動，他們的喜怒哀樂在這個神聖的空間中回蕩。也展現了但丁作品中對天堂和地獄的想像。

我沿著狹窄崎嶇的石階螺旋，時而彎腰通過低矮的門洞，時而在陡峭的梯子上小心翼翼。登上通向穹頂的463級臺階。如同但丁在《煉獄篇》中描述的攀登煉獄山的場景：艱難、迂回，但每一步都在接近頂峰。終於，我站在聖母百花大教堂的圓頂之巔，俯瞰這座古城的全景。感受著微風拂過我的臉龐。下方，佛羅倫斯的紅瓦屋頂、狹窄的街道和古老的橋樑交織成一幅美麗的畫卷。陽光灑在大理石立面上，將其色彩映照得更加斑斕。

阿爾諾河如一條銀帶蜿蜒穿城而過。老橋、烏菲茲美術館、聖十字教堂，還有遠處小山上的菲耶索萊修道院，一一映入眼簾。目光轉向東南方，那裡是聖母院修道院的遺址。曾是但丁求學的場所，目睹了教士們的驕奢淫逸、經院哲學的空洞說教。再向南眺望，聖母領報教堂的穹頂隱約可見，那裡的壁畫出自安德列 · 德爾 · 薩爾托之手，被譽為佛羅倫斯畫派的傑作。再向西看去，聖母聖殿教堂的磚塔聳立，教堂內布蘭卡契禮拜堂的壁畫群是馬薩喬的成名作，被視為透視法的里程碑。這些地標建築每一個都與文藝復興大師們有著密切聯繫，共同構成了佛羅倫斯這座「露天博物館」。無不展現了佛羅倫斯在十四至十六世紀間的非凡創造力。

美第奇家族就是這一轉變的最大助力。從喬瓦尼和科西莫到洛倫佐 · 德 · 美第奇，不僅是成功的銀行家，還是文藝復興的慷慨贊助人。在其庇護下，布魯內列斯基得以實現穹頂設計，多納泰羅和米開朗基羅得以雕琢栩栩如生的雕像，波提切利和達 · 芬奇得以描繪出震撼人心的畫作。而引領風氣之先者是但丁。我閉上眼睛，沈浸在這個瞬間。

我來到聖十字教堂，向但丁的紀念碑致敬。碑文寫著：向至高無上的詩人致敬。雕像中的但丁神情凝重，手持《神曲》，腳踏佛羅倫斯的臺階，象徵著他對故鄉的眷戀之情。遺憾的是，墓中是空的——但丁的遺體至今仍安息在拉文納，那個給予了他最後庇護的城市。唉，但丁至死也未能回到故土。他的長篇史詩《神曲》也是在十九年流放期間，歷時十四年完成的。「一個關於永恆的喜與悲的故事」，一個為愛而上窮碧落下黃泉的故事。莊嚴深奧，意境巍峨崇高。他的心中一直對自己的家鄉割捨不下，他相信只要《神曲》的第三部《天堂篇》一刊印，佛羅倫斯人就一定會召他回去，在家鄉的土地上給他戴上桂冠。遺憾的是，《天堂篇》的最後幾章還沒有脫稿，但丁就身染瘧疾離開人世。

在文學史上，有這樣一個反復出現的意象：一位遊子背井離鄉，懷揣著對故土的眷戀與怨恨，在異鄉的土地上踽踽獨行。從荷馬筆下的奧德修斯到現代文學中的流散各地的知識份子，「流亡」這一主題貫穿了人類的文明史。流亡也給了但丁一個特殊的機會，遠離佛羅倫斯的政治漩渦，超越地域的圍牆，他得以以更客觀、更哲學化的視角審視自己和故鄉的問題。以更廣闊的視野來思考生命、超越、救贖、語言、文化的問題。

如果說流亡是但丁生命中的一個轉捩點，那麼《神曲》就是這個轉捩點的文學結晶。這部創作於流亡期間的作品，不僅在藝術上達到了巔峰，更是對其流亡體驗的一次哲學化、文學化的轉換。這正是流亡給予但丁的終極啟示：個人的苦難，如果能夠被提升到普遍人性的高度，就會轉化為對全人類的洞見。流亡者的處境為理解人類處境提供了最有力的隱喻。

流亡不僅是一種地域的游離，更是一種精神狀態。它迫使個人重新審視自己的根源，重構身份認同。對但丁而言，被驅逐出佛羅倫斯意味著他與城市公民、托斯卡納貴族這兩個身份的割裂，由此引發了對「家園」的反思。在中世紀的義大利，一個人的身份很大程度上取決於他所屬的城邦。然而，當佛羅倫斯以最嚴厲的方式剝奪但丁的歸屬時，他被迫重新定義何為「家園」。在《神曲》中，但丁將「真正的家鄉」指向了超越地理和政治界限的精神領域。流亡中，他打開了通往「天堂」的大門——一個更寬廣、更超越的精神境界。他的視野得以擴展到整個義大利，乃至全人類。

在《天堂篇》中，但丁借卡恰奎達之口，不僅抒發了對佛羅倫斯昔日榮光的懷念，更表達了對整個義大利統一的嚮往。而在詩篇的高潮部分，當詩人面見上帝時，他已然超越了個人恩怨，達到一種宇宙性的和解：在那至高無上的光輝中，我看見了所有分散在宇宙各處的物質，全都被愛的紐帶融匯成一束。

但丁是中世紀和文藝復興時期之間的橋樑。就像一座燈塔，照亮了中世紀末期的黑暗，為文藝復興指引了方向。他的《神曲》，其實是一面鏡子，映射出佛羅倫斯的道德淪喪和政治腐敗。當這部作品在十五世紀廣為流傳時，它激起了佛羅倫斯人的強烈共鳴和自我反思。但丁的思想和創作實踐喚起了人們對自身價值的認識，激發了探求知識的熱情。他以一位被驅逐者的身份，以義大利語之父的身份，以他的精神產品，參與了佛羅倫斯的建設與繁榮。儘管他的骨灰至今仍安息在異鄉，但他的精神、他的作品早已永恆地融入了這座城市的血脈，成為推動文明向前邁進的不竭動力。在這個意義上，每個「流亡者」都有機會通過自己的思考和創造，為人類的精神家園增添新的光彩。

離開的列車駛入了迷茫的暮色。再見了，佛羅倫斯。某一天，我還會來到你的面前，傾聽但丁，和一眾文藝復興大師創造的心靈。值此人類迷失方向之當今時代，我希望自己就像但丁那樣，在森林中迷路，遭遇惡狼，得遇先賢維吉爾指引、走出困境。

伊斯坦布爾：呼愁之城

一、

在黎明的邊緣，我們的船抵達伊斯坦布爾。

我向老城進發時，一輪火紅的太陽升起。博斯普魯斯海峽，連接地中海的溫柔與黑海的狂野，如一條藍色的傷疤，將歐洲與亞洲撕裂又縫合，讓伊斯坦布爾永遠處於邊緣狀態： 一岸是歐洲的酒吧霓虹，一岸是亞洲的茶肆澡堂。。歐魯洲岸的宮殿，托普卡帕的圍牆高聳，裡面藏著哈倫的寶藏和無數宮女的淚珠；亞洲岸的漁村，船桅搖曳，婦人們在碼頭等待歸人，卻只見浪花拍岸的空蕩。交匯卻永不融合。

我沿著金角灣的一側步行。熙熙攘攘的時間，熙熙攘攘的過客。海鷗的翅膀織就的天空，斑斑駁駁，氣象萬千。輪船載浮載沈於晨霧，巍峨穹頂與宣禮塔尖懸浮在天際。全城的漢子都在橋上釣魚。一串魚鉤，尖銳無比。我輾轉穿過釣魚竿的叢林。一串串銀色小魚，在沒有歷史感的釣竿上掙紮。如同拜占庭掙紮於當年各遊牧部落、保加利亞、斯拉夫、阿瓦爾、匈人、羅斯人、波斯人以及阿拉伯人對帝國皇冠的覬覦。甚至難逃被十字軍同胞兄弟的洗劫。這些小魚睜著驚訝的眼睛、張大嘴，如同奧斯曼帝國最後的喘息。

這條海峽連接黑海與地中海，帶來貿易的繁榮，也攜來戰爭的硝煙與移民的離散。渡輪在波濤中搖曳，漁夫撒網時捕捉的不只是魚兒，更是逝去的時光。城市的三重身份——東西方交匯點、帝國廢墟、現代移民熔爐，既痛苦又詩意。伊斯坦布爾。一層歷史覆蓋又一層歷史。或許，世上沒有任何一座城像它一樣佈滿裂痕。於此，一個曾經的希臘小城，拜占庭。矗立起東羅馬帝國的拜占庭之都——君士坦丁堡；；變換為一座奧斯曼帝國的蘇丹之都，奢靡宮闕之城，伊斯坦布爾。城市從拜占庭的黃金時代墜入奧斯曼的紅色宮廷，後又在19世紀的「東方病夫」時期逐漸衰落，木屋焚毀、宮殿荒廢、人口流失。

一座廟堂與集市混雜的城。神與世俗的喧囂相和。神龕上，前神的痕跡，各種神祇相互替代更迭。羅馬式的拱門與拜占庭的圓頂教堂交替出現，奧斯曼帝國的宮殿在陽光下閃耀，現代化的高樓則在遠處目中無人。作為多次帝國中心，其輝煌與衰落交織。十字路口指向過去與未來，指向東方與西方。

二、

我步入蘇丹艾哈邁德廣場，陽光如舊日皇冠般傾瀉。廣場追溯至四世紀的希波德羅姆競技場，曾是拜占庭皇帝的歡樂場，馬車競逐中灑滿鮮血與黃金；如今，石板路下隱埋著無數遺骨，埃及方尖碑與蛇柱矗立如孤魂，見證了君士坦丁大帝的加冕與查士丁尼的盛宴，卻在1204年第四次十字軍東征的劫掠中淪為廢墟，只剩鴿子在殘垣間盤旋，啄食時光留下的麵包屑。

廣場的中心，聖索菲亞大教堂如一頭沉睡的巨獸，俯瞰一切。它是東羅馬帝國的靈魂遺跡，建於西元537年，由查士丁尼一世皇帝下令重建成第三座教堂，前兩座在尼卡暴動的烈焰中灰飛煙滅。建築師伊西多爾·米利都斯和安提米烏斯·特拉勒斯以希臘幾何學的精妙，將這座圓頂巴西利卡教堂塑造成世界最大的內部空間，長達 135 米，直徑 31 米的巨型圓頂懸於四道拱門之上，透過懸垂拱的奇蹟，彷彿天堂的門扉輕盈敞開，支撐著整個拜占庭的夢想。

我仰望聖索菲亞大教堂。教堂頂部，那些被抹去的十字架和置換的新月標誌，就像這座城市命運的縮影。這座建築本身就是一部厚重的歷史書，訴說著文明更迭的故事。一座曾經東正教的聖殿，現在的清真寺。走進大教堂，我被其宏偉的穹頂所震撼。陽光從四十扇窗格中灑落，照亮金色馬賽克壁畫，那些天使的臉龐——如塞拉芬（Seraphim）的六翼形象——已斑駁脫落，露出東羅馬的聖潔與脆弱；牆上殘存的查士丁尼與狄奧朵拉皇后肖像，凝視著來訪者，彷彿在低語尼卡暴動的血債與帝國的短暫輝煌。1453 年，奧斯曼炮火轟鳴，這座「神聖智慧」（Hagia Sophia）的教堂淪為清真寺，新月取代十字，卻無法抹去其拜占庭的骨髓。剝開奧斯曼人抹的灰泥，還原的金色馬賽克門楣上，呈現東羅馬兩位最偉大君主，正向聖母子奉獻他們一生最得意之作，城與教堂。在這座宏偉殿堂，每一君王都試圖在這裡留下自己的印記。東正教的壁畫與伊斯蘭教的經文書法，竟然能在同一屋簷共處，亦真亦幻。

三、

一個曾經最具文化的都城。操著典雅的希臘語。羊皮卷上，保存了大量希臘先賢，色諾芬，柏拉圖，埃斯庫羅斯和伊利亞特的典籍與學識。西邊拉丁教廷沈入千年的蒙昧，普羅信眾目不識丁。而這東羅馬則朗朗讀書聲，販夫走卒也能論道。倘若沒有拜占庭的為往聖繼絕學，沒有這個古典文化的蓄水池，整個歐洲不聞斯文。佛羅倫斯與威尼斯學者何談文藝復興？當後來，西歐的學者在拜占庭難民面前，發現自己的見識，就是拉丁鄉巴佬。沒有拜占庭保留的托勒密《地理學》古代文本，哥倫布會在茫茫大海上亂竄一生毫無發現。

這是一個處在意見戰爭與衝突漩渦的都城。一個人來到這世間，註定被已有的特定語言、文化，宗教，種族，膚色所竊持，註定被捲入意見的戰爭。丘比特的廟宇早就關閉，亞歷山大的塞拉佩尤姆廟被夷為平地，古人信仰的經典《羅馬神言集》被燒成紙灰。一個起於馬廄的宗教，現在高居於宮殿寶座。輪到它來宣佈別的神為魔鬼，為異教，信者必以極刑。輪到它來決定真理。三教同源，卻生死相搏。即便同樣信奉耶穌基督，經書中只言詞組的解釋差異，導致派別大打出手。於是，西邊的拉丁教廷與這東邊的拜占庭教會，勢同水火。拉丁十字軍視拜占庭為異端。他們東征，如其說是為了光復聖城耶路撒冷，不如說掠奪、蠶食東羅馬農村和城鎮。果然，第四次東征，威尼斯聯合十字軍勒索並洗劫了君士坦丁堡。那群鄉巴佬兄弟，把銅像融化鑄成銅幣。臨走還將這帝都付之一炬。看著劫後的無頭的青銅蛇柱，那三個蛇頭托著純金盤早被敲走。我笑得直跌足。

四、

穿越貝約盧區，伊斯迪卡爾街如一條銀色的傷疤，從塔克西姆廣場蜿蜒至加拉塔塔腳下，這條 1.4 公里的行人大道，曾是奧斯曼晚期的「大佩拉街」，黎凡特貴族與歐洲使館雲集，教堂鐘聲與清真寺的宣禮交織成一曲異國的挽歌。石磚路面上，紅色小電車緩緩前行，鈴聲叮噹如舊時的輓馬，喚醒十九世紀的回憶：那時，街頭是俄國間諜與威尼斯商人的舞臺，亞美尼亞音樂家在咖啡館彈奏魯特琴，唱著對故土的思念；卻在 1923 年共和國成立後改名「伊斯迪卡爾」，以紀念獨立戰爭的勝利，卻也標誌著帝國的終結——那些多元國籍的居民，如希臘人與猶太人，在人口大交換中被迫離散，留下的空蕩建築如今林立著精品店，櫥窗閃耀歐洲品牌的燈光，掩不住八十年代的衰落陰影，那時街頭淪為貧民窟，革命的槍聲迴盪在拱廊下。黃昏霓虹亮起，酒吧笑語與鐘聲交融，你駐足街頭藝人旁，聽內伊笛的低吟，不禁想起奧斯曼的蘇菲舞者，他們在加拉塔的陰影中旋轉，尋求與神的合一，卻總在黎明前崩潰如帝國般；這份斷裂的脈搏，讓人心生幽情，哀傷如霧，籠罩著每一個匆忙的腳步。

金角灣邊緣的巴拉特與費內區，如一幅潑墨的彩虹，鵝卵石小巷高低起伏，木質房屋漆成粉紅、湛藍與陽光黃，層疊在坡道上，彷彿被遺忘的糖果屋，卻藏著血淚交織的歷史掌故。費內，曾是 1453 年君士坦丁堡陷落後的希臘區，東正教社區在此重生，聖史蒂芬教堂的鐘樓見證了拜占庭的殘燭——那些希臘學者，攜帶亞裡斯多德的卷軸逃亡，卻在十九世紀的馬佐尼起義中目睹家園焚毀，婦孺的哭聲至今迴盪在彩色牆間。

巴拉特則是猶太人的庇護所，1492 年西班牙宗教裁判所後，塞法迪猶太人蜂擁而至，蘇丹巴耶濟德二世親開城門，稱他們為「帝國的珍寶」；街道上的雜貨店，本賣著從伊斯坦布爾猶太區帶來的橄欖與蜂蜜，如今只剩空蕩的門扉，記錄著 1955 年「9 月事件」的暴亂，那夜，土耳其民族主義者焚燒猶太與希臘商店，煙霧中夾雜亞美尼亞的低語——他們的社區早在 1915 年大屠殺後凋零，只剩彩虹般的房屋，如破碎的夢境，反射夕陽的金光。孩子們追逐皮球的笑聲，混雜海港的魚腥與茉莉香，咖啡館露臺上的貓兒懶洋洋守望，彷彿在悼念那些奧斯曼時代的多元：拜占庭的聖火、奧斯曼的包容、共和國的遺忘。這裡的街景，喚

起思古的幽情，一種對失落家園的深沉哀傷，讓人駐足階梯街，淚眼婆娑地撫摸斑駁的牆壁

五、

拜占庭的陷落開啟了奧斯曼帝國最輝煌的盛世。我跟著空中尚未消散的歡呼，來到托普卡帕宮，哈裡發的住所，奧斯曼核心。這輝煌的宮殿，融合了伊斯蘭、拜占庭和歐洲的元素。彰顯其統治橫跨歐亞非三大洲的龐大帝國霸氣。它隱匿在伊斯坦布爾舊城尖端的懸崖上，如一尊低語的石獅，俯瞰金角灣的藍色脈絡與馬爾馬拉海的銀浪。

這是五月末，鬱金香已開敗。玫瑰開始了興衰。噴泉中流淌著昨夜星辰的灰燼。

第一庭院，帝國的閱兵場，如一塊寬闊的石毯鋪展，腳下的大理石板在晨光中泛出冷冽的灰白，踩踏時發出悶悶的回響，彷彿無數衛兵的靴跟在地下重複著忠誠的誓言。這裡曾是蘇萊曼大帝的軍事心臟，旁邊的聖伊琳娜教堂如沉默的守衛，拜占庭的圓頂下隱藏著奧斯曼的軍械庫，空氣中飄散著鐵鏽與皮革的陳年氣息，觸手可及的鐵劍把柄冰冷而粗糙，彷彿還沾染著克裡米亞戰爭的血跡。視線越過高牆，博斯普魯斯的海鷗啼叫如碎裂的瓷器，劃破藍天，讓人心生一絲孤絕的涼意。

推開幸福之門，第二庭院展開如後宮的序曲，這裡的空氣變得濃鬱，玫瑰園的芬芳如絲線般纏繞鼻息——那些粉紅花瓣，柔軟而濕潤，觸摸時留下一絲露珠的黏膩，彷彿蘇丹寵妃的指尖輕撫。噴泉水聲潺潺，低沉而親密，像宮廷密謀的耳語，池邊的綠色瓷磚涼滑如玉，伊茲尼克的藍白花卉圖案在水光中漾開，視覺如一幅活的波斯地毯，觸感卻

是石頭的無情堅硬。曾經，孔雀在這裡踱步，它們的羽毛沙沙作響，色彩絢爛如寶石，卻總在黃昏時收攏成灰暗的影子，預示帝國的衰落。膳房排排煙囪聳立，空氣中殘留烤羊肉與肉桂的餘香，熱氣騰騰中夾雜油煙的油膩，讓你想像那些數百名廚師的汗水，滴落進帝王盛宴的燉鍋。

金碧輝煌的王座廳裡，一頂鑲嵌著無數寶石的王冠懸浮在空中，彷彿被無形的力量托起。它緩緩旋轉，折射出的光芒在牆壁上投射出帝國興衰的幻影。權杖立在王座旁，它的頂端是一隻活靈活現的金鷹。一把鑲嵌著紅寶石的匕首靜靜地躺在天鵝絨墊上。它的刀刃上似乎還殘留著往日的血跡，每當月光灑落，那些血跡就會化作小蛇，在刀身上蜿蜒爬行，訴說著宮廷陰謀的秘密。曾經威嚴的蘇丹們如煙似霧地穿梭其間，他們的統治隨著光影交替而起起落落。

後宮，宮殿的隱秘心臟，超過四百間房室如蜂巢般層疊，絲綢帷幔垂落，觸感柔滑如戀人的髮絲，紅與金的織錦在微風中輕顫，發出細碎的窸窣聲。牆上，綠藍瓷磚的流水紋路如淚痕蜿蜒，觸摸時微微凹凸，彷彿記錄了無數妃子的歎息；瓦利代蘇丹的居室，玫瑰水盆中，花瓣浮沉，香氣清甜而幽長，混雜著琥珀油的暖意，讓空氣變得黏稠而曖昧。黑太監的走廊狹窄而陰涼，石地板濕滑如汗，遠處的魯特琴聲隱隱傳來，低吟如宮廷的秘密。那些女人，裹在絲袍中等待寵幸，卻只換來一生的孤燈，牆角的燭淚凝固成蠟，觸感粗糙而冰冷後宮裡，時間彷彿凝固了。美貌的妃嬪們被困在井中世界，淚水和心酸伴隨青春。生命揮霍得薄如紙，歎息化作薄霧。在後宮某個隱蔽角落，一位名叫瑪赫佩耶克爾的嬪妃被困在一幅會動的畫中。她因拒絕成為蘇丹的情人而被活活餓死。畫中的她永遠在伸手觸碰食物，卻永遠無法吃到。人們說，後宮的走廊上，時常還可以聽到細微的腳步聲。那是被稱為「被遺忘的王后」

的徘徊。沒人記得她的名字，她在年輕時被帶入宮中，卻從未得到蘇丹的寵倖。她的一生就這樣在等待中虛度，直到成為一個白髮蒼蒼的影子。現在，她永遠地徘徊在走廊上，尋找著自己存在的意義。

當然，蘇丹也扮演科技與藝術的保護者。奧斯曼帝國也曾是科技、藝術、文化的中心。宮中收藏了大量的藝術品、手稿和科學儀器，象徵著奧斯曼帝國在保護和發展文化、科技方面的貢獻。也彙聚了來自帝國各地的人才，試圖讓帝國成為多元文化的熔爐。

隨著帝國的每一次呼吸，宮殿就會微微震顫。固步自封，成為每個帝國衰敗的開始，磚石間的縫隙逐漸擴大，沙漏流動得越來越快，蘇萊曼大帝曾在這裡開始統治橫跨三大洲的帝國，他的子孫們也在這裡結束它。

六、

我穿過蘇丹艾哈邁德廣場時，無數的海鷗飛翔，一點也不怕人。來到藍色清真寺前，端詳著這輪廓莊嚴而優雅的建築。伊斯蘭文化與拜占庭風格的獨特融合。六根尖塔直指蒼穹，中央巨大的圓頂在斜陽下熠熠生輝。宛如一座懸浮在天際的玻璃宮殿。仿佛通向天空的通道。

藍色清真寺的六座宣禮塔上，塔影拉長，彷彿蘇丹艾哈邁德一世的幽靈，正輕撫這片他親手奠定的聖土。這位年僅十四歲的少年蘇丹，在1600年代初，為贖罪於父親的暴政與兄弟相殘的血債，而下令興建這座以藍瓷磚聞名的清真寺——那些伊茲尼克窯火燒製的瓷磚，本該象徵天堂的花園，卻在歷史的風霜中斑駁如淚痕，記錄著帝國的巔峰與隱痛。

走進清真寺，眼前的景象令我驚歎不已。寬闊的中庭，鋪有大理石，四周環繞著拱廊，中央有一個六角形噴泉。藍白瓷磚呈現出各種精美的幾何圖案和花卉紋樣，與白色的石灰岩牆壁形成鮮明對比。近三百扇彩色玻璃窗讓陽光透射進來，在地面上投下斑駁的光影，隨著時間推移不斷變化。感受到一種超然的氛圍，彷彿置身於另一個世界。華麗的穹頂上，藍色的瓷磚組成了一幅流動的星圖。那些星星不斷變換位置，彷彿在訴說著宇宙的奧秘。地板上的禱告毯也活了過來，無數虔誠的信徒在上面若隱若現，他們的祈禱聲此起彼伏，編織成一曲動人心魄的合唱。寧靜悠遠崇高，激起一種神聖感。這種對超越有限生命價值的渴望，也令我沈思。

走出藍色清真寺，在一個食物小店打尖。和店老闆聊起來。「這座藍色蘇丹艾哈邁德清真寺建於十七世紀初，」他解釋道，「正是奧斯曼帝國的鼎盛時期。但你知道嗎，它的建造其實暗含著帝國衰落的隱喻。」我好奇地問：「為什麼這麼說？」「因為它有六根尖塔，這在當時被認為是對麥加聖寺的僭越。最後，蘇丹不得不派人去麥加增建一座尖塔，以平息爭議。這或許預示著帝國已經開始失去它的堅實的精神基礎。」店老闆答道。

七、

這座城市太安逸了，街上本地人行色遲遲，街頭流浪的小狗和小貓跟隨著遊客，恍如安樂鄉。頭等大事似是在陽光裡打盹、做夢、洗土耳其浴、抽水煙，其次才是為稻粱謀。我穿過喧鬧的大巴紮，繞過眼花繚亂的商品攤位。空氣裡充滿甜得膩的糕點和香料的氣息。波斯地毯、中國瓷器、威尼斯玻璃等等，所有這些早在十五世紀就開始在這裡交匯。

黃昏籠罩著海灣，樹林、老牆、花園、宮殿抹上亮邊，到處都在咕咕咕、唧唧唧、吱吱吱地鳴唱。我站在加拉塔橋上，閉上眼睛，耳邊響起了悠遠的鐘聲和清真寺的唱誦聲。我和旁邊站著的老人攀談起來。他問道：「你讀過奧爾罕·帕慕克的《伊斯坦布爾——一座城市的記憶》嗎？」我點點頭，「讀過。覺得那裡的文字彌漫著揮之不去的感傷。帕慕克提到，奧斯曼帝國瓦解後，世界幾乎遺忘了伊斯坦布爾的存在。它從不曾如此貧窮、破敗、孤立。是個廢墟之城，充滿帝國斜陽的憂傷。其一生不是對抗這種憂傷，而是讓它成為自己的憂傷。因為從中可找到美和力量。」老人露出微笑：「帕慕克捕捉到了這座城市憂鬱的靈魂。即他所描述的呼愁（*Hüzün*）。這一稱呼源自土耳其語中的「*hüzün*」（呼尊），一個難以翻譯的詞彙，源自阿拉伯語的「*huzn*」，在《古蘭經》中出現五次，意指一種深沉的精神喪失與靈魂的痛楚。它不是單純的個人憂鬱（melancholy），而是一種集體的、共用的情感氛圍。既是對過去的緬懷，也是對現狀的愁緒。」「帕慕克的呼愁，是否也是一種對西化的擔憂呢？」我問。「看看這座城市，」老人說，「她經歷了多少次重生？羅馬、拜占庭、奧斯曼，直到今天的土耳其共和國。每一次變革都帶來了痛苦，但也孕育了新的可能。」

暮靄沉沉。歎息如霧，從博斯普魯斯海峽的波濤中升起，纏繞著金角灣的船影，滲入每一條石板街的裂縫。它是 *hüzün*，那種土耳其人獨有的集體憂傷，不是淚水，而是如舊木頭般溫潤的腐朽，一種對逝去帝國的緬懷，對永恆分離的默許。城市呼喚著，呼喚那些漂泊的靈魂，來分享這份隱秘的痛楚。哦，伊斯坦布爾，你是呼愁之城，你的每一塊磚瓦都刻滿了帝王的夢魘，每一縷煙霧都承載著戀人的離別。

空氣中烤魷魚的香氣。魚市邊，海鯛閃爍銀光，婦人們挑選晚餐，裙擺拂過濕石板。烤魚的香氣貫穿十九世紀的移民故事：從敘利亞而來的亞美尼亞匠人，目睹巴爾幹戰爭後家園淪陷。他們建起一座鐘樓，燈籠點亮的街頭，映照歐洲側的遙遠燈火。黃昏時，海鮮餐廳煙霧繚繞，路人倚欄杆，感受那永恆的分離——亞洲的寧靜，對比歐洲的幻滅。這裡的街景，如一首未完的輓歌，喚起思古的哀傷：夏宮的歡笑，已成海浪的低語，讓人歎息於帝國的兩岸之歎。

夜幕降臨，我看著博斯普魯斯海峽上的點點燈火，若有所思。在這個文明相互迭加、古老而又現代的城市裡，同時觸摸到古羅馬的石柱、拜占庭的馬賽克、奧斯曼的宮殿，以及現代土耳其的摩天大樓，益發感覺自己的過客身份。只是歷史長河中的一個短暫的觀察者。也許，這正是旅行的意義所在，讓我跳出自己的小世界，去感受人類文明的宏大敘事。既是一個大地上的異鄉者，又是在他國燈火照耀下的歸家者。

乘火車進入童話

一、

其實，坐火車是能回到童年的。而且能進入即使在兒時都只可夢想而不可及的童話世界。更令人讚歎的是，這進入童話的火車，幾乎從來不會誤點。

這得是在瑞士。把自己交給火車，無論朝哪兒去，都可得到一場身臨其境的童話般旅程。我乘坐雪山列車，從義大利的蒂拉諾，翻越阿爾卑斯山，進入瑞士高地。火車在群山峻嶺間穿梭。從車窗向外望去，蒼茫連綿的山峰高高矗立，白雪皚皚，氣勢磅礴。而在峻峭的山壁下，碧綠的高山湖泊如明鏡般映射著天空，湖畔零星分佈著瑞士傳統的木屋村落，房頂被白雪覆蓋，煙囪嫋嫋升起炊煙。整個畫卷靜謐而神秘。火車沿著高山曲折盤旋而上，一路上，不時會看到湛藍的高山湖泊像明鏡般鑲嵌在群山之中。岸邊的紅色瑞士小屋，為這靜謐的畫卷增添了一抹生機。時而穿過一座座黑暗的山洞，時而駛過被白雪覆蓋的梯田，路途曲折而壯觀。抵達阿爾卑斯山的最高處，世界聞名的伯尼納高原。在這片汪洋雪域之上，冰川、雪地和高山湖泊相互輝映，宛如一片純淨無瑕的世外桃源。我一路嘖嘖。

瑞士這片被阿爾卑斯山環抱的高地，很久以前是苦寒之地。在那個尚未開闢出現代文明之時，阿爾卑斯山高峻而險峻的山勢，曾是橫亙在歐洲大陸和義大利半島之間的一道天然屏障。看著窗外的蒼龍般盤旋的鐵路，和那些如刀鋒般的山巔，我幾乎難以想像，幾千年前漢尼拔帶領迦太基大軍從西班牙遠征義大利，是如何頑強地一步步穿越這片荒涼絕境的。據史書記載，有無數馬匹和大象在行軍途中，或墜入深淵，或死於嚴寒和饑餓。

當火車列車在瑞士和義大利邊境的伯尼納山口達到最高點，整個旅程的高光時刻，當屬在這裡遠眺阿爾卑斯山的無垠雪景。冷風呼嘯著，雪粒擊打著車窗。坐在溫暖的車內，我深懷感恩工程師們的智能與勤勞，逢山開路、遇水搭橋。修通了火車，帶來便利。要知道在中古時期，探險者、商旅和朝聖者們過聖伯納德大山口時，至少要持續數周,過程十分艱辛。要備好厚實的氈制斗篷、皮革手套和結實的硬底靴子等。依靠嚮導和登山手杖，前行在茫茫雪野上,尋找上世紀的先人們曾刻下的一些路標碑。冰雪覆蓋的道路格外濕滑狹窄，稍有不慎便會滑落萬丈深淵。直到後來此處修建了一座收容所，以供山客或朝聖者們臨時休息。拿破崙，大仲馬曾在登記簿上留下大名。在那個年代，翻越這座山口後仍有一大段艱險路途在前面。即便近代的狄更斯遊歷瑞士，當時他騎著驢子。

二、

在瑞士，幾乎任一方向的火車，都會通向一個令人流連忘返的去處。令人有武陵漁人意外中闖入桃花源的驚奇和歡喜。我就是乘火車抵達勞特布龍嫩山谷的。下車時，一場細雨正緩緩落下，氤氳出神秘和夢幻。這片寧靜山谷的美超乎一切語言之上。兩側的山壁陡峭高聳，向天空伸展。被數十條瀑布所環繞，冰川融化，匯成湍急水流，在山間流瀉，從懸崖的裂隙中奔騰而下。其中是特魯默巴赫瀑布最令人驚歎。它掛在百米懸崖，傾瀉直下，於半空中織成一條晶瑩的水簾。在堅硬的岩壁上激蕩出無數水珠。時而被狂風吹散成幾股細流，時而又重新凝聚成一條水柱。

我閉上眼，聆聽著水流的轟鳴，沈浸於大自然最原始、最純淨的音符之中。雨水混合瀑布水霧洗刷著勞特布龍嫩小鎮，讓古老的一切晶瑩剔透。教堂的塔尖在薄霧中時隱時現。花草繁茂，甚至墓地都生機勃勃。

我隨纜車進入崖懸村繆侖，雨後的街道上的石板濕滑而光亮，反射著行走的人影，頻添了一份神秘感。偶爾有人依然撐著傘，與環境融為一體。空氣裡充滿了松木的馨香，混合著雨後泥土的潮濕氣息，讓人深深吸了一口氣，感受阿爾卑斯大自然中最純淨的芳香。屋前屋後，野花搖曳，將古老的石砌房舍映襯得更加古樸。村前是一條深邃的山谷，對面是晶瑩的雪山。天邊更多的山峰，若隱若現在霧氣環繞中，猶如神秘的巨人在沈思。一片片蒼翠的高山草甸上，綻放著點點野花，紅的、黃的、紫的，好似一串串珍珠散落在綠意盎然的地毯上。偶爾傳來幾聲牛鈴的清脆迴響，是附近的高山牧場傳來的聲音。我走近，牛抬起頭，用無辜清澈的眼睛看著這位路人。

最有桃花源意味的秘境，大概應是巴沃納山谷。我乘火車來到盧加諾盤恒。在湖濱散步時，一位旅行者告訴了這個去處。說它幾乎與世隔絕了幾千年。我立即起身前往。

徜徉在這狹長的高山谷地，彷彿置身於一幅靜謐的山水畫卷之中。群峰環抱，青翠的冷杉林攀附在陡峭的山坡，星星點點的瀑布從高處飛瀉而下，彙聚成一條清澈見底的溪流。古老的小石橋，跨越其上。佇立在溪流邊，遠眺山谷深處，那裡星星點點的村落若隱若現。

巴沃納最古老的村莊恰好坐落在山谷的中心，古老岩石房屋依山而建。它們有的由整塊天然的巨石砌成，有的則是用當地的花崗岩逐塊堆砌而成。樸實無華，棱角分明。像是從山岩中生長出來住宅，與周圍的環境融為一體。中世紀教堂、鐵匠鋪等也是如此建構。而牛欄、馬廄也是在巨石下挖掘而成。岩石房屋覆蓋著薄薄的青苔，牆上攀援著爬山虎，在陽光的照射下閃爍著清新的綠意。一些房屋的縫隙間還長著一簇簇野花，紅的、紫的，格外嬌豔欲滴。走進其中一座岩石屋內，木質的橫樑支撐著堅硬的石板頂，四壁是裸露的岩石，透著一股自然的芳香。屋內沒有多餘裝飾,只擺放著一些用木頭和石塊打造的樸素傢俱。又堅固溫暖。質樸如斯，真是聞所未聞的驚奇。

巴沃納山谷四處可見碎片似的梯田菜園或牧場，鬱鬱蔥蔥。被稱之為「懸空草地」。它們有的伸展在崖壁間的狹小縫隙中,有的則像一方方綠氈懸浮在半山腰，仿佛被大自然巧奪天工地安放在那裡。山民就是利用這樣的地方墾殖。牛羊們矯健地攀爬在狹小的山路上，或趴臥或啃食著這些「空中綠洲」。間或有一朵小小的鮮花從口中掉落，順著崖壁飛旋而下，在半空中綻放最後的馨香。偶爾還能看到身著連帽袍的修士，獨自一人徜徉在「懸空草地」之間。他們或是在採擷藥草，或是在低頭禱告，相比高山牧人們更顯得出塵超逸。

更令人稱奇的是山民對傳統生活的堅持。據稱，上世紀五十年代，即便水力發電可達巴沃納河谷，但大多居民樂於沒有電而使用蠟燭的生活。就此進行投票表決時，十二個小村莊中有十一個選擇不通電，寧願繼續過返璞歸真的生活。現在，除了很少屋頂安裝了太陽能板，用於冰箱外，就沒什麼電器。不使用機器農具污染環境，連生活所需也極為節儉。這使村莊看起來好像迷失在童話的時間裡。讓這片山野之地永葆原始、淳樸的氣息，也見證了阿爾卑斯山人與自然和諧共生的生存智慧。

三、

童話裡是有雪山的。在瑞士，無論雪山有多高，火車都可以把你領到那兒。剩下的，把嘴張得能有多大就張著，眼睛能睜多大就睜著。那些至景都是非塵世的，似乎來自夢境。但千萬屏住呼吸，別驚擾了那些恬靜的雪山。一個向晚，火車把我送到馬特宏峰面前。西斜的陽光流連在近乎對稱的金字塔形馬特宏峰上，四個陡峭的山壁聳立在冰川之上，仿佛是大自然最精緻的雕塑。金色的光芒與雪白的山巔交相輝映，空氣在陡峭的山壁周圍流動，形成縹緲的旗雲。讓人不禁想起了古老的傳說，那些關於神靈居住的地方。偶爾，能遙遙地瞥見渺小的人影，孤獨地攀附在岩壁之上。那是勇敢的攀岩者，挑戰著這片雄偉而險峻的高山。

夕陽西下，遠處的雪峰熠熠生輝，晚霞在高高的雲層之上綻放絢麗的色彩。巍峨的山峰在暮色中逐漸由黃轉紫，在幽深的山谷裡拉開一層朦朧的薄紗。

最令我難忘的是前往少女峰的火車之旅。早晨，火車緩緩駛出因特拉肯車站，在群山環繞中蜿蜒上升。隨著海拔的不斷提高，空氣變得越發冷凜而清新，大自然的馨香也變得越發青甜純淨，一種真正原始的氣息。蒼翠的冷杉林矗立在崎嶇的山坡上，迭加出一重重綠意濃郁的層次。林間，源自冰川的溪流，伴著潺潺的流水之聲，躍出懸崖，造就一抹潔白如雪的小瀑布。忽然晨霧幾乎遮蓋了一切，我只好在途中車站下車。這時，霧中傳來阿爾卑斯長號聲，渾厚又明亮。我駐足傾聽。不一會兒，霧裂開一道縫隙，並越來越大。看見這是一道山谷，鋪滿了五彩繽紛的野花。搖曳生姿，空氣中彌漫著芳香。高山草甸旁，有一個被常年的霧氣浸黑的木屋。一位牧人，正吹奏一管用雪松製作的阿爾卑斯長號。他叫約瑟夫。其祖父過去常在這高原上吹奏長號，合著風聲傳遍整片山野，用音符向這大自然呼喚，向永恆的高山致敬；或與在另一山谷的吹奏著交談。

霧逐漸散開，我登乘車又向少女峰進發。終於,在火車拐過一個急彎後,那壯麗的少女峰峰頂豁然出現在我的視野裡。她那皚皚白雪的頂峰，映襯著蔚藍的天空，宛如一位玉潔冰清的少女在俯視這世間的萬物。時而，雲霧散開，露出她蒼勁有力的山岩和峭壁，給人一種無與倫比的壯麗感。時而，雲霧彌漫，將她的仙女行蹤隱匿其中，彷佛是夢幻世界的門戶半開半閉。她的山腰陡峭而光滑，如同一張巨大的石壁，垂直地向上延伸。山壁上佈滿了冰川的痕跡，形成了一條條縱向的冰峽谷和冰雪掛壁。偶爾，也聽到雪崩，如同咆哮的巨獸，勢不可擋。正是這些雪崩餵養了萬年冰川。冰峽谷中，冰藍色的冰川似銀河一般，在陽光的映照下，億萬鑽石生輝。

四、

童話裡一般都有城堡和魔法的小城。而瑞士的城，哪怕是都城，都是如此古色古香。我一路上乘火車穿城過寨，但從洛桑去蒙特勒，我則是棄陸乘舟。恰逢一群小學生們春遊，與他們同船渡。孩子們激動得對每片路過的白帆歡呼。清脆的法語此起彼伏。船載著他們的歌聲，在清波上滑行。一路岸邊葡萄園、酒莊，櫛次鄰比，風光極其迷人。這些小鎮往往依山而建或就在山谷中，房屋沿著蜿蜒的街道或河流佈局，與環繞的青山綠水相映成趣。我沿著蒙特勒的開滿鮮花的湖濱路漫步，參觀了著名的希永城堡。拜倫曾在此寫下著名的、有關自由的詩章。未幾，雨落了下來。坐在古堡的庭院，聽滿湖滿世界的雨聲……

在這些童話般的小城，磨得發亮的鵝卵石或青石板路，兩旁是樸實沈穩的木石結構房屋，有些房屋保存有幾個世紀的歷史，成為經典瑞士藝術與建築的代表。街頭巷尾幾乎都有小廣場，綴滿鮮花的雕塑下，嘩嘩流泉，飲之甘冽，可解途中之渴。

這甘美之水來自穿城而過的河，來自倒映塔影的祖母綠湖泊，清澈得近乎無物。那些天鵝，像在雲上漂浮。河上必有橋，那橋孔的圓，精確無比。那是真正的圓。有一次，我在斯比滋下船，正是雨後斜陽。周邊的一切，美得不知所措。呆呆站立了好一會。每條路都有美麗的去處。古老而又懷抱童心的教堂塔尖，注滿溫暖暮光的門洞。庭院有恣意的芬芳、別致的玫瑰門。山坡有碧綠的葡萄園。滿湖祖母綠寶石似的清波，帆船整潔。

令我驚訝的是，瑞士都城伯恩竟然是一座精緻的中世紀小城。祖母綠的阿勒河流出一個美麗的弧，繞城而過。中世紀虔誠的塔尖，歇著五彩之雲。其大門精雕細刻，塔樓鏤空的窗櫺在日光下投下夢幻的光影。花崗岩石塊砌就的古老街道，兩旁拱形走廊，可蔽雨遮陽，黃昏後有溫暖的燈光。

行走在街道上，腳下彷佛可以聽到歷史的迴響。城門樓子也有精緻的塔尖，還站著小金人兒。門樓的兩面有精美大鐘，指針嘎嚓嘎嚓地跳動著，表明童話裡也有時間，並且也是流逝的。時間一到，金色機器偶人，戴著可笑的帽子，載歌載舞出來，敲鐘報時。外來客圍在那裡，童心大起，歡喜得合不攏嘴。彷佛也要跟著機器偶人一起轉圈兒跳舞。我下榻於一個平常百姓家似的客棧，與愛因斯坦故居毗鄰，建築風格完全相似，也有旋轉樓梯。黃昏時，我在阿勒河邊散步，見到熊悠然嬉戲。「伯恩」意思就是「熊」，原來此城以熊為名。河邊有個愛因斯坦常坐的長椅。據說他的相對論就是在這裡思考而成。嗯，童話城中，如此人傑地靈。

五、

但這童話的世界，並不是憑空得來。沒有瑞士人的勤勞與智慧，這裡恐怕依然是苦寒之地。他們的生活方式與環境的高度契合統一。與自然相融共生的理念,已經內化在其骨子裡。極為珍惜每一寸土地、每滴水源。對採礦、伐木嚴格把控，盡可能零污染、零排放。譬如為了合理利用自然，避免過度踐踏破壞牧場，他們像候鳥一般,每年都要攜帶所有家當和牲畜，翻越阿爾卑斯山這道天然屏障，在春夏季節趕往阿爾卑斯山的綠色高原放牧，而在嚴冬來臨時又返回溫暖的山麓。這份共生的智慧，是世世代代瑞士人在與自然環境的磨合中總結出來的。滋養了他們對生命的敬畏、對家園的熱愛以及對環境的尊重，與這片土地的氣候、地貌、生態融為一體。使得一個童話般的棲居成為可能。

說起來頗有趣。本地人對這些絕美的風景，似乎無動於衷。似乎世界本該如此。也許天天見慣的周遭，心理上故鄉無風景。我有位好朋友皮爾斯，就是從瑞士出去的。曾經向我回憶起，童話裡瑞士人也吃豬口條（舌）。我用中餐最人間的方式，烹製了些給他品嘗，他口中鼓鼓地連連點頭，是這味兒。在瑞士，我一路走著，一路就困惑。皮爾斯，為啥呀，究竟為啥離開天堂般的瑞士，來美國這亂哄哄的地方？上次見他，一副疲憊不堪的樣子，在主任的位置上摸爬滾打十幾年，正為其職業的天花板苦惱。他那瑞士人事事認真的牛勁兒，似乎並不討愛舌燦蓮花的老美們的喜。那時我還不知道瑞士有這般好。下次見到皮爾斯，我肯定得笑他。

蘇黎世的維度

戴著口罩，坐了一夜的飛機，逸出尚在瘟疫尾聲的北美。懵懵懂懂從機場乘短途火車，來到蘇黎世——這座坐落在利馬特河和蘇黎世湖岸邊的古城。出火車站時，祖母綠的河，浮游的天鵝，中世紀的塔尖，城堡似的博物館，兒童畫般讓人驚奇。我立在那裡發愣，如同沙漠裡漫長的行走之後看到了綠洲。這是新冠之牢封閉三年後第一次長途旅行，也是我第一次來到瑞士。

一陣失神不知所措，居然丟失了裝有相機和筆記本電腦的背包。搖頭發笑，作為資深漫遊者，即便在紐約和洛杉磯，我都不曾丟失過一片紙呢。沒有「一滴水是否能在海洋中找到自己的方向」之類的問題。不過這樣也不錯，少了一個重包，能輕鬆一些去客棧。我拖著行李，離開新文藝復興風格的火車站，沿著石板老街去客棧。經過一幢又一幢兒童積木搭成的古老建築，讓我左顧右盼。沒有了那架新式無反光鏡相機，並沒妨礙我走入這兒童話般的城。將異鄉藏諸於心，將景致留駐於心，該是大地異鄉者漫遊的要義吧。相機的維度，就像在柏拉圖的洞穴裡看世界，哪能比得了親眼東張西望。拍照，不過是對走過的世界的一種有限定義罷了。比如，把某一果實定義成梨子，它就失去了成為其它事物的可能性。

在客棧安頓甫畢，我沿著利馬特河信步。它如同兒童的嬉笑穿城而過。波光粼粼，一路誘拐著夾岸風景加入它流淌之流。壁畫的牆壁、及被稱為艾爾卡的凸窗在河面上晃動著。蘇黎世大教堂雙塔近千年的倒影，像兩個剛搭好積木的孩子，興奮地召喚著路人入內，觀看其教堂內壁的夏卡爾傑作。我知道這位超現實主義畫家，他曾在一幅畫中帶著愛人飛在天上。隔河相望的聖母大教堂，也在河面的倒影裡，亮起其綠色屋頂和纖細鐘塔，邀請行人。它擁有蘇黎世州最大的管風琴，輝煌的彩色玻璃窗，由奧古斯特和夏卡爾繪製。還有眾多宛如針尖般精緻的塔樓和鐘樓的倒影，在河面上精確地標示河流與時間的速度。河上有各色的橋，積木似的橋。人們在其上來來往往，穿梭於成年與童年。測試著人是否可以兩次踏入同一條河。偶爾一兩隻天鵝遊過河面，在水面上拖曳出一串串漣漪。最讓我驚奇是，河水不斷變換著色澤。在舊城區，利馬特河顯現出一種墨綠的神秘氣質。匯入蘇黎世湖時，河水呈翡翠色。

蘇黎世湖，明鏡般映現著天空。湖水在陽光下呈現出一種寶石般瑰麗的藍，湖心處更是折射出一小簇燦然耀眼的金芒。背景是白雪皚皚的阿爾卑斯峰巒，遠離世俗的苟且。這是五月，湖畔的花圃綻放著繽紛。各色的虞美人、鬱金香搖曳，向陽光致意。呈現出吉祥繚繞的景象。像是趕走了女巫，驅散了魔法，城市恢復了生機，恢復了童話。湖濱上，一群年輕人在那裡喝酒，青春的臉龐，光芒四射。與天鵝在一起，無憂無慮地嘎嘎叫著。在歡呼瘟疫過去、劫後餘生。我沒有繼續沿著湖邊的中世紀式卵石小徑，去探訪城堡式公園。也沒去羨慕號稱「金岸」的北面別墅莊園區，如瓊樓玉宇般屹立在蜿蜒的海岸線上。正欲離開時，一艘渡船駛進視野。船身在湖上劈開了一條深壑，把整面湖鏡裂為兩半。倒影也應聲破碎，分向各自的維度漂流而去。

我瞥了一眼碼頭搖晃的各色遊艇，經由哥特式的瓦格納劇院，往城中心行進。正是下班時分，車流擁擠。西裝革履的人們行色匆匆，神情疲乏，口中喃喃自語。對眼前的美景熟視無睹。他們就是為全世界富人看守錢袋子的管家麼？整日在交易大廳裡穿梭忙碌，神經繃緊得像要折斷的弓。發紅的雙眼緊盯電子螢幕跳動的數位、跌宕起伏的曲線，用焦慮與嘶啞的聲音喊著買進賣出。這裡原本充滿中世紀宗教祭壇，如今是貨幣的廟宇，世界的金錢中心。集中了全球上百多家銀行的總部和保險公司總部。資本和金融力量的高度集中，如同一個巨大的機器，巨大的漩渦，影響著世界各地的資金流動。金錢的幻影，吞噬著時間和生命。吐出了一批批金融新貴。造就了「歐洲億萬富翁都市」。一個童話般的蘇黎世，有一顆銀幣叮叮噹當的心。無怪乎，當我向員警求助，幫尋找丟失的背包，他們一直強調，找到後要付錢的，要付錢的。唉，即便在童話裡，金錢也是魔法、咒語的關鍵字。

如此金融之都，當然得配條歐洲頂級的購物大道。班霍夫大街，從蘇黎世火車總站延伸至湖畔的布林克利廣場。紅男綠女，人如潮湧。精品店、珠寶店、鐘錶店交相輝映。奢華店鋪彙集了世界各大名牌。每一家店鋪都以其精緻的櫥窗佈置和獨特的商品陳列，誘惑著每一位過客的目光。滿街散發著咖啡和巧克力誘人氣息。這些遠不是我興致所在，但沿途的建築之美讓我東張西望。其風格多樣，從古典到現代。街道兩旁種植的椴樹，店鋪的窗臺鮮花，為這條金錢的街道增添了一些大自然的清新。而藍白色的老式電車穿梭其間，也多了一份動態的美感。

第二天早上出門，天空灰暗如同幾張舊報紙拼貼而成。其上刊登些過了時的戰爭消息，通緝令、革命前夜的動態等消息，一些主旨不明的口齒不清的爭辯。我發現下榻的客棧，居然離那條著名的流亡者聚集的斯皮格爾加斯街，只有一個街區之遙。這條狹窄的街道，蛇一樣蜿蜒。曾是叱吒一時人物的避難所，是流亡革命者和前衛藝術家、詩人或作家們異鄉的故鄉。蘇黎世有相對寬鬆的環境，有允許歐洲幻想破滅的知識份子表達革命思想的傳統。作為中立國之城，也接納了許多逃避戰爭的人們。對流亡者予以人文關懷。這條斯皮格爾加斯街上，每一塊石頭都留有那些流亡者的足跡。他們在酒吧和咖啡館聚會，有深入的思想碰撞和文化交融，討論歐洲不穩定的未來，並計畫政治或藝術革命。弗拉基米爾 · 列寧也曾逃亡至此，旅居在斯皮格爾加斯街 14 號。籌畫俄國革命。在散發香腸工廠的臭味裡完成了《帝國主義，資本主義的最高階段》一書。無政府主義祖師巴枯甯也流亡過蘇黎世。幾乎，歐洲的著名作家在此都小住過。詹姆斯 · 喬伊絲在蘇黎世逃避了兩次世界大戰。寫了《尤利西斯》的幾章（普羅透斯、卡呂普索、食蓮者、哈迪斯、風神和萊斯特裡戈尼安）。至今人們可以在蘇黎世最古老的書店買到《尤利西斯》。寫《荒原狼》的黑塞也從德國逃亡至此，盤恒過一陣子，尋找他的家園。我幾乎看見他孓然獨行的身影，在曲曲折折的小巷間。

流亡者大多擁有叛逆和創造的心靈。當年一戰正酣，在斯皮格爾加斯街這裡，懷著對戰爭的厭惡和對西方文明的失望，一群藝術家和詩人，雨果 · 鮑爾、艾米 · 亨寧斯等人創立了伏爾泰歌舞表演廳，每天聚會後進行音樂或文學表演。以狂野的無調性音樂、滑稽的舞蹈和荒謬的諷刺歌曲為特色。有荒誕的文學朗誦，雜亂無序的藝術。每一個手勢和每一個動作都是為了震撼觀眾，目的是摧毀對藝術和美學的傳統理解。他們反抗世界的荒謬，抗議戰爭的野蠻。拋棄了所有傳統和悲傷，建立「瘋狂情緒的遊樂場」。伏爾泰歌舞表演這個名字參考了法國哲學家伏爾泰。其小說《老實人》嘲笑了當時的宗教和哲學教條。鮑爾宣讀了他的《達達宣言》。還出版了一本同名期刊。這是宣言的時代，有時候有二十幾個人同時宣讀各種各樣的宣言。達達主義如此誕生了。拒絕理性和邏輯，崇尚胡說八道、非理性和直覺。這個伏爾泰歌舞表演主流是反叛，攻擊了人們的感官。這對於一般市民當然是可怕的。具有諷刺意味的是，當地員警對達達主義者的疑慮比對俄國革命者的疑慮更大。不久，伏爾泰歌舞表演廳熱病般式微，畫家們搬到了班霍夫大街 19 號的達達畫廊。達達主義發散到世界其它地方。如巴黎和柏林。成為超現實主義的先聲。

如今的伏爾泰歌舞廳依然營業。經過多年的忽視，自稱為新達達主義者來此，試圖重新振興。組織各種藝術展覽，詩歌朗誦，戲劇表演等來延續該建築的傳統。但後來他們被驅逐。這個空間變成了一個致力於達達歷史的博物館。我走進舞廳，空氣中彌漫著往日談話的幽靈。牆壁上裝飾著拼貼畫、奇形怪狀的雕塑和毫無意義的文字。這是一個荒誕的避難所，一個意義不斷被解構和重建的地方。我感到與那些早期的達達主義者之間有著一種親密感——一種共同的疏離感，一種在無意義中尋找意義的渴望。

我從達達主義的世界走出來時，雙眼已被其視界格式化。時近黃昏，天空漂浮著廣告招貼畫拼貼，光怪陸離。跛腳的鐘樓，其指標像醉漢的舞步，指向一個不存在的時間。蘇黎世，這座城市在大地的異鄉者眼中，既陌生又熟悉，既涼薄又溫暖。河面上行駛著有軌電車的倒影。偶爾一陣微風吹過，電車就像扭動的長蛇，扭曲的車窗如空洞。街道像是達利的信筆塗鴉，扭曲而逼真。行人像新到的破舊玩具，漫無目的地遊蕩，彷彿被遺忘在時間的角落。他們的臉龐模糊不清，像是從達達主義的畫作中走出來的幽靈。咖啡館裡，饒舌又沈默的人們，凝視著杯中的咖啡，彷佛在窺視時間的黑洞。空氣中彌漫著一種未曾言說的悲傷或歡樂，像未解的密碼。我的每一個碎片擠進了不同的店肆，和那些躁動又孤寂的東西融為一體。我坐在角落，聽著咖啡機發出的嘶嘶聲，彷彿是某種古老的儀式在進行，喪禮或生日慶典。時間在這裡失去了意義，只有此刻的存在才是真實的。

黃昏時分，我攀上林登霍夫山的高地。此處能看到蘇黎世最完美的落日。這個多維度的城市在夕陽的光暈中緩緩展開。金融區高樓大廈的玻璃幕牆，在夕陽下化作一座座金塔，反射著刺目的光芒。樓宇之間的陰影如同迷宮。沈緬於對財富的執著。山下的火車總站，猶如一個巨大的蟻穴，工蟻般的人流。遠處，阿爾卑斯山脈，像一排巨大的冰制牙齒，啃噬著夕陽的餘暉。蘇黎世湖和利馬特河的水面，如同鏡子的碎片，反射著多維的世界：現代與古老、喧囂與寧靜、銅臭與脫俗、安居與流亡……。每一面都呈現出不同的色彩和故事。我望著下沈的夕陽，懷想這裡黃昏的流亡路上那些過客的身影。他們穿梭於各種文化符號之間，用得自於流亡他鄉的「雙重視野」，像局外人一樣審視自己的人性本質、自由追求、文化身份、以及生命本質與孤獨，思考流亡、家園的意義。流亡，對於他們是不幸的，卻又賦予其活潑創造力。正如愛德華·W·薩伊德所言:所有的流亡作家都有著共同的天命，要從一種主體性的體驗出發，去重構一種創造性的境地。而這正是流亡文學和哲學最寶貴的結晶。這也造就了蘇黎世這座流亡者的家園文化藝術的繁榮。

離開蘇黎世的半夜，我突然醒來。聽著窗外流水聲，一種旅羈之思油然而生。臨屏寫下幾行句子：

《蘇黎世最後一夜》

醒來，夜雨接近尾聲

實際上，淩晨已開始

有軌電車，空蕩蕩來來往往

它們的光影亂晃

通過濕漉漉的街面

或那條利馬特河面的反射

在客店天花板上移動、消失

不一會兒，又如此這般

起身，看了看窗下街口

那些發亮淩亂的軌道

交叉著分別伸向半明半暗的遠方

在那迷亂鐵軌間，我曾丟失

一大背包現代性，而這座舊城

也因此失去一寸古老鐘樓的高度

天亮了，事物原本的樣子

再一次清楚呈現

采爾馬特—異鄉的故鄉

乘坐冰川快車，越過阿爾卑斯山口，越過萊茵河大峽谷，來到馬特宏峰下的采爾馬特小鎮。正是向晚時分，細雨霏霏。

車窗上，雨絲如同撒在玻璃上的銀線，細密地垂落下來。我一直很喜歡這樣的細雨。它平添了一種途中的旅羈感，又帶來一種故鄉感。細雨輕掩一切，而景物卻又朦朧可辨。製造了一種時空的恍惚。讓旅行者不知身在何處。這次阿爾卑斯山的旅行，帶給我這大地異鄉者一種從所未有的體驗。那綿延數百里的群峰峻秀，雲卷雲舒，晨曦夕照變化萬千，令人目眩神迷。特別是天空氤氳著水汽，會時不時飄著細雨，令我感到親切。故鄉在長江南岸的廬山下，春天裡，細雨也是如此不經意。

車廂發出清脆的金屬撞擊聲，列車停穩了。乘客們魚貫而出，一些人站在月臺口東張西望，一些人沒入了薄薄的雨霧中。溫暖街燈，照著安然來往的行人，淡淡的笑容。發亮的鵝卵石的街面上，人影晃動。街道兩旁，各種木質結構的小店鋪、咖啡館。櫥窗泛著暖黃的光芒，有的還飄出巧克力的溫香。既熱鬧又靜謐。采爾馬特原是一個阿爾卑斯山深處的一個村莊，因後來的興起的登山和商旅活動，才漸漸發展成一個小山鎮。但其仍然堅守著寧靜的古老生活樣式，杜絕汽車的轟鳴聲。它就像一個遺世獨立的烏托邦，藏匿在群峰環繞的谷地之中。遠離塵世的喧囂，卻又不失現代文明的便利，成了旅行者喜愛的旅棲之所。我拉著行李，循著路牌，沿途經過一條條曲折的小巷，終於在一排木結構的房舍中找到下榻的客棧。這是一個家庭式的旅館，散發著濃郁的鄉村氣息，恬靜祥和。房間有一個放滿鮮花陽臺，面對馬特宏峰。但它裹在霧或山嵐中。倒是能看見細小雨花兒，在鄰居的屋頂上。面前的景致漸漸沒入夜色中，唯有滿世界的細密繁響。一夜山風聲、溪流聲、雨聲，萬物生長聲。古老的木質氣息，以及時間靜止的氣息，陌生又熟悉。我嬰兒般睡去。

在一個百年老屋裡醒來，不知身在何處。晨曦滿窗，鳥音盈耳，流水聲盈耳。有一種幼年時和父親一起返鄉下、住在龍潭灣村祖屋的感覺。在那青磚黛瓦的房子裡，我睡在中過舉人的太叔公的房間裡，醒來也是懵懵懂懂，不辯時空。父親的村莊旁有一條大溪，從蔥蘢的廬山奔流直下，流向鄱陽湖。溪中巨大的冰川石，星羅棋佈。溪旁有祖祠，保存著鄉親的千年族譜。四季常青的百年老樟樹，像一把把巨傘。蔭庇著夏日玩耍嬉戲的孩童。入夜，那上面是永恆的星空。早上，幾乎每家大門都敞開著，面對稻田和青山。屋梁上有燕巢，春天時，幼燕呢喃，母燕為哺乳匆忙地穿堂進出。戶外，滿目都是金黃的油菜花。時常廬山的雲霧飄來，降下細雨。只是，現在那兒許多往日的事物已經消失。祖屋被拆除，連溪中的冰川巨石也被賣進城裡做假山水景觀。我飄洋過海，一直在途中。而此刻，這個百年老屋，只我路過阿爾卑斯山途中的一個客棧。它居然帶給一種故鄉感的欣喜。我想起，德語詩人赫爾曼·黑塞曾說，在這世間有一種使我們感到幸福的可能性：在最遙遠、最陌生的地方發現一個故鄉。這種兩個心靈在不同時空中的同感，讓我不禁微笑。

我推開窗戶，隔夜的雨滴或露水從屋簷滑落，發出柔和的聲音。天已經晴朗，鳥鳴如洗，空氣清冽。帶著一絲雪松的淡香。能看見馬特宏的棱形雪峰了。它沐浴在朝暉裡，萬年雪體閃爍晶瑩的光輝。宛如嬰兒初生，赤裸、單純、樸實，卻又巍峨、銳利、孤獨、直指雲霄。它如此遙遠，又如此觸手可及。給人一種無比親近的錯覺。恍若家園的圓心。眺望著它，我有一種見到故鄉藍色廬山般的親切感。馬特宏峰，我想，對於阿爾卑斯人而言，正如同家中的慈祥祖父一樣吧。默默地護佑著世世代代的牧人，見證著一代又一代高山人家的興衰更迭。它雄偉肅穆的氣息，給了人們力量和勇氣；它庇護著綿延的冰川雪原，滋養著草場江河，給了人們以生存之本。成為這裡山民的心靈寄託，永恆家園的座標和歸屬。無論它的遊子走哪兒，任潮起潮落，日升月沈，只要想起那白雪皚皚的巔頂，心中就湧起溫暖。之於我這樣的異鄉者，不斷在途中與蒼茫大地相遇，一切山川河流都超越了地域，而獲得普遍的家園意義。此時此刻，馬特宏峰，阿爾卑斯，這片神聖高境之地，與廬山一樣，都是我的故鄉。經由我身心的感受和體悟成為我精神家園的內涵。

我走出門。沿著蜿蜒的石路，進入采爾馬特依山而建的古老社區。一排排百年山地木屋，沈澱著時間的褐色。就像父親村莊的牆上掛著斗笠、蓑衣、簸箕一樣，這些木屋牆上也掛著農具或畜牧器具，充滿歲月的痕跡。庭前屋後，有小片花園或菜地。種植著各種時令和多年生的花卉植物，如櫻草、蝴蝶花、天人菊等。偶爾還可見幾棵果樹,如蘋果樹、櫻桃樹等。別出心裁的主人還建了玫瑰門，小型噴泉。陽臺上和窗臺上的花盆中，各色花朵競相綻放，紅、橙、粉、紫和黃交相輝映。與深色的房體形成了鮮明對比。它們的結合與周圍的蒼翠群山、純淨空氣融為一體。透露出阿爾卑斯山區人們對大自然的熱愛與親近。置身其中，仿佛回家。令人身心安放。

這種閣樓式木屋典型地體現了阿爾卑斯山區瑞士傳統風格。木屋建在山崖邊或高地之上,可遠眺周圍的牧場和山峰。用堅硬的樺木或雲杉木建造。屋頂是陡峭的雙坡式，以承載深冬厚重的積雪。木牆上鑲嵌有典型的百葉窗，可遮陽透氣。這些古老的木屋，原是農牧民的家居和作坊。主人住在樓上，樓下或作鐵匠、木匠的工房，或給牲口棲息。閣樓則用作儲物間和穀倉。這些木屋與我棲息的客棧結構相似。十分樸素,一般分為客廳、臥室和閣樓區域。客廳中心會有一個大型的壁爐,作為取暖和烹飪的主要場所。木梁裸露，地板由粗獷的木板鋪就，牆上鑲嵌著狩獵裝飾品，營造出一種返璞歸真的氛圍。我觸摸著它們古老而堅實的木質、年輪，辨認著歲月的蹤跡。雖然有些木屋十分老舊，已傳承數百年，屋主們依然對其愛戴有加。想起故鄉被拆去的祖屋，不禁黯然。我行行止止，探索著每一個角落。每一個拐角都帶來新的驚喜，每一座木屋都是一個獨特的家園故事。

正當我對著村莊古老的街巷發呆時，鐘聲響了。古老的教堂高聳在小鎮中心，尖塔如同時針直指蒼穹，一種深邃的沈思。這是采爾馬特的心跳，敲響時光，提醒著此刻的獨特性。為異鄉人營造了一個難得的內省瞬間。我沿著維斯帕河向鎮中心走去。河水潺潺，一種亙古不變的韻律。就像父親村莊的那條溪流，維斯帕河床上，冰川石也是星羅棋佈,改變著水流的軌跡和節奏。清澈祖母綠色的河水，繞過那些參差不齊的石頭，形成了瀑布和急流。嶙峋多角的石頭，已經打磨得光亮。真乃天下至堅，莫過於水。逝水如斯，不舍晝夜，奔向未知的遠方。偶有幾絲白霧從水面上飄渺而起，繚繞在岸上古木房舍之間。野花搖曳，松濤嘩嘩，山鳥翩躚。偶爾能聽見遠方牛鈴的渾厚聲響。大自然以它令人驚奇的方式，展示著自己的溫和、歡愉和神秘。我注視著宛如鏡面的河水，注視著那上面晃動的馬特宏雪峰的倒影，感歎，這真是一個奇跡之鄉，天空與大地相擁。這條起源於羅斯托克冰川的維斯帕河，流淌了多少倒影，流淌了多少年啊。

維斯帕河在鎮中心這段很直。采爾馬特實際上是沿河而建的。河兩側延伸著兩條迷人的街道，一左一右，相互對望。左側的街道是有狹窄而古樸的小巷，兩旁的房屋年代久遠，色澤變得黯淡。每一棟房屋都散發著歷史和故事的氣息。穿過小巷，有各式各樣的手工藝品小店鋪。右側的街道則更為寬闊和繁忙一些，商店、咖啡館和餐廳沿街而立。街道兩旁的建築風格各異，展現出多樣性，有古典的石砌建築，也有現代的玻璃幕牆。這些建築與維斯帕河的自然景色相得益彰。在維斯帕河兩側的街道上，人們來來往往，喧鬧又寧靜。與維斯帕河的碧綠相輝映，構成了一幅自然與人文相融合的畫卷。

一座古老教堂就在河邊。建於十五世紀，被傳統的石頭牆壁所包圍。它的尖塔呈現出古銅色的光澤。它的莊嚴肅穆，讓我想起父親村莊的關帝廟。教堂面前有座橋。橋的左側是一個墓地。陽光透過朦朦朧朧的薄霧，反折射著河水，在林立的碑石間灑下瀲灩的光斑。繚繞不去。從墓地也可見馬特宏雄偉的雪峰，世界上最致命的山峰之一。墓地長眠著登山者，其中多是在攀登馬特宏峰時喪生。在過去的一個半世紀裡，超過五百名登山家在這座山峰遇難。當年，英國人是登山運動的先驅。愛德華·懷姆珀率領的一支隊伍從采爾馬特首次攀登馬特宏峰。可悲的是，在下山時，突然墜落奪走了七名登山者中的四人的生命。墓地如此安靜，澎湃的溪流，雪崩的奔雷，再也換不起這些曾經生龍活虎登山者。任憑時光把其墓碑的花崗岩一片一片地剝落。他們生前四處肆意行走，沿途搖曳著高山花卉：雪絨花、恩齊安、阿爾卑斯玫瑰、巨魔花、山海葵。他們眼中曾露出狂喜，當山嵐散去，冰的裂縫、懸崖峭壁被揭開，露出它們鋸齒狀輪廓。他們放浪於那高山之巔，也許在絕壁上，俯視過身如螻蟻般渺小的人生。他們曾經試圖以登高來對抗平庸的人生，在神聖高境之地，全方位地感受並體悟自然的崇高，對抗死亡。通過磨礪身心的艱苦歷程，把生命的維度嵌入宏大而永恆的天地之中。更加貼近那個的終極家園。

我很景仰登山者這種對生命昇華和對崇高的追求，砥礪前行不負韶華。人生天地之間，若白駒之過隙，忽然而已。何不秉燭遊？雖然一切終將幻影，人生作為一個過程則是切切實實的。或許生命的終極家園不是在某個特定的地平線上，但途中的風景豐富多彩。對於異鄉者而言，旅途本就是家園的全部，家園也總在路途之中。只要心懷開放，就能在任何地方與萬物相遇、獲得力量、豐富內心的家園。路上的每一個身心體驗，審美體驗，都是在為這個家園添磚加瓦。如黑塞在他的《堤契諾之歌》所言，「將流浪與異鄉藏諸於心，將景致留駐於心」，與大自然的親近和融合。「心中自有故鄉」。如此，異鄉者才逐漸在心中建構起一個完整的家園。途中即是歸宿，漂泊本身就是家園，也永遠不會真正「到家」。正是通過這種遊歷過程，與外界的百般交集，異鄉者才逐漸在心中建構起一個完整的家園。這個家園雖無形無質，卻能給予永恆的寄託和智慧的溫暖。無論身在何處，只要打開心扉，就能在其中獲得寧靜和力量。

離開採爾馬特時，我回望巍峨的馬特宏峰，回望維斯帕河，回望教堂塔尖、百年木屋，回望街上來來往往的人，感受自己與大自然相連，與這片陌生的土地產生了一種特殊的紐帶：鄉愁。同時，慶倖自己抵達了這裡。在最遙遠、最陌生的地方，發現一個故鄉。

普羅旺斯怎麼走

一、

第一次來到普羅旺斯，純屬意外。那是十年前一個明媚五月的早晨，我們的郵輪抵達土倫港。一對年輕的夫婦，邀請和他們一同驅車去阿爾勒城。於是，我的行程中臨時加入了普羅旺斯。這種意外讓我驚喜。是那種一生要和它相遇，要悠然走過它的田野，突然有一天，真的來到它面前的意外。就像城市荒原中一匹上緊發條的狼，突然有一天，闖入了一個在時間之外的優美地。

這之前，一些朋友常向我標榜普羅旺斯的詩與遠方，沒有太入耳。一個偶然，我得到都德的書《磨坊信劄》。流覽了幾篇，滿心歡喜。作者從巴黎來到普羅旺斯貓冬將息，並在封維依買了一個磨坊作為安放書桌之處，與一隻在此居住已久的貓頭鷹共屋簷。寫些當地人情風物，傳說掌故。描述了南方烈日下幽靜的山林、鋪滿葡萄與橄欖的原野、呂貝龍山上迷人的星空、遍佈小山岡的風磨、節日裡麥場上的煙火、婦女身上的金十字架與花邊衣裙、路上清脆的騾鈴聲。頗為引人入勝。不過，都德描述的是一百五十年前的普羅旺斯。經過工業革命，不知那些田園牧歌，那些浸透歐洲人鄉愁的磨坊是否還在?

普羅旺斯真正走入我內心，是因為讀了彼得·梅爾的書《山居歲月》。這位當代的梭羅，煩厭了城市水泥森林中那種喧囂，那種機械生活和忙碌。辭去高級主管的職位，告別冬季漫長的霧都倫敦，攜妻和愛犬來到天空湛藍、陽光明媚的普羅旺斯，隱居於鄉野一座古宅。書中，梅爾記錄了鄉野生活第一年中種種經歷和趣聞。一年裡，他們看著婀娜的葡萄藤，由春天的鮮綠變成夏天的深綠，再變成秋天的橙黃與暗紅。在剪枝的季節，看燃燒枯枝時的蔚藍色煙靄，以及冬天剪枝後的藤蔓傲然地挺立在空曠的土地上。西北季風咆哮直下羅納河谷，能吹掉驢子的耳朵。冰雪的世界裡，美麗的呂貝隆山為他們所獨有。在那四季中，他們和農夫鄰居們，采松露的鄉人，以及獵手，交上了朋友。從他們那裡知道了操縱山羊賽跑的秘密，避免毒蛇追蹤的妙法。學習了達天知命，如何與大自然和睦相處，如何規避時間的秘密。讀罷《山居歲月》，對梅爾傳遞出一種豁達安寧的生活態度頗為贊許。對其筆下的普羅旺斯有了一種桃花源似的嚮往。

在土倫租車公司取車時，我們見識到了法國式慵懶。竟比約定的時間晚了一個半小時。不過，這沒有影響我們的心情。從地中海沿岸，向內陸的丘陵進發。藍天下，地勢跌宕起伏，田原廣闊，峰嶺險峻。遠山青蒼柔婉，如一條翠綠色的腰帶。在高速公路上，我們輕快地驅車，把蔚藍色的大海拋在身後。甚至，男士們還唱起「帶我回家，鄉村的路」，什麼「生活比樹古老，比山還年輕，像微風一樣生長」。女士們笑了起來，你們沒搞錯吧? 唱鄉村牛仔歌曲呢，這裡可不是你們美國鄉下西維吉尼亞，沒有什麼藍嶺山，雪蘭多河。這裡是普羅旺斯啊，只有呂貝隆山，文圖山與羅納河，那漫山遍野的薰衣草。至少唱「香頌」才應景吧。同行的年輕夫婦中的太太哼唱了幾句，搖下車窗玻璃。五月的風景，混合著好聞的植物氣息，撲面而來。她說，這還是剛到採摘櫻桃的時節吧，薰衣草還沒開放。遺憾這次我們無法看到隱藏在寧靜山谷中的塞南克修道院，圍繞著淡淡的藍色薰衣草田。以及瓦倫索勒紫雲般的熏衣草連接著天際，還有那盛開黃金的向日葵田，一望無際。好可惜呀，她歎道。

一路上，我也在車窗，不斷引頸張望。試圖理解此處為何是法國遊吟詩人的發源地。印證都德田園詩般的普羅旺斯，以及梅爾桃花源似的福地。我更多地看到了愷撒的《高盧戰記》以來的種種歷史斑痕。時不時有斷垣殘壁的堡壘，立在山旁。突兀鋒利的岩石，宛如月球陰暗面般貧瘠。乾涸的河床上，殘留著古羅馬時期的渡槽。普羅旺斯在歷史上本就是歐洲種種征戰與割據之地。各種所謂「蠻族」，凱爾特、哥特、高盧、日爾曼都在此馳騁過，留下殘戈、斷戟與戰骨。之後，克洛維統一戰爭、查理曼征戰、宗教戰爭、英法百年戰爭、十字軍、乃至拿破崙戰爭都在此燃起過狼煙。這樣歷史活劇連連之地，我想，我當然不會遇到一位當地人，問「今是何世」，「不知有漢，無論魏晉」了。

中午時分，我們抵達了阿爾勒城。意為「沼澤旁的小鎮」。古希臘人最先來到這裡，帶來了櫻桃樹、栗子樹、橄欖樹。之後，古羅馬人也來了，毋庸置疑地愛上羅納河邊的這塊地方，真正塑造了阿爾勒城。該城在羅馬內戰中支持尤利烏斯·凱撒，在獲勝時獲得了豐厚的回報。結果，阿爾勒變成了西方帝國的中心，也是羅馬的縮影。在此建造了劇場、神廟、廣場、紀念碑、公共浴池等。其宏偉圓形露天競技場，經歷兩千年的風化，依然屹立。站在它們前，我似乎能聽到當年上萬觀眾在角鬥士比武時的嘶吼。如今，這裡從春季到秋季經常舉行鬥牛比賽和卡馬爾格賽馬，夏季時而演出大型戲劇或舉辦各種音樂會。在羅馬劇院的發掘中發現了許多藝術品，包括在盧浮宮陳列的《阿爾勒的維納斯》。

阿爾勒的街道，充滿了濃厚的藝術氣息。石塊路面被歲月磨得發亮。五月的陽光下，路旁的懸鈴木長出新綠。不過，我沒有看到古羅馬的祭壇和神廟，它們通常應在市中心，就像古城龐貝那樣。在漫長的中世紀，它們大約被改造，或被拆除了，其材料被挪用來建教堂。現在的阿爾勒人應是古羅馬人的後裔吧，保留了許多其祖上的生活方式與傳統，但丟失了其豐富的多神信仰。我私下覺得，當年他們崇拜「富饒女神」、泉水中的「水神」、「太陽神」，以及「酒神」等自然力量的神祇，與這塊農桑興盛之地更合拍些。

我們匆匆走過阿爾勒城，就像羅納河的水流，沒留下蹤跡，穿城而過一樣。吃過簡單午餐，我們就掐著鐘點往回趕。歸程途中，路過一片橄欖樹林，我們停車打尖。哼著一首老歌，「我夢中的橄欖樹」，走向林子。它面前，一道寂寞的峽谷，一段古老的殘垣斷壁。以前看過梵古畫的橄欖樹。他用了藍色來畫樹，用對比色線條營造出一種脈動。被風吹拂的草和樹葉形成漩渦，將所有元素融合成一個迷人的整體。現在，這是我第一次就近觀察真的橄欖樹。出乎意料，不似唱得畫得那般美好，甚至有些醜陋。灰黑色彎虬的樹幹，低矮粗糙。灰綠的樹葉，似乎有刺。但橄欖樹一直是歐洲人家園的象徵吧，古希臘人把它當作雅典娜的禮物，最早大面積種植。祭神，日常烹飪都離不開橄欖油和果實。我見過宏偉的派特農神廟旁都有橄欖樹林。記得哲學家第歐根尼，太陽老高時才鑽出他棲身的木桶，乞討幾枚橄欖當早餐，然後嚼著，與人爭辯哲學問題。

橄欖林中，有位名叫伊桑的農人在清理藤蔓。他的臉像浸透橄欖油般紅潤，手卻粗糙得像橄欖樹皮。操著濃厚口音的英語。伊桑說，橄欖樹耐旱，不避貧瘠，幾乎可以抵抗一切，可四處種植。當一棵樹長到一百歲時，樹幹就會消失，新的枝條會在基部發芽，幾乎永生。所以古人敬畏。但也絕不是一勞永逸。在我們普羅旺斯，大約每三十年就會發生一次將樹木殺死的霜凍呢，得重新種植。要正確和定期修剪，才可以保持其產果的能力。我們問，橄欖果和油確實美味，你們是如何製作出的？伊桑說，整個過程幸苦無比，要極有耐心。譬如，橄欖果（無論是綠色還是黑色）剛採摘下來時，極苦，不可食。得進行一系列加工和發酵。先需要用小針刺破橄欖果以抽出汁液，連續幾天浸泡並沖洗乾淨，然後將它們埋在粗鹽中。用檸檬、百里香、大蒜或歐芹等多種方式調味。不過，一切幸苦都值得。要知道油醃黑橄欖，果肉與香草完美結合。是我們普羅旺斯的經典之作。咬一口，滿口芬芳。伊桑說得眉飛色舞。五月西斜的陽光下，古老的橄欖樹生出狹長的新芽。我望著那新鮮的光澤，若有所思。

我們就像那位發現桃花源的漁夫，再也找不回桃花源。一路上，我們沒有找到都德的《磨坊信劄》、梅爾的《山居歲月》描述的伊甸園。也許世界上真有桃花源，真有普羅旺斯。在那裡，庭前花開花落，天上雲卷雲舒，去留無意。一把椅子，一縷時光，一顆擺脫焦灼的心。「*時間不受到崇拜，瞬間倒有了獨特的意味*」（梅爾）。我來到普羅旺斯。晨至暮去。比匆匆還匆匆。離開時，我堅決不承認我曾經來過。仍然計畫著，終有一日到普羅旺斯旅行。

二、

第二次，我跟隨一條藍色的河，來到普羅旺斯。大流行時代尚餘波蕩漾，被瘟疫囚禁了幾年，重新踏上旅途的感覺真好。在瑞士阿爾卑斯山在如海的野花和雪峰間流連忘返。如古人所說，陌上花開，可緩緩歸。盤恒幾周後，取道日內瓦，途徑里昂，沿著羅納河，一路向南，進入普羅旺斯。

羅納河，寒冷明亮的藍色水流，從阿爾卑斯山羅納冰川奔下，迷宮般的方式越過山脈，穿過拱門之下的深峽谷底，切割各類岩體，時而狂野，時而平緩。時而蜿蜒，時而率直。這條水路將阿維尼翁、維埃納和阿爾勒等城市與地中海的港口連接起來。大約希臘人、羅馬人和中世紀的教皇都迷上此處岩土生長出的葡萄味道吧，河谷的葡萄酒飄香了兩千年。河谷兩岸，無論陡峭或平緩，都種植著葡萄。古老的葡萄藤仍在發芽結果。經典的羅納河谷葡萄酒帶著一種豐富飽滿的果味，飲之芬芳美妙。世界上一些最著名的葡萄酒來自這裡。

山谷沿岸，可見羅馬遺址和峭壁上的中世紀城堡。鵝卵石街道、斑駁的石屋、傳統的石拱門和迷人的鐘樓。異教徒的廢墟，莊嚴地腐爛，它們側畔野花迎風。河水蜿蜒穿過歷史悠久的村莊，酒旗招展，風景古老又鮮活。當然，也有一些乏善可陳的河岸，過多的醜陋發電站。沿著河岸旅行，這讓從小在長江邊上長大的我感到親切。羅納河汩汩流淌的聲音，如同鄉音。勾起童年的記憶。太陽升起之前，就開始了一天的行程。我從車窗看到天空清澈，還留著昨夜的月亮，和一顆非常大的晨星。沒過一會兒，陽光就席捲而來，再一次把連綿起伏的一切照徹。麥田碧綠的新苗，在風中搖曳著。四野的罌粟花，爆裂出如血液般的紅。熏衣草的新芽，純粹如銀綠色初雪。高大的柏樹和松樹，臉頰煥發光彩，立在蜿蜒的鄉村小路旁。色彩如湧，我只得眯著眼睛。

其實，我也是跟隨著光與色彩進入普羅旺斯的。從未見過如此豐沛的光。從阿爾卑斯山吹來的清澈凜冽的北風，順著羅納河谷，送走雲與水氣，天空一片純淨的藍。由於光線剔除了雜質，這種超凡脫俗的清晰度，讓陽光可以直接抵達萬物，創造出幾乎透明的效果。良好的灌溉，地中海氣候的光和熱，萬木得以扶蘇，自由地生髮、盛開、結果。色彩各呈其風情，對比生動。使得普羅旺斯成為色彩與光的天堂。正因為如此，上百年以來，畫家們紛紛湧向普羅旺斯。馬蒂斯、雷諾瓦、畢卡索、西涅克、梵古、塞尚等人，試圖捕捉到了太陽對普羅旺斯景觀的神奇影響。有意思的是，一些畫家來此，卻為了畫事物的暗影。看來，對世界最好的呈現方式，是從它的反面。我們道家先哲，早就洞悉其妙，以否定的方式來定義事物。

沿著光，沿著羅納河，來到阿維尼翁。打尖半日。踏著古老的石板路，繞著城牆、八塔堡壘，看「宇宙所有淤泥聚集的下水道」，看本篤十二世教皇和克萊門特六世建造的宮殿，聽一些其曾經的臭名昭著的主人愛好財務的故事。站在阿維尼翁橋上，看河水在陽光照射下的粼粼波光，看時光如何往來成古今的。繼續沿著光，沿著羅納河，抵達阿爾勒城。陽光似猛烈的火焰，烤炙著一切。驅趕著所有的陰影。道路似乾燥得要捲曲起來。微微辛辣的香味混合著被曬焦的青草芬芳。那些絲柏刺著天空，迫使荒草地更廣闊。麥田裡，烏鴉呆在梵古的畫中默不作聲。

此來是為向梵古致敬。他於一八八八年搬到了阿爾勒。終於找到了他一直在尋找更柔和的光線和更明亮的色彩。在阿爾勒寶藍色的天空下，景物奇妙的光影變化，讓梵古著迷。陷入一種狂熱的創作衝動。短短六個月，他就畫出兩百多幅作品。色彩強烈、充滿情緒張力。試圖畫鮮活的光線和色彩本身。陽光、向日葵、水車、咖啡館、朋友、女人……，都一一出現在他的畫作之中。將藝術天才發揮到淋漓盡致。梵古批評那些現實主義畫家，無視普羅旺斯色彩的多樣與豐富，沒有畫出事物的精髓。自然最小的部分已是無窮，怎麼會被局限於一幅畫中?

我再次來到梵古就醫過的這個醫院的院落。十年已矣。我像第一次來到這裡。東張西望。滿眼是光，滿眼是色彩。我上次來時弋尾花正開放。而這次則是夾竹桃鮮豔如血。梵古曾許多次捕捉過這裡的光。在一次與高更的爭吵之後，梵古割下了自己的左耳。來此醫療。風言他為妓女割耳，其實，是他過敏於聽，受不了塵世的喧囂。阿爾勒市民對梵古的醉酒、瘋狂的滑稽側目。稱其為「紅頭髮瘋子」，並要當局將他關在城外的精神病院。

陷入精神張狂的梵古，同時也進入了藝術的最高境界。他捕捉轉瞬即逝的光，變幻的色彩。他畫孤獨的絲柏，黑色火舌一般，直上雲端；又如「死亡方尖碑」般安寧。融寧靜與不安為一體。在誇張的透視和扭曲的線條，以及高度誇張變形和強烈視覺對比中，吐露了悲劇性幻覺的意象世界。但梵古並未絕望。在他的《有絲柏的道路》畫中，寂寥的路上有歸家的人，動盪的黃色天空有寧靜的星星和月亮。他似乎相信塵世間存在愛，表達了對永恆生命的渴望。梵古徘徊在羅納河畔，觀察煤氣燈下的小鎮，倒映在藍色的河流中。驚奇頭頂的星空——大熊——在夜空的鈷藍色田野上閃爍著粉紅色和綠色的光芒。他學習著夜晚的一切。思索如何克服用色彩描繪黑暗的困難。他向異地的親人描述心得，「我現在絕對想畫一個星空。在我看來，夜晚的色彩比白天更豐富，色彩最濃郁的紫羅蘭色、藍色和綠色。現在有一幅沒有黑色的夜晚的畫。只有美麗的藍色、紫色和綠色，在這些環境中，燈火通明的廣場是淡硫磺色、檸檬綠色。我非常喜歡晚上在現場畫畫。」於是，梵古畫了《星夜》。所描述的風景是他暫住的精神病院所在地聖雷米。

大流行之前，在繁華的紐約曼哈頓中區，現代藝術博物館門前，我曾目睹人們像朝聖一般，從世界各地湧來。為了看一眼梵古的《星空》，這藝術史上最具代表性的作品之一。當我站在這幅傑作前，彷彿能感受到夜空的呼吸，感受到宇宙的廣闊和神秘，感受人世的溫暖。畫作中那些充滿動感的線條和大膽、活潑和強烈的色彩，在眼前流動、跳躍。那夜空是深邃的藍色，點綴著金色的星星，而村莊的燈光則是溫暖的黃色，形成鮮明的對比和互補。梵古運用短促、有力的筆觸，如同用畫筆在畫布上跳舞，展現了星空的動感和生命的律動。特別是那些旋轉的星雲，如同光怪的漩渦，將我的目光吸引到它們的中心，讓我感到一種無法言喻的震撼。畫中充滿著象徵意義，例如，旋轉的星星代表著生命的迴圈和宇宙的無限，而充滿活力的線條則代表著生命的活力和創造力。梵古沒有刻意描繪光源，而是將光線作為一種情緒化的元素，將色彩和光線作為一種語言，表達了對存在的焦慮，呼出了內心深處的吶喊。同時也表達了他對生命的熱愛和對無限宇宙的敬畏。悲傷又歡喜。

我沿著羅納河岸行走，河岸兩旁的柳樹，就像它們當年出現在梵古當年畫中那樣，輕輕搖曳，枝葉間透出斑駁的光影。朗格盧瓦橋下，依然悠悠流淌著藍天和白雲，光與色彩。河寂靜，我閉著眼，似乎看見了梵古繪過的洗衣婦們的身影。我一一走過，麥田和向日葵田，柏樹、葡萄園和橄欖樹，吊橋，老磨坊……我在阿爾勒大街小巷行走。梵古當年畫中的許多事物已經不在了，拉馬丁廣場在二戰中遭到轟炸，梵古的故居「黃房子」也被殃及池魚。但那光與色彩仍在，在新的事物上流動。黃昏時分，在一個鋪滿鵝卵石的廣場上，我來到了一家露天咖啡館。明亮的黃色牆前，桌椅整齊地擺放。我點了一杯咖啡，靜靜地坐在露臺上。此時的光線柔和，天空漸變為深藍色，燈光開始點亮。鋪滿鵝卵石的街道延伸，直達深處的建築和星空。一切都彷彿回到了《夜間咖啡館露臺》中的場景。溫暖的燈光與深邃的夜空交織，營造出一種夢幻般的氛圍。我彷彿看見了梵古，坐在這裡，孤獨，悲喜交加。他眼中流動著光與色彩，手指在動。

我坐在那裡，想著梵古藝術人生。短暫而璀璨。一部充滿激情與孤獨、天才與痛苦交織的傳奇。正是這種精神上掙扎、痛苦激發了他無窮的創造力。他通過線條、色彩，表達了內心的痛苦、孤獨、喜悅和希望。他的作品不僅是視覺的盛宴，更是其內心世界的真實寫照。他對阿爾勒、對普羅旺斯是慷慨的。如果說，羅馬人以無與倫比的工程技藝築建了阿爾勒城，那麼梵古以其天才傑作，讓這座城瞬間的光與色彩成了永恆，在藝術上、精神上朔造了這座城。唉，儘管梵古在阿爾勒畫了如此之多曠世之作。卻只賣出過一幅畫。在阿爾勒，他的作品曾受到那樣的鄙視，以至於當他給當地醫生一幅肖像以感謝其服務時，醫生用它來蓋住雞舍上的一個洞。從未有人理解過這位傑出畫家。從精神病院獲釋後，梵古搬離了阿爾勒。去了巴黎附近的瓦茲河畔歐威爾，並很快開槍自殺或他殺。他的遺書上寫著：「悲傷將永遠持續下去」。

我先後兩次來到普羅旺斯，但仍感覺到並沒有抵達。普羅旺斯怎麼走？也許，抵達它是一條心理之路。心境安然，普羅旺斯就在所有的地平線上，甚至就在腳下。也許它不存在，如同你天天住在樂園，它就不是樂園一樣。

蒙馬特的早晨

來到巴黎，不能免俗地要去沾些藝術氣息。

於是，搬離了凱旋門邊的那家客棧，旅寄在蒙馬特一家百年老店。右有著名的蒙馬特墳場，埋著過往的藝術家。他們窮盡了天下的顏色，唱盡了人間的後庭花，再也不用顧及身後名了；左有燈紅酒綠的紅磨坊，狡兔酒吧，玫瑰之家。笑聲是匕首，擲向虛無的頭顱。樹枝掛著達利的柔軟鐘錶，大象邁著火柴棍細腿，議論新銳畫家的塗鴉。昏黃的《波希米亞人》歌聲，回憶著蒙馬特的往日時光。

夜裡開著窗睡，一早被天井的鳥鳴喚起。蒙馬特的早上是怡人的。懸鈴木在涼爽的風中晃動。狹長小街巷濕漉漉的地面，試圖捕捉一切聲響的光影。六月的朝陽把橋上行人的長長影子縮短，畫出幾幅畢卡索式的速寫。橋下墳場那些墓碑也在陽光下竊竊私語。在巴黎，做一名畫家是容易的吧。帶玫瑰門的街景就在眼前，只要把周遭的一切臨摹下來就可以了。實際上，在法國，每位農人都是天才的調色師。田野上，他們已經用莊稼種出了圖畫，依葫蘆畫瓢，就是好作品。當然你需要一雙發現畫的眼睛。

街道上的店鋪大都晚睡晚起。但花店早早就開門了。鮮花在巴黎人的生活中應該與咖啡一樣不可或缺吧。街頭巷尾可見風格各異的花店，獨具匠心的插花。有的花店很老，有百年傳承。朝陽下，店員搬出帶水珠的各式鮮花，玫瑰，康乃馨，繡球花……。但它們很多看上去像阿爾卑斯山谷中的野花，小小的花朵，淡淡的芬芳。花店的早市是可心的，倘若你約了意中人喝早咖啡，可以給她買支花。記得策蘭在《法國之憶》的句子：「*我們去賣花姑娘店買心，它們湛藍在水中綻放。*」

隨著光線的變化，街上原本灰暗的石材和建築變得溫暖明亮。原本的寂靜，漸漸注入了行人的腳步聲和交談聲，整個山坡仿佛有了呼吸。蒙馬特的早晨魚龍混雜，氣息卻是誘人的。麵包點心烤坊開得就更早了。這些作坊在巴黎應是多過繁星。有各自的拿手絕活兒，有各自的忠實顧客。剛烤的麵包散發天堂般的香味。這些新出爐的食品，絕對是藝術品。層層迭迭，有各種餡兒，豆沙、椰蓉、巧克力。有各種形體。新月形羊角麵包，酥皮卷兒。金黃色的脆皮，放著誘人的光澤。養舌的同時，還極其養眼。真教我樂不思蜀。雖然我也覺得，食品精緻成藝術品，那就墮入腐朽，與胃就沒有什麼關係。街邊波西米亞的咖啡館更是不少，夜裡晃動著藝術家和夢想家尋找解放的亂影。咖啡的香氣與煙霧交織，點燃激情，靈感湧現，喚醒膽敢詩意的心。我出行已月餘，胃時常發出鄉愁的歎息。好在蒙馬特街邊中國食品也蔚然大觀。大約來自故國的旅居藝術家，人口眾多的緣故。

這些點心店溫馨隨意。它們的門窗上，都有綠色遮陽棚，遮擋著夏日的烈焰。入得店來，「笨叔（*bonjour*）」的招呼聲此起彼伏。麵包師笑容可掬。我大剌剌地叫了幾種最好看的麵包點心，加一大杯咖啡。在有鮮花的桌邊坐定。遠方傳來教堂的鐘聲，歌吟般地古老和新鮮。一位黑少女露出燦爛笑容，就像非洲夏日雨後的陽光，送來我的早餐。我一看，麵包著實誘人，但咖啡只有小小一杯，就像一杯酒。不像我們在美國水泥森林裡的辦公室，平日裡咖啡是用罐子喝的。我疑惑地看著那只夠一口的咖啡，心道：不是叫了一大杯麼？黑少女見狀，嘴唇彎成新月，又燦爛一笑，問先生有何不妥嗎？我有些窘，意識到，優雅的法國人，就是像喝烈酒一樣喝咖啡呀，小口抿。哪像俺美國說話像打雷似的鄉下人，咕咚咕咚，飲牛般的。趕緊笑道，沒事，好得不得了呢。我喝著咖啡，憑窗看著街上的人們。行色匆匆與信步閒逛都有。有的坐在路邊的長椅上，靜靜地享受著早晨的陽光。街道上，不時地傳來汽車喇叭聲，還有路邊交談聲。交織成一首奇妙的交響曲，讓這個早晨充滿了生機。

早餐後，拾級而上，緩緩攀登時，陽光漸漸增強，照耀在老房子上。仿佛被鍍上了一層柔和的光暈。一些門窗上，爬滿了藤蔓，泛著翡翠般的色澤。街道兩旁的店鋪和畫廊也逐漸蘇醒，櫥窗裡的陳設在熠熠生輝。途徑埃梅的「穿牆人」雕塑，穿過藝術家集市，小丘廣場，登上蒙馬特高地。陽光透過迷蒙的雲層灑落而下，勾勒出聖心大教堂圓頂的曲線，在尖頂上閃耀著金色的光芒。點亮了這座神聖的建築。站在這「戰神的山丘」，俯視巴黎的繁複的天際線。高聳的埃菲爾鐵塔，仿佛一座鋼鐵巨獸，趾高氣揚地立在城市的天際線中。

聖心大教堂下，人如蟻潮，紛紛湧來。緩緩的太陽光芒照耀在每一個人的身上。感受到這座城的脈動。白色石灰石砌就的教堂圓頂，混合著羅曼式和拜占庭式的建築風格。教堂前廣場上，一些鴿子在陽光下嬉戲，潔白的羽毛在陽光下如閃耀的雪。教堂高聳穿透天空，似乎要從喧囂之地飛離。聖心大教堂的建造，旨在向法國大革命和巴黎公社期間發生的事件致敬，以及紀念在這些事件中喪生的人們。當然也是為信仰提供一個虔誠的場所。供人們祈禱和默想。一百多年過去了，巴黎公社社員的後代大都已成為小販，不斷向人們兜售愛情鎖。好掛在鐵欄杆上，在晨露中生銹。整個歐洲都風行這種鎖，多得連一座橋都能壓垮。愛情真能通過鎖來鎖住麼？我笑著，邊走邊嘟囔。終於見到那面著名的塗鴉牆——愛之牆。據說藝術家弗雷德里克·巴爾泰失戀後，設計建造了這面牆。鼓勵人們寫下自己的愛的宣言。陽光照在深藍色的愛之牆上。三百多種語言，在一面牆上發著同樣的誓言。惟有一對鴿子，用相互梳理羽毛，具體地詮釋愛情的現時性。

我來到高地上的畫家廣場。這裡是世界先鋒派藝術的中心。世界各地潦倒的藝術家來此紮堆。在這裡展示自己的作品，標榜自己的卓爾不群。苦哈哈地堅持著，盼望終有一天，自己的作品能贏得世人。畢卡索十九歲時來此，懷揣著夢想和激情。他最初住在一間位於蒙馬特的簡陋閣樓裡，開始了他藝術生涯的「藍色時期」。以冷色調為主，畫面中充滿了孤獨、悲傷和苦難的色彩。畢卡索與其他年輕的藝術家們組成了一個名為「窮藝術家協會」的群體，一起舉辦展覽，互相交流藝術理念。

另一位西班牙畫家達利，在這裡認識了超現實主義運動的領袖安德列·布勒東。開始創作他著名的超現實主義作品，其畫作融現實與夢境為一體。在一家名為「小屋」的咖啡館裡，達利與布勒東和其他藝術家們，搞一次充滿了戲劇性和荒誕感的超現實主義晚宴，成為一時談資。而俄國畫家夏加爾也來到蒙馬特，最初住在一間簡陋的公寓裡。生活拮据，一條青魚分兩餐吃。為省錢畫布要重複著用。畫畫時光著身子，為了不讓顏料染汙衣服。這間公寓後來成為了他藝術創作的靈感源泉。他將自己對家鄉白俄羅斯的記憶、對愛情的渴望、對生活的熱愛，融入到他的畫作中。以空靈的人物和異想天開的風景，以超現實主義、記憶與神話的融合，通過敘事深度和在現實世界和虛擬世界之間穿梭，創造了一個色彩鮮豔的夢幻世界。作品充滿了童話般的色彩。蔚然成大家。

六月的陽光下，一些畫家正在畫肖像畫。用細膩的筆觸，描繪著遊客的表情和神態。以此換取畫資糊口。我看到了一位頭髮斑白正在畫一幅蒙馬特的風景畫。他臉上佈滿了皺紋，但眼睛裡卻充滿了熱情和活力。他描繪著高地上的景色，陽光、薄霧、教堂、房屋。注重形式的簡化和抽象。他將人物、景物簡化成幾何形狀。色彩鮮豔、對比強烈，線條簡練，構圖大膽，給人一種強烈的視覺衝擊力。具有濃厚裝飾性的野獸派畫風。我近前，和他聊了幾句。他告訴我，他已經在這裡畫畫幾十年了，他愛這裡的一切，愛這裡的風景，愛這裡的人來人往，愛這裡的藝術氛圍。他用他的人生故事，詮釋了蒙馬特高地獨特的魅力。我甚至在想，他會是另一位亨利 · 馬蒂斯嗎?

陽光更耀眼了，暗影更深了。恍惚如夢。鴿子在暗影中咕咕叫著。聖心教堂的鐘聲再次響起，悠揚而深沈。人們在石板路上噠噠地走著，來來往往。從前我沒來此時的早晨也是這樣吧，而我離去後的早晨想必也會是這樣。

塞納河邊的旁觀者

終於來到巴黎，來到塞納河畔。它一直在的遠方，在鴉片或大麻的氤氳中影影綽綽。對我，呼出龍涎香甜美腐朽的氣息，帶著妖嬈的密笑，隱秘地悄聲訴說。大流行期間，我坐在被隔離的閣樓書房，看到空蕩蕩的巴黎繁榮大街的電視鏡頭，有一種要前去的衝動。為何對遠方嚮往？果真如波德賴爾所言「人生是一所醫院，更換床位的欲望支配著每個病人」？

剛剛從雪山環抱、湖水泛著祖母綠光澤的瑞士過來，覺得巴黎太過嘈雜，儘管花木繁茂，高大的樹木投下斑駁的陰影。香榭麗大街上，更是人潮湧動，摩肩接踵，手提名牌購物袋，裝著路易威登或迪奧奢侈品。人們迫不及待把瘟疫扔到腦後，雖然這座世界大都市仍在瘟疫的尾聲裡喘息。壽衣長長拖曳，仍露出一角。

在這迅速恢復過來的熙熙攘攘面前，我內心茫然。在巴黎能做什麼呢？想捉住的月光，德彪西已經用全音階和五聲音階譜出；想一起從賣花女孩手裡買心，但人琴俱去；想從某座塞納-馬恩省河的橋上跳下去，詩人策蘭留下《死亡賦格》也替我做了；望著塞納河，倒映年輕愛情的笑臉，不斷流逝。阿波利奈爾也在《米拉波橋》詩中替我吟詠。想成為異端，但巴黎從不缺異端邪說。二戰後，存在主義，新佛洛德主義、結構主義、解釋學、解構主義、後結構主義、後現代主義紛至踏遝來。令人應接不暇，眼花繚亂。大流行期間，還讀了異端鬼才福柯的「瘋癲與文明」，很是燒腦。

這是真正的異端之城。見怪不怪，其怪自敗。我也許可以試著成為一個異端的過客。為這裡路過的一切重新命名吧。比如面前的這座凱旋門，奄奄一息的鮮活，摩托車優雅的噪音穿過。世已無英雄，為誰凱旋？且大而無當，用來裝浮雲倒挺合適。比如這塞納-馬恩省河一隻只喧囂、擁擠的遊船，用來堵住滿河流水更有效。狗吠，烏鴉發出聒噪的叫聲。至於埃弗爾大鐵塔，就是一生銹大鐵架子，我還沒來得及想該怎麼辦。先喝酒再說。

跳進一輛公共汽車，任它帶向這座城的何處。我並沒有特定目的地。那公共汽車上，掛著波德賴爾的詩句：「*我的欲望成群結隊向你飛來。*」哈，真是到了巴黎。確認過眼神。我手握一本波德賴爾的《巴黎的憂鬱》，似乎它是一本導遊書。波德賴爾是巴黎的「漫遊者」，在這座都市觀察，體味其間的情愛、藝術、酣醺、貧困、孤寂、新奇、無聊……。他甚至還是這座城的拾荒者，遊走在「古舊的郊區中心，泥濘的迷宮」，穿過稠密又擁擠的人煙，拾起碎落一地的、「巨大的巴黎胡亂吐出的渣滓」。他瞭解體面燦爛的生活產生的垃圾。

但波德賴爾寫的巴黎是一片雲。各類雲，烏雲，黃昏的雲。形狀奇異，自由孤傲。有酒醉舞步，在那兒，又不在那兒。他自己都說，「*我愛雲……匆匆飄過的浮雲……那邊……美妙奇特的雲！*」這書，是雲的導遊，或如何在巴黎醉酒的指南；或如何抓住「*剁碎、去掉脊椎骨*」的蛇，它來自伊甸園；或如何在滿地鏡子的碎片上，辨認巴黎的全貌；或如何追尋紅塵中時間的流逝。

其實，在一座陌生的城，聚合了各類眾生，富足與貧苦，即使大如巴黎，也不需要嚮導。正如波德賴爾說「*我們所需要做的就是睜著眼睛四處走走。*」我不過是一位元漫遊者，不需要目的地。只要以旁觀者的姿態，流連於都市街頭，躋身人群中東張西望即可。以便體驗和審視都市現代性與商品化的召喚與誘惑，同時又與人群保持審美距離。以置身事外的清醒態度，來品味各種消費背後的深層意義。於是，我就成了一片雲，無目的的雲，睜大眼睛的雲。在巴黎飄著，一路巴黎浮華的剪影，高高低低的塔尖刺著我。或許跟著波德賴爾一起漫遊，能更真切地看到巴黎吧？我如此想。於是，這片自由的雲，拖著病妻，陪著我，在拉丁區走街串巷。趕赴波德賴爾所在的場所或聚會。

沿著老喜劇院街，我們去了普羅科普咖啡館。這是巴黎最古老的咖啡館之一。也是波德賴爾和他的朋友麼聚會場所。義大利水晶吊燈保持著 18 世紀黯淡的光亮，紅色的牆壁上掛著著名人物的橢圓形肖像。諸如孔多塞侯爵、伏爾泰等等。服務員身著大革命時期的制服，來回跑堂。也難怪，這裡是法國啟蒙運動的策源地。

一張桌子上，擺放著世界上第一部《大百科全書》。就在這間咖啡館，百科全書派領袖狄德羅完成此書。二樓保存著伏爾泰在此寫作《老實人》用的那張大理石書桌。據說他一天狂飲 40 杯咖啡。而盧梭，也在此著述《社會契約論》和《愛彌兒》，提出「天賦人權」，為啟蒙和革命奠定理論基礎。此處還是法國大革命的策源地。雅各賓派靈魂人物羅伯斯庇爾、丹東和馬拉，幾乎天天在這裡聚首。高談闊論，激烈昂揚，指點江山。如今，店裡廁所門牌，男的標「男公民」，女的標「女公民」。充分體現了大革命時期的宣導：請互稱「公民」。就像中國文革時，夫妻互稱「愛人同志」。我們坐下，要了杯咖啡，慢慢喝。盯著那玻璃櫃中的鎮店之寶——拿破崙抵押的軍帽，等著波德賴爾到來。門外，車水馬龍，影子來來回回，整個巴黎從身邊走過。杯空了，起身離去。

有人說，在盧森堡花園，或許能看到波德賴爾。那是他散步和思考的去處。於是，我們去了那裡。路過毗鄰的盧森堡宮，典雅高貴。但它似乎曾是監獄吧。現在是參議院所在。有士兵把守。波德賴爾肯定不在那兒。進得園來，六月的陽光下，上古智者的雕像喃喃自語。勒諾特原創的法式和英式風格的花壇，爭奇鬥豔。盧森堡花園一直是文人雅士的靈感之地。一些人坐在麥迪西噴泉旁邊，聽著水流聲，清涼的樹蔭，遲緩地移動，仰天發呆或埋頭閱讀。偶爾有音樂聲傳來。梧桐大道上，一些散步者，在人群中享受孤獨的自己。波德賴爾對於孤獨與人眾的觀省，是從這裡獲得的麼？ 不是每個人都能夠在人海裡任意遨遊。在這機器喧囂、熙熙攘攘的社會。只有懂得並快意於孤獨的詩人，漫步其中，觀察、品味、沈思、承擔任何痛苦、並陶醉其中。用其想像力重新構建起人眾面前個人的意義。

既然左岸不遇波德賴爾，我們就過河了。走進杜伊勒裡花園。栗樹、萊姆樹和五彩繽紛的花朵，長廊、雕塑、噴泉。在協和廣場，終於遇到波德賴爾，似乎喝醉了。他站在方尖碑下，那座曾立於盧克索神廟的入口處的方尖碑。神情頹然，與雕塑的暗影一起晃動。他曾經熱切地投身革命，甚至參與了六月起義的巷戰。連續不斷的革命，自相殘殺，動亂與失望。波德賴爾未能改革他成長的社會。也許，他為革命死了那麼多人內疚。波德賴爾對我喊道，「‘革命萬歲！’正如我說：‘破壞萬歲！懺悔萬歲！懲罰萬歲！死亡萬歲！我不僅樂於成為一個受難者，做一個劊子手也不會使我掃興——這樣就能從兩個方面感受革命！」

就在這八角形的廣場，曾經人頭滾滾。每天，滿載不幸受刑者的馬車，都會沿著聖奧諾雷街從古監獄到這個臭名昭著的廣場，不僅有貴族，還有麵包師、鞋匠、和街道清掃工。路易十六、瑪麗·安托瓦內特和馬克西米連·羅伯斯比等重要人物，在此被推上了斷頭臺。隨著歷史變故，廣場不斷易名。從「路易十五廣場」，到「革命廣場」，然後「協和廣場」。我們邊說邊移步到南面的「海上噴泉」旁。他說，哦，這個象徵著地中海和大西洋，那北面的「河流噴泉」，代表羅納河和萊茵河。我望著兩座噴泉，依然漠然地噴發。絲毫不在乎，廣場改了何種名字。

波德賴爾真的很失望。不斷對我說著醉酒的好處。可以創造了一種欣快感和永恆感，超越時間的限制，讓人真正地活在「當下」。他相信通過尋求享樂，人類可以挖掘他真正的「邪惡」自我。

不知什麼時候，波德賴爾手持芬芳的「惡之花」，從我們身邊消失了。但他的醉語仍留在音波裡，「*我愛你，臭名昭著的城市。*」日已西斜，我們的酸累腳步印向聖路易島，不能免俗地看看夢幻般的聖禮拜堂。踏入其中，彷彿置身於五顏六色的世界，彩色玻璃窗將教堂浸沒在天上的光芒中。但沒有看到那頂耶穌受難時戴的荊冠。匆匆觀罷，退出擁擠的看客人潮。

我們再次來到塞納-馬恩省河邊打尖。斜陽展現出城市破敗的紋縷，像一塊舊織物。燒毀的巴黎聖母院還沒修好，有一種莫名之美。「一切都是美的，卻沒有人賞識。」波德賴爾對美的迷戀和它難以捉摸的本質在我內心深處迴響。

這一刻，我明白了他在動盪世界中對卓越的追求。倚著波哥大橋，巴黎最古老的橋樑，四下張望。發現自己置身一個似夢非夢旋風中，旋轉著景象和聲音，拱廊、居室、展覽大廳和西洋景，夢幻世界的餘燼，陳舊的斑駁。書攤販們熱鬧地排列在河岸邊，展示著一系列古董書籍和復古珍寶，被遺忘的故事和失落的詩歌。

病妻已累得不行。我讓她抓著我的腰帶，這樣我能像馬匹一樣拉著她，同時防止她丟失在茫茫人海中。我喝著水，旁觀兩岸夾著流水的世界，芸芸眾生的世界。「*一個旁觀者在任何地方都是化名微服的王子*」（波德賴爾）。黃昏降臨，一片溫暖的黃光，是夢游者蘇醒時的悲泣。

密集的人群，彼此從身旁匆匆走過。像雨點，落在塞納河面。一片漣漪。流走了。

蕭邦墓前的樂思

到了巴黎，一直就想著去瞻仰蕭邦墓。

這幾年瘟疫肆虐，精神萎靡時刻，鋼琴詩人蕭邦的一系列夜曲和序曲撫慰了我。在他的音樂薰陶和啟發下，也走上音樂創作的道路。並著手寫《當鋼琴遇到唐詩》組曲，試圖用鋼琴曲詮釋唐詩的意境。

昨天落著細雨，沒有成行。儘管我喜歡雨，也曾受蕭邦《雨中序曲》啟發，寫了鋼琴曲《巴山夜雨》。但雨天去巨大的拉雪茲神父墓園，在迷宮似的墓道行走，尋找一位逝者的安息之地，過於悲切了。於是改去參觀路易家最後的王城凡爾賽，雖然雨中廢棄的宮殿也是傷感的。

明天就要離開巴黎，早上陽光卻是明媚極了。心中甚喜，可以成行了。坐在地鐵上，前往拉雪茲神父公墓的途中，看見一位乘客，身段窈窕，著玄色曳地長裙，抱一束鮮紅雞冠花，面貌似男似女，睫毛卻是長長的。坐在對面。我一驚。咦，是她嗎？那位經由李斯特介紹給蕭邦的波瀾裔女子喬治.桑。初見時，她已是兩個孩子的母親。依然率性而為若少女。她騎烈馬，飲烈酒，抽雪茄，愛女扮男裝，飆髒話，簡直就是爺們。而蕭邦身體纖弱，憂鬱傷感，皮膚蒼白。溫文爾雅倒像位小姐。

巴黎的春天屬於野花，屬於林中的冷雨，屬於鄉愁與急性肺炎，以及所激發的母性呵護。病中，喬治.桑煮的湯，讓蕭邦感受到母親般溫暖。喬治.桑十三歲時進入巴黎的一個修道院，五年後她回到故鄉盧瓦河谷的希農苦讀，並寫了她的處女作小說《安蒂亞娜》。提出了婦女解放的問題，名聲大震。而蕭邦正是讀了她的這部小說而愛慕。排除非議和她在一起，來到希農同居。他百般癡迷地愛上喬治.桑。雖不是與雨果、巴爾扎克比肩的作家，對於蕭邦，她絕對是繆斯。墜入愛河的他們，每日痛飲河谷的葡萄美酒，暢談藝術。喬治.桑對蕭邦的愛，亦如那酣釀的紅酒。在《喬治•桑情書集》給蕭邦的第三十封信中，她寫道：「*我們彼此的心，紅得已越來越象希農的葡萄酒了。*」雖然，他們的愛，常被喬治.桑的孩子們打攪，但那仍然是蕭邦一生最快樂的時光吧。

蕭邦音樂創造力煙花般迸發出來。他的二十四首前奏曲就是在喬治.桑的陪伴下創作的。那時，他已病入膏肓。比任何時候都更加關切生與死，這一生命永恆的主題。二十四首前奏曲中，他運用關係大小調的交替，玄妙的樂思，豐富的織體，呈現生命的明與暗，生與死、愛情、幸福與痛苦、愉悅與悲傷、甜美與酸楚、狂暴與寧靜、憧憬與絕望、無畏與恐懼、鄉愁，以及生命的亦真亦幻。

蕭邦的二十四首前奏曲音樂特點是豐富多彩，涵蓋了古典主義、浪漫主義等多種風格。其中 c 小調前奏曲（Op. 28，No. 4）是蕭邦最著名的前奏曲之一。旋律起伏較抒情，具有鮮明的歌唱性。這大概與他喜歡歌劇有關。主題部分的第二個樂句中，右手使用了切分音節奏，使音樂更加生動。而 e 小調前奏曲（Op. 28，No. 24）則是蕭邦最悲傷的前奏曲之一，淒婉而感人。樂曲以 3/4 拍的慢板開始，左手奏出簡單的琶音伴奏，右手奏出悲傷的主旋律。和聲色彩陰暗而憂傷。樂曲中運用了大量的減七和絃、屬七和絃和不協和音，營造出一種悲戚的氛圍。這首前奏曲表達了作曲家悲傷而深沈的愛情，或者對故國波蘭淪陷的悲憤。蕭邦的二十四首前奏曲，是鋼琴音樂史上的瑰寶。如拉赫瑪尼諾夫所說，它們是鋼琴音樂詩歌的典範，是音樂表現力的高峰。

但九年之後，蕭邦與喬治.桑最終分手。此後，蕭邦再也沒能寫出一部重要的作品。愛情已矣，音樂也枯竭。蕭邦在臨終最後一刻，對伊人念念不忘，「我真想見她一面啊」。

地鐵上那位著玄色長裙的女子，抱著鮮紅的雞冠花，下車了。她不是喬治.桑。她要高挑得多。她搖曳生姿滴滴答答從我面前走了。車輪和鐵軌發出鏗鏘聲。而下一站就是拉雪茲神父公墓。

拉雪茲神父墓園大得超乎我的想像。外牆的看榜上寫滿了密密麻麻的逝者的名字。他們都是陌生人的名字，就像我名字對這個世界也是陌生的。但他們中一些人，對巴黎對法國曾經是傑出的人。他們中有巴爾扎克，王爾德，莫里哀，還有國際歌的作者鮑迭埃。還真是，看一座城是否有文化，要看它地下埋著誰。巴爾扎克的作品早年讀過好些，王爾德的幽默也領略一二。此行，我來看蕭邦。

華沙起義失敗。對於蕭邦，祖國已是一架被搗碎的鋼琴。故鄉是晨霧迷茫，馬蹄淩亂的泥濘；靈車上赤腳晃動，車轍重迭。冬日的風還可以再鋒利點，讓冰燃燒起來，讓黑更黑。蕭邦投入更多的音樂創作。音樂屬於途中，屬於暗夜的獨步。心，不會客死他鄉，即使肺被蝕空。對於天才的音樂，巴黎，很多時刻是聾子。但《革命練習曲》對自由的強烈渴望，激昂熱烈，雄壯輝煌。猶如洪水崩塌，一瀉千里。那水滴般的《升 C 小調夜曲》，深入靈魂般的細膩，色彩豐富的和聲，洗淨了多少雙耳的凡塵。蕭邦贏得了巴黎。

蕭邦視巴黎為故鄉。他 1831 年到巴黎，一直住到 1849 年逝世。遵照他的意願，他的心臟，讓姐姐運回他的祖國波蘭，他的遺體安葬在巴黎拉雪茲神父公墓。這是一個古老的墓園。縱橫交錯的狹長墓道，參差不齊的碑塔。青苔斑駁，有的墓已塌。成了狐狸、松鼠和鳥等小動物的棲息地。這是人本身的廢墟。思想在這裡停止了思想，樂句在這裡劃上了永遠的休止符。呀，這世界失去了如此多！這麼猛烈的夏日陽光也無法喚醒這些沈睡呵。

淩亂的墓碑間，終於找到蕭邦的長眠之地。他的音樂宏大，他的墓地很小，緊鄰其他一般人的墓。墓碑正前面是蕭邦的頭像浮雕，頂部立著的塑像是音樂女神在哭泣。一個半世紀的風雨雷電已將塑像變得暗黑。已經來過很多人獻花。還有一支蠟燭在燃燒。蕭邦墓每天都有來自四面八方的訪客，四季都有鮮花，即使蕭瑟的冬天。我瞻仰著墓碑，耳邊響起滴水般的鋼琴聲，一會兒是蕭邦悲涼的《A 小調第二序曲》，對於死亡必至的預言；一會兒是他寧靜的《升 F 大調第十三序曲》，溫柔、甜蜜、從容，似乎見到了極樂的永恆。嗚呼，斯人雖逝，音樂不絕。這就是生命的永恆價值嗎?

我鞠躬。扶著墓柱靜思。

在盧瓦爾河谷

在巴黎參觀了羅丹創作的巴爾扎克雕像，那精、氣、神栩栩如生，如同一頭會思考的獅子。巨大的身軀在寬大的睡袍中，被滔滔文思折磨而微微顫抖，寬厚的臉上，充滿滄桑、狂喜、痛苦和愛。想起巴爾扎克在《河谷中的百合花》的描述，「*盧瓦爾就是一個很好的別處。*」「*整個山谷，宛如一個翡翠杯……請你春天來吧*」。信其言，就跟著他的筆，來到「法語的搖籃」——盧瓦爾河谷。

暮春時節，沿著寬闊舒緩的盧瓦河驅車，一路上，山巒起伏。盧瓦河發源於靠近地中海的塞文山脈南麓。從源頭處冰雪融化的滴滴細流，一路收集泉水瀑布，融匯壯大。向北流向巴黎盆地，流經奧爾良後突然大轉彎，然後向西流向南特，並注入大海。成為法國一條最長的河。花團錦簇的草地，茂密的森林，河水在辮狀河床肆意流淌，時見飛禽走獸。河岸，野花盛開。景觀充滿原始叢林的氣息。它幾乎沒有受到打擾，沒有人工的改造，被稱為「歐洲最後的野生河流」。

但盧瓦河又是最富人文氣息的河。腓尼基人和希臘人最早在這裡唱起船歌。隱藏在薄霧中的古老村莊，河谷田園寧靜，長滿了葡萄樹。酒旗招招，醇香悠悠。被時間磨蝕村鎮，一會兒近前，一會兒遠去。尖塔、鐘樓的映在水面。多次禁不住停車坐看它們迷人的倒影。在不知名的小街巷流連，在鮮花開放的古老門庭前發呆。據王爾德說，這千里盧瓦爾河，倒映著三百多個如畫的小鎮呢。典雅的庭院、巴羅克式的嘉園，數不勝數。15 和 16 世紀的王公貴族來此紮堆，被戲稱為「法國花園」。兩岸矗立著數千形形色色的中世紀要塞、法國王室的行宮、文藝復興時期的古堡。當然，還有僅在月光下才會顯現的神秘城堡。這個河谷是眾多歷史事件的發生地，甚至曾經是殺戮場。宗教的械鬥、英法的爭奪、聖女貞德的吶喊、羅伯斯比爾們的嘶叫，此起彼伏。詩人維克多·雨果在《盧瓦爾河》中寫道：

「*盧瓦爾河，法國的母親河，*

你見證了法國的歷史，

也見證了法國人民的苦難。」

雨停時，抵達昂布瓦斯城。這是座古城，征服高盧後，羅馬人在此築了一個城堡，就在盧瓦爾河畔。河中有沙洲，像一隻擱淺的船。孤獨地面對千載流水。有鳥棲息其上。魚跳躍，濺起漣漪。隱約有蒼鷺、或鸛的叫聲。這樣的場景，有種莫名的親切。大概與《詩經》有關河的篇章相似吧。河上有古老的橋，有著完美的圓孔，也有很好看的倒影。安頓住處後，我穿過幾株白蠟樹、榿木和柳樹，迫不及待地來到河堤行走。

黃昏斜照弄晴，盧瓦爾河倒映著巍峨的昂布瓦斯古堡，落霞盡情地渲染它的氣勢與輝煌。走過橋至左岸。熏衣草開得正旺。一片紫色的霧環繞著達芬奇塑像。他靜臥坐在松樹下，笑對逝水。原來大師隕落長眠於此。當年，弗朗索瓦一世征戰時，見到佛羅倫斯的科學、文藝鼎盛，房舍精美，食居優雅，十分驚訝並癡迷。其本尊的文學和建築造詣頗深，世俗思想也勝過宗教精神。於是延請了大量的義大利藝術家到法國工作，其中包括著名畫家達芬奇。複製佛羅倫斯的斯文。鎮上美麗精緻的搭樓繪畫也都出自於達芬奇大師之手。據說他參與設計了尚博多城堡

——弗朗索瓦一世的狩獵行宮。獨具匠心地建造了雙螺旋式樓梯，為的是避免王后和國王的情人劈面相遇的尷尬。一時間，精英們爭相效仿佛羅倫斯之人文，蔚然成風。

望著河水悠悠，想起拉伯雷的《泛舟論》，記述當年他和朋友們泛舟盧瓦爾河，暢談文史哲，宣導科學，主張個性解放。妙語連珠，機智幽默。據說盧瓦爾河邊，還曾經住過巨人，每一頓要喝掉幾千頭母牛的奶。好在河谷肥沃，物產豐盛。巨人給拉伯雷講過三大卷旅行故事，充滿了智慧和勇氣，又令人捧腹。令衛教士們膽戰心驚。不過，我倒是沒看見巨人，那位把神父和僧侶扔進海裡的巨人加岡迪亞。也沒找到拉伯雷提到的修道院，寫著院規：「做你所願做的事。」當然，拉伯雷的驚世之作《巨人傳》是文學寓言，意在批判神權，旨在啟蒙。

我想，盧瓦爾河谷之所以被稱為「法語的搖籃」，除了這個流域早就有統一的語言，多民族混居，讓法語吸收了拉丁語、希臘語、日爾曼語等豐富詞彙外，也肇因文學大師紛紛來此創作，極大提高了法語的表達能力。盧瓦爾河谷是一片文學的樂土，土生土長的七星詩社代表人物愛情詩人龍薩與杜貝雷，很早就在這吟詩作賦。拉伯雷、巴爾扎克、大仲馬、莫里斯·日內瓦等著名作家留下傳世之作。波蘭鋼琴家蕭邦正是讀了喬治•桑的《安蒂亞娜》，也慕名來到盧瓦爾河谷。如此，盧瓦爾河谷方言，成為法語詞典和語法書的基礎和標準。

我在昂布瓦斯城裡肆意行走。濕漉漉的街面，行人的倒影晃動。「哦，這就是巴爾扎克《人間喜劇》的現場了」，在小巷的十字路口，我對著那古老小咖啡館發呆。巴爾扎克曾經在那兒賒帳喝過咖啡吧。這位「寫作狂」，半夜起床，披上聖多明哥式的僧袍，點起四支蠟燭，喝著濃咖啡，文思泉湧、疾筆如飛，一口氣寫上十六小時。「沒有誰可以說清楚他到底是在生活還是在寫作」。

我走在狹長曲折的街，鵝卵石鋪成的路面。腳步發出古老的回聲。大街小巷被數百年老屋簇擁環繞，住著貪婪吝嗇的葛朗台和純良浪漫的歐也妮。有的屋子的橫木上還蓋著石板，在結實的牆上勾勒出藍色的圖案。窗臺有花，石竹或薔薇。黃昏安靜得能聽到小客棧的老闆反復數錢聲。一些窗戶，傳出類似戴安娜與其繼母的家庭紛爭之哭喊聲。

當然，我知道，盧瓦爾河谷索米爾鎮東邊的那條滿是木牆結構的小街，才是巴爾扎克《歐也妮.葛朗台》的原型。其《比哀蘭德》中的西爾維和洛格龍等一干人物也住那兒。但這樣些小鎮都類似，也都住過女巫、啞巴、小丑、詩人、學者、星相家、神學家、醫生、法學家、哲學家、法官。以及一位葡萄酒權威，對任何問題，都答之以「喝」。這裡似乎聚集起了法國人所有的性格獨特、栩栩如生的小人物和大人物，有豪邁熱情，樂善好施，也有猥瑣冷漠，狡猾奸詐，高貴又卑鄙，善良又虛榮……。的確是發生人間喜劇的最合適的地方。無怪乎巴爾扎克在《人間喜劇》的九十一部小說中，寫了兩千四百多個人物。

我的旅館在鎮的邊沿。夜幕降臨時，荒野上空飄浮著光點，那是螢火蟲，它們是古老的秉燭夜遊者。次日早晨，被鳥鳴催醒。更多的鳥從樹枝上發出顫音。它們的音符與遠處教堂鐘聲匯成奏鳴。推開窗戶，正好與王室的昂布瓦絲城堡相對。空氣中彌漫著熏香，古老石頭的氣味和流水氣息。朝暉灑在巍峨的古堡上。山川依舊，王侯安在?

旅程緊迫。我未能一一造訪那些著名城堡，諸如回蕩著刀劍之聲的昂熱城堡，田園寧靜的維朗德里城堡和童話般的阿茲萊城堡，也未能去圖爾附近的薩切城堡，看看巴爾扎克住過的房間。他筆下許多飽受折磨的人物都是在那座城堡二樓的小臥室裡構思的。我選擇去看建築奇跡舍農索城堡。入得堡來，長長的懸鈴木林蔭道，恰如福樓拜的形容，「它安靜卻不無聊，它憂鬱卻不痛苦。」我對其花團錦簇的園林迷醉不已，噴泉水流潺潺，環繞著整齊的玫瑰花壇。幾乎在這裡的女主人，都會留下自己的花園。如此千姿百媚，任何鐵石心腸都會被融化。

導遊法蘭西斯卡是義大利裔的，一頭紅發，眉色飛舞。大談美第奇家族、義大利人如何教會了法國王室優雅，以及法國啟蒙運動如何步義大利文藝復興的後塵等等，如數家珍。啊哈，驕傲的法國人，居然也曾是義大利人的學生（就像日本京都是唐代長安的迷你版）。舍農索城堡果然是個溫柔鄉。建立在流水之上，宛如一條船，一個超級廊橋，一座嫵媚的宮殿。橫跨在謝爾河上，橫跨在現實與幻想之間。完美的五孔橋洞與廊殿倒映在水面上。纖巧柔情和精緻秀麗的姿態，散發出來的濃郁女性氣息。

弗朗索瓦一世將舍農索城堡賜予他的情婦凱薩琳・德・美第奇。接著，她對城堡進行了大規模的改建。舍農索城堡的建築風格融合了哥特式的莊嚴與文藝復興時期的優雅，每一個細節都透露出設計者的匠心獨運。走進城堡內部，仿佛置身於一座藝術博物館。走廊兩側懸掛著歷代王室的肖像畫。描繪著昔日貴族生活場景。畫中人物，衣著華麗。臉上笑容似真似假，眼神遊移，又仿佛在注視著來訪者。

城堡的大廳裡，似乎回蕩著昔日的歡聲笑語。這裡曾是法國王后凱薩琳・德・美第奇的居所，她在這裡舉辦了無數奢華的宴會。大廳天花板上精美的雕刻，展現那個貴族時代的繁華與奢靡。房間內，擺放著華貴的床榻和精緻的傢俱，但這一切都無法掩蓋房間內陰暗的氣息。舍農索城堡的歷史中充滿神秘的故事，其中最引人入勝的莫過於它的女性傳說。我彷彿看到曾經居住在這裡的王后或情婦們，她們被困在這華麗的牢籠中，勾心鬥角，與情人幽會，上演了一段段風流韻事，以悲劇收場。日復一日地重複著空虛的生活，最終在寂寞和絕望中凋零。

舍農索城堡有倖免於在法國大革命中被摧毀的命運，與露易絲.杜潘夫人的努力、仁慈與智慧分不開的。也得力於工業資本家的瑪格麗特.貝露茲散盡家財來修復。她們讓舍農索重見昔日的輝煌與風采，露易絲.杜潘夫人還舉辦舍農索的沙龍，啟蒙哲學家伏爾泰、盧梭、孟德斯鳩都曾為這裡的座上賓。一時間，彥士俊才風雲彙聚。

舍農索城堡，宛如一朵盛開的黑玫瑰，散發著神秘與優雅的氣息。它的歷史如同一部充滿陰謀與激情的小說，每一塊石頭低語著過去的秘密。也許因為盧瓦爾河畔的古堡充滿了故事性，比《一千零一夜》還要精彩，它們常常成為文學作品中的場景。

在《人間喜劇》中的《路易 · 蘭布林》中，巴爾扎克就將昂熱城堡描述為「權力與陰謀的中心」，充斥了血雨腥風的鬥爭。在《鄉村醫生》中，維朗德里城堡是田園風光與美食天堂，卻也是罪惡與腐敗的溫床。而舍農索城堡，因其奢華、浪漫，被巴爾扎克描述為「愛情的溫床」。小說《康定公爵夫人》中的女主角戴安娜 · 德 · 貝裡埃夫爾曾在此居住過一段時間。「戴安娜站在窗前，眺望著盧瓦爾河。河水緩緩流淌，在陽光下閃耀著粼粼的光芒。遠處，綠樹成蔭，鳥語花香。戴安娜深深地吸了一口氣，感受著大自然的芬芳。」當然，這裡是虛構。戴安娜並無其人，也沒住過舍農索城堡。她的一生充滿了迷茫和困惑。她一直在追尋愛情、人生的意義，卻終不可得。倒是人類的真實處境。

離開舍農索城堡，我轉向盧瓦爾河谷的鄉下漫遊。天欲雨未雨。盧瓦爾河谷裹著一件灰色斗篷。路旁牧場，奶牛一隻只靜臥在沾濕的草上，她們的眼神充滿憐憫。英格蘭的農人說，奶牛靜臥，天要下雨。這些靈物多神奇！一會兒，雨真的落下來。古樹下，空曠的空間綿延數公里，一片莊嚴暗綠的土地。

路過一個個中世紀的村落，在薄薄的雨霧中。它們有拱形門道、古井、作坊、磨坊、釀酒的莊戶人家、酒窖、酒架上的橡木桶老酒，上面縈繞著絲絲蜘蛛網。蘋果樹、蜿蜒的小溪、老橋、塔樓和修道院，窄巷、中世紀騎士走過的鵝卵石小路，以及半木結構的房屋，甚至廢墟。框架木頭上，留著六個世紀前木匠的銘文。農民們依舊遵循著古老的耕作方式，他們的馬車在田間小路上留下深深的車轍，那是一種對土地深深的敬意和愛護。古老的水車靜靜地佇立在河岸，彷彿是通往另一個時空的門戶。墳場寫滿陌生人的墓碑，長滿青苔。充滿靈性的寂靜。

大片的濁金色罌粟花田侵入視野。雨水加深它的晦暗。風在那兒留下淩亂的溝豁。曾經，就在剛剛錯過的五月，嬌媚的罌粟花從這裡火焰般開向天際，風中盡是她們搖曳多姿的裙裾。現在，眼前是芳華後的廢墟。只留下顆粒飽滿的種子。

天漸開，雲的縫隙間，陽光灑下來，照在金燦燦的大麥田裡。法國的田沒有壟，麥田無邊無際延伸出視野。我何幸！上天把所有的金色都給了這片土地，而我一掠而過，完全擁有了它的美。

這樣的鄉村，如今大概沒有了巴爾扎克筆下《戴安娜·科爾德》中那樣後母虐待繼女的故事了吧？不知他所寫的本納西斯那樣的鄉村醫生，是否還有，四處奔走行醫，面對錯綜的人際？不過，我想，任憑時代變遷，愛情、財富、欲望和人性大概不會變吧。

第三天早晨，我啟程離開盧瓦爾河谷，前往羅曼底。夜雨後，晨靄迷離。盧瓦爾河谷朦朧如淚眼。古壘遠去，盧瓦爾河汩汩在橋下流淌。

一轉瞬，也消失不見。這條法國最長的河，如同故國的長江，浪淘盡多少風流人物！此刻，一個過客，沒有留下痕跡，消失在霧中。

法朵的黃昏

在里斯本舊城客棧安頓下來時，已近黃昏。海鷗亂飛，大海的氣息，在這七丘之城湧動。

里斯本城似乎為黃昏而建，一個不肯褪色的舊夢。這座慢的城市，更加慢了下來。一天中最溫柔的時刻。下榻的旅店頂樓花園酒吧，恰恰又是觀看城市黃昏的最佳處。與辛特拉山相對。山頂上摩爾人的城堡，披著上千年的金暉。山坡延伸到塔古斯河邊，鋪滿了繽紛小樓。那些紅屋頂，就像墜落的玫瑰花瓣。不知何故，里斯本人愛把房子漆成各種明亮的色彩，特別是粉紅色或嬰兒藍。眺望塔古斯河，高聳凱旋門前，濱河的貿易廣場明黃色環廊，熠熠生輝。大地震前曾是皇宮所在地。彰顯達·伽馬航海偉績的貝倫塔前，白帆點點。讓我想起阿瑪利亞唱的《巴爾達》，「*黑色的船/在河口消失了/帶走了我的愛/永遠不會回來*」。整個舊城的磚瓦都在夕暉中流光溢彩，有種莫名傷感。讓人不禁拍欄歎息，又怦然心動。

「陸止於此，海始於斯」。這是歐洲最邊遠的首都。正值五月，航海家們從遠方帶回的藍花盈樹，四處盛開，一片片紫雲氤氳。傍晚的殘陽在牆壁上投射下溫暖的橙黃色調，街頭巷尾充滿懷舊的味道。到處聳立著紀念塔、像柱，表明這座城有許多歷史的驕傲。廣場的馬賽克圖案波濤洶湧，大航海時代的遺跡隨處可見。這令人驚歎，一個土地面積狹小且多山貧瘠之國，卻盛產航海冒險家，船跡遍全球海域。發現了東西方的商路，曾主宰著全球貿易。各種奇珍異品，中東的香料，波斯壁毯，中國瓷器，南美金銀，飄洋過海湧入這裡。詩人墨客用的羽毛筆，取自非洲珍禽，而紙泛著異邦番紅花香氣。為此，他們也曾失去很多。在那大航海黃金時代，出海冒險的千萬人中，有許多一去無歸。常常是一位母親每天在家中為遠行者祈禱，卻不知她的兒子早就葬身於未名的大海。

我們踏著夕陽，拾級走過蜿蜒崎嶇街巷。去阿爾法瑪區聽法朵，這是里斯本最古老街區。保留著往日的狹街窄道、拱門、階梯、木陽臺。斑駁的牆，各種溫暖的門。桃心狀的窗，鑲著摩爾風格的青花瓷片。柱子和磚塊上有美麗的銅綠。這裡有各種塵世的聲音：古老有軌電車經過的叮鈴聲；店小二介紹葡萄牙蛋撻、烤沙丁魚與酒的聲音；過客磨損的鞋敲擊路面的聲音；鴿子揮動翅膀的聲音；小孩嬉戲奔跑的聲音。當然，還有吉他古老民謠，蒼涼又溫暖、悱惻又剛烈的法朵歌聲。來里斯本聽一場純粹的法朵，一直是我的願望。同行的慶和先生，是這次活動的發起人。早就預訂了票。他以航空工程為業，卻仍有其祖父王國維大師寫《人間詞話》的情懷。

里斯本的黃昏是屬於法朵的。這種葡萄牙歌詠，讓穿過歲月、穿過斑駁的門庭、穿過命運、穿過內心的夕光可以被聽見。有歌手吟唱法朵的酒吧、小餐館、小劇場遍佈大街小巷。設在那些古老的房子裡，在阿爾法瑪的前教堂內，有的甚至建在舊馬廄裡。牆壁上保留著原始的瓷磚和壁畫。每一寸都散發著昔日的氣息。燭光搖曳，杯中的酒，空了又滿。歌手就在酒桌前淺斟低唱。

這被稱之為法朵（*Fado*）的怨曲，是葡萄牙人傳統音樂的靈魂。以其富有表現力和深刻憂鬱的特點而聞名。可追溯至十九世紀初，但起源可能更早。據稱源於葡萄牙船工和碼頭工人的民間音樂，其悲傷的音調和抑鬱的情懷，反映了他們在海上漂泊、生活艱辛的處境。這種情感的宣洩，成為他們訴說自己命運的方式。它結合了葡萄牙民謠，摩爾樂風，非洲黑奴音樂，以及巴西情歌。浸透了其文化、歷史與生活。通常一把葡萄牙十二弦吉他與一把西班牙吉他，一位圍著披肩的歌手，就可以有一場令聽眾如呆似癡的法朵音樂會。法朵唱著那些出海不歸的故事；唱著生活的悲喜交加；唱著那些已不再、那些人生的空缺、心中的渴念；唱著對逝去愛情的哀傷、那種感懷與心碎；唱著希望，或無奈與順從。法朵帶有很多的即興成分，傑出的法朵歌手與吉他手默契配合，會現場唱出新曲。而動情處，聽眾共情和之。畢竟，人生的曾經與不再，是一個無限的靈感主題。

我們選擇在小劇場聽法朵。推開沈重的木門，走入一個古老隱秘的空間。昏暗的燈光中，座椅整齊地排列在狹小的場地上，給人一種親密無間的感覺。四周的牆壁斑駁陸離，似乎在訴說著這個地方悠久的故事。我們找到自己的位置,靜靜地等待演出的開始。這樣的小劇場，沒有推杯換盞之聲，或更能集中注意力享受音樂。音響效果也會更好。

燈光暗下，一位身著黑色長裙的女歌手和一位瘦高的男歌手緩緩走上舞臺。音樂甫起，就把我們置入一個法朵的情緒世界。背景的螢幕升起一輪明月，照在紅色屋頂上，海港波光粼粼。梨形的葡萄牙吉他，有著花蕊一般的琴頭，十二根琴弦。彈出一串清脆而響亮的和絃，引領出圓形的西班牙吉他對主旋律的介紹，柔和而溫暖。女歌手一開口，那圓潤歌聲就足以奪走呼吸。她婉轉如鶯啼，抑揚頓挫。高音處澄明如月光入洞穴，低音時宛若橄欖林中微風吹過。她時而悠揚，時而呢喃；時而悲切；時而歡欣。一曲唱罷，餘音繞梁。接著男歌手用低沈沙啞的中音唱了一首夜曲。既有愛情來到心間的喜悅，又有思之不得的憂傷。頗具「有位佳人在水一方」的意境。

整場音樂會，由一對男女歌手輪番歌唱。我雖不懂葡萄牙語，幸運的是其本身就具有很強的音樂性。既有拉丁語洪亮的母音，又有阿拉伯語的好聽的鼻音。它是葡萄牙悠久豐富文化歷史的結晶。兩位吉他手堪稱大師級別，珠落玉盤。吉他的和絃進行，也不斷在法多憂鬱小調與明亮大調間轉換。我對葡萄牙吉他的表現力十分驚奇。它具有獨特的哀傷、內省音調，與法朵音樂的憂鬱性質完美互補。它的十二根鋼弦產生豐富和絃、共鳴的聲音。聽上去就像法朵的心跳。葡萄牙吉他的彈奏方式，奇特而優雅。它用一種特殊的撥片來演奏。撥片由一個金屬環固定在食指上。使演奏者易於控制力度與速度。用不同技巧來增加聲音效果，如滑音、顫音、泛音等。法朵吉他手以其精湛的技藝和即興演奏能力而聞名，充分利用樂器的音域來展示自己的精湛技藝。這為法朵表演增添了自發性和個人表達的元素。

兩位歌手唱得古意盎然。十分投入。充滿憂鬱和宿命感的悲涼旋律，仿佛訴說著一段段被遺忘的人生故事。隨著音樂的推進，我被歌手們的演繹所深深吸引。特別是女歌手，她以極富感情的方式詮釋著每一個音符，絲毫不流於表面的感傷，而是將自己融入其中，仿佛在傾訴著自己的內心獨白。她時而眉頭緊鎖，時而眼睛緊閉，全身心地投入到歌聲之中，讓人親臨其境。感受著這種音樂所蘊含的生命情懷。據一位歌手說，「這是一種奉獻自己的音樂。它是來自你自身情感的禮物，它來自你的內心深處」。

法朵介於歌劇與藍調之間，我聽得投入，親切得似乎從小就聽過。基於日常敘事的法朵歌吟，在歌聲中再現生活中的各種「法朵」（命運）場景。這樣的歌聲中有世間愛恨的真切觸感，濃縮了生命深邃的本樣，保存著歷史刻度與現實的維度。似乎特別能激發聽眾的共鳴、共情。加上歌手與聽眾融為一體的演唱方式，會讓聽眾情不自禁地作和。我也現學了幾句葡萄牙語和之。畢竟也心有塊壘。對於葡萄牙人，誰都可以唱法朵。因為這種音樂來自生活。只要想想一顆破碎的心，你想念的人或事，你就準備好了！或許正因為葡萄牙民族性或靈魂中，對於失落的緬懷有很深的情結，產生了這種葡萄牙法朵怨歌。

法朵歌吟的主題，圍繞於「*Saudade*」（錯過/失去的感覺，揮之不去的刻骨銘心）。其體現了一種對過去美好事物的留戀，以及對未來不確定性的憂慮。它是由喜悅與傷悲、回憶與嚮往交織而成的一種矛盾複雜的情感狀態。*Saudade* 通過悲傷而深情的歌詞、柔婉多變的旋律以及飽含感情的演唱方式得到充分的表達。歌手們用自己的聲音將這種難以名狀的情感完美地傳達給聽眾，引發共鳴。這種由痛惜而憂傷，在葡萄牙人看來，並不是一件壞事。悲傷的情緒中，更能自我省視、體會歡樂。就像從凋零中看到盛開的美好，從死亡的鏡中看見生命的可貴與價值。生活本身就是悲喜交加的。啜飲悲傷，人生的滋味才完整。人生總有不可磨滅的思念和遺憾。疏導這種難以名狀的複雜情感，這正是法朵音樂所獨有的魅力所在。於此，我理解了為什麼葡萄牙會產生抑鬱寡歡的詩人賈梅士與佩索阿，為什麼會產生一部抑鬱大全《惶然錄》。在那裡，佩索阿的棱鏡，透析了生活的悲喜光譜，以近五百個題目的碎片式寫作，展開一個詩人對世界的告白。可以視作他的法朵集。於斯，我也明白了，法朵，是一種糾結，也是一種醒悟之後的釋然。它雖傷感，卻如一盞明燈，照進孤寂內心的黑暗。

音樂會接近尾聲。歌者與聽眾已難解難分。

最令我動容的是，演奏中還在螢幕上打出多明戈詩句：「*你問我 何為鄉愁 我說 是歲月留下的痕跡*」。演唱結束了，我卻想繼續坐著。就像要把空杯重新注滿。

散場時，街燈已上。夕陽在那些百年舊屋上僅餘一抹殘紅。古老的黃色電車，叮叮噹當，爬著面前的陡坡。

與佩索阿相遇的這個早晨

以此為題，並非想模仿記錄片「佩索阿與卡爾菲斯相見的那個黃昏」。他們一起吟詠大海。這純粹是巧合。他們那是虛構，而我見佩索阿卻是真實。

前幾日，在跨越大西洋的途中，坐在載著一群人的孤船上，望著無邊的波濤，在想此刻佩索阿在做什麼呢？也許他在有摩爾風格的窗旁，在工業時代白熾燈光下，正杜撰著我的真實到來。我是他的另一個異名。他瞭解我所有的失敗，所有對無意義的有意義思索。他瞭解我把無目的當作目的而沾沾自喜。他知道所有我無處安放的思緒。他知道我是一個真實的虛構角色。他知道我是一個詩人騙子。喜歡給一切塗上粉紅或灰色；喜歡黃色古舊電車在鐵軌上軋出的音韻，而忽視歲月對鐵軌的磨耗，那鐵軌中陳年暗傷的酸痛；喜歡標榜遠方，以為那兒有不同的海域，不同的城市，不同的世界。在那裡可以拾起以前錯失的一切。讓人生重來。

這是我第一次來到里斯本。其實，在我來之前，我住過這裡。只是那時候，我叫佩索阿。他代替我活過一生。他是我的一個異名。就像我是他的一個異名。代表他，在他過世後，看看這個世界在他不在時有什麼不同。

我們兩人的人生基本上是同義反復。他和我都是不起眼的小職員。一個惶然角色。白天，被裝得高明無比的上司呼來喝去。晚上，在小閣樓裡思索宇宙人生。神情恍惚，游離在不同的人的軀體和精神之間。喝點酒，寫點什麼，也許還會來點宏大敘事。然後將它扔進大木箱，或電腦硬碟某個角落。好像當代的知識份子都這德性。卡夫卡不也這樣麼？所不同的是，佩索阿的一大木箱文字居然留下來，死後引起轟動。成了葡萄牙的國民詩人。配享在輝煌的熱羅尼姆修道院，與偉大的達·迦馬死後為鄰。不像我斷斷續續寫了一輩子，仍然默默無聞。不過，我並不覺得委屈。佩索阿的文字有人讀就好。他寫的不就是我寫的麼。

這是抵達里斯本第一個清晨。我刮好鬍子，說，我去看佩索阿。眾曰，這老城的路迷宮似的，別亂走把自己弄丟了哈。吾曰，我去看我自己，我就是佩索阿，對這城熟悉著呢。曾每天在各個狹長的街巷遊蕩，看走過的不同又雷同的惶然的臉。去一家酒館，喝那一直不變的酒。

果然，若想一個人擁有里斯本，那就該在早晨走出旅店。九點半前，城市仍未醒來。這時，街巷就是你的一人的，可以肆意橫行，或滑行。我夢遊般，口中喃喃一些佩索阿的句子，「*我再一次見到你，我可怕的失去童年的城市......快樂而悲傷的城市，我又一次在這裡做夢*」。大街小巷靜悄悄，只有一群往事、白日夢遊蕩，在尋找舊主。偶爾也有其他幽靈在這古城漫遊，卻不會打攪彼此。朝暉在聖若熱城堡摩爾人箭樓上遲疑了一會兒，然後在粉紅或嬰兒藍的牆上迅速移動；在羅西烏廣場的佩德羅四雕像柱上迅速移動；在加勒特劇院前那些熟睡流浪漢的身上迅速移動。貝倫塔，一半在陽光裡，一半在陰影裡。

佩索阿領著我，穿過希亞多狹窄的街道，陰涼的廣場。里斯本的蜿蜒起伏的老街道，都是小石塊鋪就，光怪陸離。各種角度的傾斜。人行道的馬賽克拼圖上，會隨時出現海妖，彼岸花。它們都是葡萄牙航海英雄從地理大發現時代帶回的。就像他們帶回這些正在盛開的藍花盈樹一樣。馬賽克拼圖不斷變化，上面也可能出現酒吧那位紅衣女子宛如你舊時情人的笑容。好在我的異名佩索阿對愛情有一種天生的警惕。生前也只不過有一段短促情史。與工作秘書奧菲麗婭，發生過乏善可陳的辦公室戀情：交換小眼神、傳遞小紙條、寫打油詩，無疾而終。我雖故事多些，也切不可冒險對人行道的魔性拼圖低頭久視。很可能被海妖誘拐，或落入往事的漩渦。幾百年時光的打磨，它們光滑如冰道。每一步，對於一位遲暮英雄的雙腿，都可能是陷阱。不低頭也是致命的。佩索阿沒有衰老就離開了。他沒有經歷過，衰老的雙腿，如何邁過清晨的這七丘街巷。我有些得意。因為我摸索出正確的行走訣竅：亦步亦趨，抬頭又低頭。

太陽老高了。陡峭老街明亮又斑駁。陽光照著的一大片屋頂。天藍得就像藍本身應該的那樣藍。街上行人多了起來。腳步敲擊在鵝卵石地面。噠噠地，有的強勁，有的微弱。有的果斷，有的遲疑。聲音都活了。麵包店咖啡機呼呼聲，廣場上鴿子振翅飛起的聲音，電車經過街角的叮噹聲，老巷深處傳來的吉他聲和歌聲，輪船駛出港口的水聲，還有教堂的鐘聲。不必用眼睛看，光憑聲音，就能看見了事物本身。佩索阿在一旁對我說，瞧，「*在明亮的陽光下，即使聲音也熠熠發光*」。

我在一些小巷差點迷路。太迷戀那些老屋上摩爾風格的美麗瓷磚。它們的青花圖案，對我有一種親切感。那上面的晨光，混淆著不同時代和空間。終於來到加勒特街的巴西人咖啡館。這可能是里斯本最著名的咖啡館之一，位於里斯本市中心的希亞多地區。這家咖啡館出售原始的巴西咖啡。這兒曾是作家、藝術家和記者的聚會場所。佩索阿很喜歡坐在咖啡館的露臺上。喝酒，看著行人來去，記下腦海湧出的句子。只是現在他成了一座雕像，戴著上班的禮帽，雙腿交叉，手放在桌上。讓人記起他的句子，「*我放在桌子上的手/甚至對我來說也是一個驚喜/因為它不是我們擁有的*」。雕像的嘴唇微開，似乎在說，「多拿些酒來，因為生命只是烏有」。他旁邊有一張空椅子，邀請一位異名坐下來同飲。

咖啡館的露臺上，已有了一些吃早餐的客人。一位美麗的少婦，帶著兩個孩子，坐在雕像附近。嬰兒車在陽光裡，更顯乾淨。我對她們微笑點頭，問那母親是否可以幫我與佩索阿拍個合影。婦人對我警惕地搖頭。我內心沮喪，唉，這瘟疫、東西方對抗的時代，人人自危。這時，鄰桌的一對熱戀的情人見狀起身，說我們可以幫你拍。那姑娘甚至建議我戴上圓邊遮陽帽，瞧佩索阿也戴著帽子呢。而她的男友小夥子邊拍邊問，「你咋知道我們這位葡萄牙詩人，你讀過他的全部作品嗎？」我笑道，「不能夠啊，佩索阿的一大木箱的手稿還只整理出一半」。

我向另一條大街走去。人越來越多。人們的臉和姿態，既雷同又不同。推著拋錨汽車的工人，洗衣的婦女，抱貓的小女孩，交談、爭吵的人們，從佩索阿那些無時間性的詩句走出來。他們都是佩索阿的異名嗎？

縱橫交錯的鐵軌，黃色的老電車，叮叮噹當，開來開去。開過塔霍河邊的貿易廣場，駛過摩爾人的斷壁殘垣。在蜿蜒陡峭街巷的盡頭，它們消失又出現。這的確是座非凡的城市，位於塔霍河的河口，是歐洲大陸最西端的都城。是葡萄牙也即歐洲探險時代的中心。我肆意又小心，在鵝卵石的路行走。就像回家。

這的確是座非凡的城市，但非凡的時代已經過去。滿街沙丁魚的氣息。倒很適合度過平庸的人生。

尋拉曼恰的堂·吉訶德

我終於來到西班牙這個叫拉曼恰的地方。

一片乾旱的紅土地，不高的山丘上，孤零零的橄欖樹。另一個山丘上，也有一棵樹，也是孤零零的橄欖樹。眾多溝壑交錯，但它們都不是河床。眾多凹窪之處，但也不是池塘。昏昏欲睡的鳥兒喉間喊著渴，幾匹馬兒擠在孤零零的樹蔭下，而太陽迅速地移動它們的影子。無遮無攔的天空，風車磨坊點綴著地平線，破碎重迭的山脈。摩爾人城堡的殘垣斷壁，拱衛著雄偉的花崗岩天主教修道院，乖巧地沈默，不發出一個阿拉伯音節。

在這盛產紳士又盛產利劍之地，我認識一個拿長矛的沒落貴族。他叫堂·吉訶德。這是純潔完美的名字，絲毫沒有任何摩爾人血緣糾葛。他衣食無憂，整日沈溺於流行的騎士英雄小說。以為自己是天降大任之人。要去行俠仗義，拯救世界，尋求不朽的聲名。於是拿著一面祖傳的舊皮盾，一根長滿了鏽漬的長矛，騎著一匹羸瘦老邁的駿馬，帶領一只能奔跑的灰狗出門了。並說服農夫桑喬做跟班，其肚子過大但務實可靠。堂·吉訶德還有一位散發男人汗味並能醃一手好豬肉的姑娘，從未某面，但不妨礙作華貴的意中人，這是作為偉大騎士必要的浪漫。好讓在旅途中，時時激勵他。既有憧憬，又有憂傷。

堂·吉訶德主僕二人一馬一驢，四處遊俠。這位悲容騎士有許多英雄事蹟。他與風車大戰，認為是巨人，弄得遍體鱗傷；他把羊群當做入侵軍隊，拍馬衝殺，結果被牧羊人用石子打落了牙齒，腫了半邊臉；他看到一個理髮匠戴洗髮盆遮雨，當作武士來襲。搶奪其銅盤做頭盔。理髮盆與曼布里諾的金色頭盔，確實難區別；他解救了被主人欺負的牧羊娃，並痛揍打了該主人，令其支付的合理工錢給牧羊娃。但是當堂・吉訶德離開後，主人洩憤地把牧羊娃綁在樹上打得更厲害。

堂・吉訶德的理想似乎永遠與現實脫節。他的四十多個歷險，情節的鋪墊和前戲一律很長，決鬥的高潮總是草草收場，子曰詩雲穿插其間。令人噴飯。但大笑之後，往往會感到一絲苦澀和傷感。如拜倫所說，《堂・吉訶德》是一個令人傷感的故事，它越是令人發笑，就越使人感到難過。或許因為經過對摩爾人的徹底驅趕，以及宗教審判所火刑對靈魂的大規模淨化，堂・吉訶德的時代已無不平之事；或許是命運的作弄，他遇到的一切，總都以某種方式扭曲。以至於他正在努力進行他認為的偉大事業，不是讓他自己遍體鱗傷，就讓別人遍體鱗傷。如果他一事無成，反倒是對世界最大貢獻。可敬的是，這位高貴的騎士永不言棄。

我沿著拉曼恰平原的堂・吉訶德公路旅行。尋找這位從未存在過的人——堂・吉訶德，但我確信他真實存在。每一個轉角，每一片麥田，甚至每一陣熱風中，都彷佛隱藏著他的蹤跡。一路上被太陽烤得恍惚。一棵孤零零的橄欖樹，衰老的樹蔭，我在其下打尖。面前是廣大的向日葵田。葉片的略顯焦黃，乾裂嘴唇似的。葵花們齊刷刷地轉向我，似乎向和我要水。「這片赭色延綿的平原，一直是兵家必爭之地。為多種歷史文化覬覦。」一個蒼老的聲音說道，我循聲，似乎是橄欖樹發出的。聲音接著說，「先是羅馬人來了，帶來了葡萄藤和橄欖樹。」我抬頭望去，遠處的山坡上隱約有一片葡萄園，在陽光下閃爍著紫色的光芒。

「再後來，摩爾人來了。建造了堡壘和灌溉系統。」我轉身，看到光禿禿的山上摩爾人城堡的廢墟。「最後，」所有的向日葵一起說道，「基督徒趕走了摩爾人，收復了這片土地。騎士們騎著高頭大馬，舉著十字軍旗幟，從這裡經過呢。」我閉上眼睛，仿佛看到了那些騎士的身影。陽光更猛烈，幾乎要烤焦我的皮膚。遠處的地平線，因為熱氣的蒸騰而變得扭曲，恍惚間我看到了海市蜃樓。一位來澆水的農人，告訴我最近幾年乾旱越來越嚴重。「堂·吉訶德的時代，這裡還是個水草豐美的地方，」他歎息道。

中午時分，我來到小鎮康蘇埃格拉。狹窄的街道仿佛被陽光烤化了一般，除了偶爾幾個冒著汗珠匆匆跑過的行人，幾乎看不到任何活動的跡象。我的影子被拉長，仿佛成了畢卡索畫的堂·吉訶德漫畫中的一個人。跟著一隻流浪貓，黑色有一雙碧綠的眼睛。走到一座古舊的酒館前。推開吱呀作響的木門，酒館裡坐滿了各式各樣的人，有農夫、商人、似乎還有吟游詩人，身披盔甲的騎士。一位身材魁梧的酒館老闆走過來，遞給我一杯酒，「這是拉曼恰的特產葡萄酒」。接著他問，「外鄉人，你來找什麼？」「我在尋找堂·吉訶德。」我回答。滿堂一陣哄笑。「啊哈，你知道嗎？在拉曼恰，每個人都是堂·吉訶德，每個人也都不是。」老闆笑道。我掃了一眼，這些拉曼恰漢子，有的高大威武，有的瘦弱可笑，有的深沈智慧，有的天真幼稚。這些都可能是真實版的堂·吉訶德不同形象麼？

我在少年時代就認識堂·吉訶德，從一本民國出版的紙頁泛黃的書中。由西班牙作家賽凡提斯所著，他曾在戰爭中「勒班陀的獨手人」，後來又被土耳其人所虜為奴多年，所幸最終逃脫。在那時，我是鉗工學徒，工人階級未成年的一員。而書來自一位紅衛兵之手。估計是在轟轟烈烈抄家、燒書、「破四舊」的過程中，他順手而得。我用一包憑票供應的劣質煙捲，換取了堂·吉訶德的敘事。真是人生何處不相逢，一位享譽世界的偉大夢者與一位東方無名之輩夢者有了相見歡。對於這位堂·吉訶德的博聞強識滿腹經綸、見解脫俗、高屋建瓴、字字珠璣的自圓其說的推理，我欽佩不已。對其有元氣滿滿、有聲有色的遊俠，屢屢平地驚雷、非凡勇敢、百折不撓，我更是傾倒。

那正是紅色熱夢席捲神州的時代。八億紅色騎士，舉起崇高的旗幟，不但要把人人共用一切的天堂烏托邦變為現實，而且要掃除牛鬼蛇神，剔除人的自私本能。以饑餓來戰勝饑餓，以貧乏抵抗貧乏。每天與階級敵人的各種化身——老師、夫妻、父子、同事作鬥爭。善於捕風捉影，牽強附會，上綱上線，簡直就是堂·吉訶德在東亞御駕親征。我在饑饉中茁壯成長成豆芽菜身形，懷抱崇高夢想，要解放世界上五分之三活在水深火熱中的人類。在邪惡的性饑餓中，免不了對未來的愛人同志一番純潔的暢想。她那紅撲撲的臉龐將，將如何散發誘人的革命熱情啊。就像堂吉訶德對那位村姑，所謂杜爾西內亞夫人的古典主義式的臆想，「帶刺灌木中的玫瑰、田野裡的百合或者熔化了的琥珀發出的那種味道」。

當一個烏托邦坍塌的煙塵散去，在幻滅之中，我決絕地把一切舊夢拋在腦後，遠涉重洋，來到新大陸，一片夢想之地。新來乍到的我，興奮得躍躍欲試。但在這個自由得不知所措的國度，人類基本的再生產活動要憑許可證。我偷偷打黑工，在傢俱拍賣行當搬運工，累得腦海一片空白。當店小二，唯唯諾諾，招之即來揮之即去。手攢緊每一分錢，夢想一朝發跡。結果在金融風暴中喪失了所有的血汗錢；以小學的數學程度，攻讀電腦研究院，同時打工交學費，吭吭哧哧，熬得滿眼血絲。夜夜被演算法考試不及格的噩夢驚醒；每週工作七天的勤奮，製作出一流的物流系統，當上小主管。得意洋洋沒幾天，新來的大老闆，他正統的基督徒眼睛，容不下一粒東方無神論者的沙子。

於是，我被破布一樣扔出門；夾在兩個世界的裂縫裡，兢兢業業，守法交稅。操著破碎的英語和生疏的漢語，既沒有在新大陸大熔爐接納為西方的自己人，又未能為在故國的父親盡孝送終。就像一個改宗後的摩爾人，連自己都不知自己是誰；這個號稱世界最偉大夢幻之地，如今槍擊不絕於耳，街頭活喪屍東倒西歪，政客整天狗屁倒灶，窮兵黷武。進入青春期的孩子竟不知自己是男是女。難道這也是一個烏托邦?

我繼續沿著拉曼恰平原的堂·吉訶德公路旅行。一路想像著與堂·吉訶德相遇的可能場景。現在，我幾乎走過了一生所有的夢境，穿過史詩、遊吟詩、神話、騎士小說、默劇、悲劇、喜劇、悲喜劇、訓誡小說的形形色色場景，來到拉曼恰，來到堂·吉訶德的拉曼恰。一位說西班牙語的夢者，一位操中文也說半拉子的英語夢者，他們會雞同鴨講嗎?不過，我並不擔憂我們語言不通。夢，是我們共同的語言。只是我也沒有什麼新鮮事跡可以向堂·吉訶德炫耀，儘管我的足跡印在了世界的盡頭。幾乎也足可以寫上一本騎士傳奇，卻完全沒必要。我的一切夢想、行止、際遇、業績，不過是堂吉訶德的變體。其實，我們每一個人，無論男女，都是不同程度的唐·吉珂德。喜歡按照自己主觀所夢所想，營造自己的愛人和敵人。純粹的美好，純粹的邪惡。每個人的世界，都是某種程度的主觀幻化。而這個中心，就是被自己幻化的自我英雄。誠如陀思妥耶夫斯基所言，堂·吉訶德是所有夢的注腳。他早就給我生活做了總結。我的人生只不過是堂·吉訶德敘事的一個橫切面。所有人的時空，似乎都在這個敘事網中。我們陷入其間，無法外在於它。

正值五月，乾燥得能點燃的拉曼恰大地，鴉片花盛開，一片片血痂。紅色塵土裡沒有任何痕跡，那怕那幾百萬被驅離的摩爾人也沒留下腳印。陽光白晃晃地傾瀉，比黑夜更適合做夢。我爬上一座小山丘，坐在一塊被太陽烤得發燙的岩石上。放眼望去，紅色的拉曼恰平原在斜照中舒展開來。乾裂的土地，稀疏的植被，偶爾點綴的小鎮，還有那些固執地矗立著的廢墟，共同構成了一幅壯美又略帶淒涼的圖畫。我，一位東方不可救藥的夢者，遠道而來。我東張西望。為懸岩邊被推下的一個個身影、為悲切熱烈的弗拉門戈舞灑下清淚，更是對過往的傳奇英雄與騎士長歎短籲。亂石簇擁的孤獨城堡，有一顆恒星做的心臟，不動聲色地無情跳動。在馬約爾廣場的咖啡館，過客大笑的咧唇上，藏紅花杜松子酒追憶著那位悲容騎士。掛在懸崖上的房舍，呼出西班牙火腿的氣息。這讓我對這個奇妙的世界充滿了驚歎與柔情。

夕陽西下了，孔蘇埃格拉光禿禿的山脊上，一排風車的倒影轉動，被炎熱壓縮又瘦又長。橄欖林的葉子也因為持續的高溫而有些蔫頭耷腦。堂·吉訶德瘦高的身影時隱時現。「*老天把我生在這黑鐵時代，是為了在世上恢復黃金時代，*」他的自詡之言仍留在空氣中。如今這個世界多麼需要英雄，一位元行俠仗義的英雄，來糾正這敗壞的一切。在一隻四處漏水的破船上，人類依然無休止地爭鬥。各自以最偉大崇高的口號，互拆船板，欲置對方於死地而後快。連代表良知的媒體也敗壞了，爭先恐後地不讓人們瞭解真相。但什麼又是真相?

餘暉灑在乾涸的紅土地上，炎熱稍稍減退。一切將沒入黑夜。「一群叫嚷的豬滾滾而來，將堂·吉訶德連人帶馬撞倒，全然不顧主僕倆尊嚴，從二人身上踩踏過去。」堂·吉訶德的身影無跡可尋。我這才記起，堂·吉訶德早已離開了這個世界。自從他被「白月騎士」擊敗，就日益靠近現實。甚至還有幾分看破紅塵。他說，喜劇中發生的事情，與世界上發生的事情相同。每個人包括皇帝、教皇，也是這戲劇的一部分，死亡最終會剝奪身上繽紛的長袍，他們在墳墓都獲得平等。

隨著堂·吉訶德越來越不荒誕可笑，越來越不誤判世界和犯錯，他就越來越平庸。幻滅代替夢想。臨終前，他終於認識到自己不是一個英雄，只是一個無奇的凡夫，只是一個笑料。這真是一個莫大的悲劇，他夢醒了。而他理智的回歸，就是死亡的降臨。這真讓人痛徹心扉。臨終之榻旁，他的跟班桑喬哭起來，*別呀別，主公別放棄夢想，別放棄遊俠。*讓我們來否定死亡，去創立不朽的榮耀。平庸冷漠讓人難以忍受。一下子，桑喬居然從最現實主義者變為理想主義者。堂·吉訶德死了。死於他不再瘋狂。而桑喬卻瘋了。

這個世界，已無藥可救了嗎，高貴的夢想能拯救它嗎？可是它已經死去。這個世界已經沒有了夢想。它不需要夢想，哪怕是一個完全不著邊際的夢想。也不再需要唐·吉珂德。而我也在醒來。

再見了拉曼恰，我已經來過。

科爾多瓦，在遠方

知道遠方有一座古城，科爾多瓦，是從加西亞·洛爾迦的一首詩《騎士之歌》。這位在西班牙內戰中被害的詩人，生命如流星般短暫。他的天才詩作，卻影響了中國那一代的朦朧詩人。當我讀到手抄版本的這首詩，一下就被其耳目一新的表達，豐沛的詩意，致命的孤獨與絕望所擊中：

「*科爾多瓦*

孤懸在天涯

……

我知曉所有通向它的路

今生卻到不了科爾多瓦」

詩中強烈對立的意象，血紅的月亮與漆黑的馬，榮耀的塔樓與死亡之地，孤懸天涯的城與途中將死的騎士，讓人觸目驚心。科爾多瓦城是詩人的起源，又是他的目的地，讓人無比嚮往卻又遙不可及，鍥而不捨又至死不可得，永遠在途中。

特別是，詩用了首尾語重複法，「科爾多瓦/孤懸在天涯」，一詠三歎，更使無邊鄉愁侵入骨髓。這種首尾相複迴圈的結構，也暗示了命運的不可擺脫。我深深陷入其中。科爾多瓦，究竟是一個何等美好去處，竟然如此讓人至死往之；又究竟是一個怎樣令人困惑的目的地，為何即便知道所有通向它的路，卻不可抵達？科爾多瓦是真的嗎，究竟在哪裡，難道又是一個得而復失的桃花源，永不可回到那裡？那時，我剛從一場統一人心的紅色夢魘中醒來，進入一個廢墟般的大學校園讀書。我從未離開過故鄉，對一無所知的外面世界充滿好奇，渴望遠方。

在積塵的圖書館，零碎的泛黃的書頁，化成蝴蝶，引領科爾多瓦的往日輝煌片段，飛入我的夢境。那是一座兩千年的古城，在伊比利亞半島的安達盧西亞。坐落在瓜達爾基維爾河之畔，有一座輝煌的羅馬古橋通向那座擁有十六個拱門的城。城中有座摩爾人大清真寺，牆上鐫刻著詩句。天方夜譚般的恢弘。

從第一次讀到洛爾迦的《騎士之歌》，已經四十五年過去。我帶著洛爾迦的詩集，跨過大洋，走過數不盡的歧途，路過不少陌生的城鎮。世界更加喧囂紛爭，唯我獨尊。四濺著各類聖戰的血與硝煙。今天，四十五年後的今天，我走過全球大瘟疫的生死場，我夢見了我的醒。仁慈的殘羹，祈禱的廢料，希望的碎片。在一條四處漏水的方舟上。我親身渡過直布羅陀海峽，冒著月亮的血色，駛過赤裸的群山，穿過安得盧西亞一片片橄欖樹林，杏樹林，無盡的麥田和向日葵花田，來到瓜德爾基維爾河畔，莫雷納山下，終於來到這座科爾多瓦城。

近鄉情怯。我在城門盤恒，阿拉伯風格的城牆和城門，簡潔而壯實，雉堞細長，排布密集，堞上是尖形的四坡頂。通體由黃色岩石砌就的。城門前有橘林，去年的紅橘仍掛在枝頭，時不時掉下一二個。而今年的桔花又在開放。在十字架的迷宮裡，在相濡以沫的廢墟上，我努力辨認前世繁榮的都城，那曾經矗立的四百七十一座清真寺，努力辨認前世各族和諧安居的街巷。眼前這些街巷縱橫交錯就像一塊巨石的裂縫，指向那絕對的中心拉·麥茲基塔——天主教主教堂。我匆匆走過猶太人被驅逐後安達盧西亞唯一保存下來的猶太教堂。沿著一道裂縫般小巷，東張西望地行走，熟悉又陌生。每個角落在低語，我聽見自己的腳步在古老的鵝卵石路面上的回聲，辨認前世家門。

科爾多瓦這座兩千年的古城，曾一度，是黑暗中的光明之島。羅馬萬神廟改成一神堂，帝國隕落後，整個就歐洲陷入血腥、愚昧、偏執、狂迷與無邊的暗。那永恆之城羅馬也剩下幾萬人口。而在瓜達爾基維爾河畔，科爾多瓦就像是另一個世界。享受著繁榮，精緻與豐富。

好奇心極強又開放的後倭瑪亞王朝君臣們，對知識與藝術懷抱渴求。建立了幾十所免費學校，高俸從各方聘請教授，有教無類；派遣索書使遍訪四方，豪擲金銀搜羅珍籍孤本。其城有幾百萬冊藏書，乃亞歷山大圖書館焚毀後最大的西方圖書館。科爾多瓦一度成為學習和文化的中心，各種流派哲學家，學者，詩人像鳥兒棲木一樣紛紛飛來。古希臘、古羅馬的科學與哲學在這裡得以保留與研究、修訂增補。幸虧他們的繼絕學，後來西歐的文藝復興才有可能。

科爾多瓦曾是不同種族與宗教的共榮地，一個充滿寬容、多樣性和創造力的地方。阿拉伯人展現出寬容與大度。四處被驅趕的猶太人，來此建立了輝煌的廟宇，希伯來文字銘刻在牆上。許多猶太人還在宮廷獲得高級職務。人們可以信奉自己的信仰而不受迫害。猶太教，基督教，伊斯蘭教三教共存，相互尊重習俗。各種族安居同一城，交換彼此的生命經驗。以雄偉的梅斯基塔為中心，居民的房舍庭院融合了各種文化藝術的元素。大門敞開，流水潺潺，鳥語花香。

我在老街上游走。耀眼的安達盧西亞陽光，注滿了每道裂縫般的街巷，又從那裡流淌出來。兩側人家擺放天竺葵和康乃馨的花盆，白色的牆壁上掛滿盛開的鮮花。門庭內有噴泉的響聲，有鬱鬱蔥蔥的芬芳，有摩爾人瓷磚的光澤，花樹燦然，有迷人的陰涼。這條原猶太街區的小巷，經過一個緩坡，通向一個小廣場。噴泉湧動，人影晃動。一位草根歌手撥奏吉他，弗拉門戈的深歌。我來到邁蒙尼德斯的青銅雕塑前。這位中世紀的猶太哲學家，神學家和醫生，仍在蠕動青銅的嘴唇，談論亞裡斯多德的哲學和猶太教是相互支持的。真正的文明間的和諧不是抹殺差異，而是在差異中尋找共通。但往日的三教共存的幻影紛紛，近千年的世界充耳不聞，摩爾人、猶太人、吉普賽人、流浪者、游吟歌手，被放逐的彼此的神，掩淚從他面前走過。

我走過一道道鮮花裝點的裂縫般小巷。我驚見那盡頭華麗的塔樓——拉．麥茲基塔。歸鳥亂投林般，走近那舉世聞名的差一點被拆掉的大清真寺。它曾經的銅燈，是熔鑄自搶奪過來的聖地牙哥德孔波斯特拉的天主教的鐘。當科爾多瓦被基督徒奪回，國王斐迪南三世立即下令將清真寺的銅燈運回聖地牙哥原地，在那裡它們被重新轉換為該城大教堂的鐘。而這座清真寺當然立馬被徵用為天主堂。往日朝四面八方敞開的十九個自由進出的拱門早已被封閉。形同一座監獄。現在通過納蘭霍斯庭院或橘子樹庭院，才可進入寺院。這是一個矩形庭院，覆蓋了建築群的整個寬度和近三分之一的長度。一個噴泉的庭院，一片繁茂的橘子樹林。橘子樹設置在灌溉管道的網格中，每棵樹都有石圈。一條環繞庭院的拱廊和一個尖塔。它是該市最大，最古老庭院。

一進入神殿祈禱廳的一刻，我被眼前的景象驚豔。整個人不由得崇敬肅穆。終於親眼得見海洋般的柱子。彷彿它們就是大理石樹，從地面自然生長出來的，我彷佛正走在無盡的寧靜的森林深處而不是在建築裡。科斯林風格的座，雙蝴蝶結形的拱，彩色花崗岩，紅白相間，有力支撐浩瀚的屋頂。造成宏偉的空間感。每一根柱子都是一件精美的藝術品。我湊近細看，發現柱身上雕刻著繁複的幾何圖案和植物紋飾。有些圖案細如髮絲，卻清晰可辨。這些圖案在金黃的燈光下似乎在微微流動，仿佛有生命。抬頭仰望，紅白相間的雙層拱券交錯排列，形成一道道宛如花瓣的拱門，一道道宛如馬蹄的拱門。清風徐徐穿過。這種設計不僅增加了建築的高度，還創造出了一種視覺上的律動感。在拱頂的邊緣，精緻的阿拉伯書法與幾何圖案完美融合，述說著至善至美。漫步在柱廊之間，我感受到了一種奇妙的空間感。儘管柱子密集，但並不顯得擁擠。相反，它們創造出了一種開闊而又親密的氛圍。陽光透過高處的彩色玻璃窗灑落，在地面上投下斑斕的光影，為這個空間增添了一份神秘感。

來到米哈拉布，這個朝向麥加的祈禱壁龕更是美得令人屏息。整個壁龕被鑲嵌著金箔的彩色馬賽克覆蓋，在燭光下閃爍著柔和的光芒。壁龕金碧輝煌馬賽克與琉璃的貝殼形穹頂，由多葉拱門環繞，象徵著宇宙的和諧。而銘刻精美的貝殼和蔓藤花紋，隱藏著古蘭經中的詩歌和銘文，則代表著天堂的美好。在米哈拉布附近，我看到了著名的講壇。這個由數千塊珍貴木材拼接而成的講壇，每一塊木頭都經過精心雕刻。幾何圖案、花卉紋飾和阿拉伯文字在木材上交織，形成了一幅令人目眩的視覺盛宴。

我驚奇得啞口無言。這是我見過最輝煌廟宇。用任何詞語都不足以誇讚它。這該是全天下最精緻最宏偉最美麗的建築之一，天方夜譚般的恢弘清真寺。最讓我感動的是那種和諧與統一。它收集了天下最華美的柱子，有些來自迦太基人遺址，來自羅馬神廟，有些來自西哥特教堂，還有一些是摩爾人建造的。它們代表了不同的文明，卻在這裡融為一體。每根柱子都是獨一無二，撐起一道道有溫暖紅色條紋的馬蹄形拱頂。由近及遠，象徵神的創造的巨大與複雜。加上拜占庭風格的馬賽克，伊斯蘭的幾何圖案，以及後來添加的哥特式元素，共同創造出了一種獨特的美學。造就了建築藝術的奇跡。

但這座夢幻般的科爾多瓦清真寺的心臟被挖了一個巨洞，砍伐和摧毀了四百根柱子。豎起聖母升天大教堂，一個崇高的違章建築，氣勢磅礴地喧賓奪主。那位始作俑者的基督教君主，入得門來時，連他自己都後悔不迭，跌足道，毀掉了世界上獨一無二的東西，建了個隨處可見的東西。真是世事輪回，報應不爽。這座大清真寺的歷史，應該是西方歷史的完美縮影吧。其位置在遠古是獻給眾多神靈的，開始有一座羅馬神雅努斯的神廟。這座寺廟被入侵的西哥特人改建為教堂。入主後的摩爾人，在這西哥特廢墟上，徵用了其碧玉、縞瑪瑙、大理石和花崗岩，來重現大馬士革的宏偉，建立舉世無匹的清真寺。八百年後，又被改為大教堂。情形正好與我在伊斯坦布爾看到的相反。那裡，索菲亞教堂被改成清真寺。荒謬的歷史迴圈。

唉，幾千年來，人類就是這德性。整個所謂人類文明史，就是互拆宗廟，毀彼此神明的過程。直到今日，這座偉大瑰寶建築，仍然還不是跨宗教崇拜的場所。嚴格禁止創造它的摩爾人穆斯林禮拜活動。哦，鵲巢鳩佔，此其謂也。三教同源卻水火不容。非我族類，其心必異。一言不合，大打出手。偶爾會出現一座三教共存的科爾多瓦城，那也只是曇花一現。終成廢墟。

夕陽西下，衰老的羅馬橋有一種悲憫的米黃色澤。十六個半圓形的橋孔，與其水面的倒影，形成近乎完美的圓孔。橋身略微向中間隆起，形成一個舒緩的弧線，與河面形成優美的對比。橋墩呈流線型設計，能有效抵禦水流的衝擊，見證了古人的智慧。瓜德爾基維爾河中，從卡索拉雪山下來的水掙扎地流著。蜿蜒流過科爾多瓦城。河道時而寬闊，時而狹窄，形成了獨特的河岸線條。河面上，漣漪不斷，形成無數個同心圓，不斷擴散，又不斷被新的漣漪取代，彷彿是時間的隱喻。全然不知秦漢，也不知自己的大限將至。沒有磨坊的水車聲，也沒有長籲短歎的槳聲。河中的沖積小島雜草搖晃，有挽歌般的呼吸。河岸邊的金色野水仙花早已開敗，只留空葉在風中。偶爾，一尾魚躍出水面，在空中劃出一道銀色的弧線，隨即跌回水中，激起一串清脆的水花聲。

我站在橋上，遙想當年容顏絕世的韋拉黛公主漫步在河畔，還有善詩的洗衣少女，能與阿拉伯君王唱和聯對。她們散發著茉莉的清香。那是怎樣的一個時代啊！文學的魅力超越了階級的界限，即便是一個卑微的洗衣女，與君王在詩歌上也是平等的。才華成為了最珍貴的財富。科爾多瓦竟是個隨處可聞吟詠之聲的城。這座「白衣大食」的斯文之都，與幾乎同時的詩城長安遙相呼應。都是當時世界上最璀璨的文化明珠，孕育了無數不朽的詩篇。我閉目，夢見科爾多瓦聲音的皮膚如水。黎明與黃昏時刻，涼爽的地平線，水波一樣的阿拉伯琴奏出微調音樂，水波一樣的吟詩。赤身裸體的詩，跳進瓜達爾基維爾河，輕吻魚兒，輕吻墜落的夜星。「*兩岸/之間潺潺流淌的透明水/河會讓你相信/它是一條珍珠流*」（魯薩菲）。「*她的臉是/此清晰，/以至於當你凝視/它的完美時//你看到自己的臉/倒映出來*」（拉比希）。也許阿拉伯語天生有詩性，積澱了科爾多瓦的販夫走卒能詩的底蘊，涵養出許多傑出詩人。無怪乎，洛爾迦的詩與深歌，有濃厚的阿拉伯古風。

羅馬橋上，行人的腳步聲回蕩在古老的石板上，或急促，或舒緩。夕陽將整條河染成了金紅色，彷彿流動的熔岩。我知道是時候離開了。我一步一回頭，走過橋。意識到，科爾多巴本身就是一個巨大的隱喻，是一個文明融合的廢墟。它曾經有過，但此情可待成追憶。我來自遠方，卻也屬於這裡。所有的廢墟，都是我曾經的故鄉，回不去的故鄉。

我來到科爾多巴，但我並未抵達它。

「*科爾多巴*

孤懸在天涯」

唉，何其漫長的路途。今生已到不了科爾多巴。

阿爾罕布拉宮之憶

知道遙遠的伊比利亞半島有座紅色宮殿，是從西班牙吉他大師法蘭西斯科．塔雷加的吉他獨奏曲《阿爾罕布拉宮的回憶》。全曲那水滴般的琶音輪指，如泣如訴。潺潺逝水倒流，展開夕陽餘暉下那古老宮殿的畫卷，精美的廊柱和窗戶飾雕、迷人的庭院和絢爛的花園。以其炫妙的和絃轉位，使和絃過渡更加平滑，音色更加豐滿。用疏密有致的音樂織體，以及大量的顫音、滑音和裝飾音，營造歷歷在目的舊日王宮氣象與氛圍。那婉轉的旋律，融入摩爾音階和琴鼓的節奏，溫暖、歡快又憂傷和哀愁。那是一處古老宮殿和城堡的遺址，建築史的奇跡，曾經的安達盧西亞輝煌莫爾王朝最後的樂園。坐落在格拉納達山脈的山坡上。達羅河和格蘭達河從阿爾罕布拉宮身旁流過。

《阿爾罕布拉宮的回憶》是古典吉他曲目中頗為著名和受歡迎的作品之一。許多吉他大師，如安德列斯．塞戈維亞，約翰．威廉斯和朱利安．布裡姆都演奏過它。我比較喜歡吉他大師華裔楊雪霏的演奏。她的輪指無與倫比。

此曲也是一位古典吉他演奏者的「成年禮」作品之一。若能演奏它，也就登堂入室為專業級彈奏者了。三年多的疫期，極度孤寂中，我拿起青春時代放下的吉他，拭去那上面歲月的積塵。用不知老之將至的手指，撥弄六弦。竟也試著彈奏《阿爾罕布拉宮的回憶》，但多是碎片式的。更多時候，我閉目傾聽大師們演奏它。如果說巴赫的賦格給我帶來的是恢宏的、黃金分割比例的、層次繁複的空間感、宛如教堂拱頂般的崇高嚮往，那麼塔雷加《阿爾罕布拉宮的回憶》則是用四個樂章的音符，即「中庭廣場」，「酒樽」，「長廊」和「出城門」，層層遞進，在音樂中重構了那片芳菲地，幾灣春水，雕欄玉砌。我經常，沿著這首吉他獨奏曲的時間隧道，進入阿爾罕布拉宮的黃昏、月夜和清晨。

今年春天的幾個星期以來，我一直在安達盧西亞漫遊。西班牙南部，少雨，大地瘦骨嶙峋，幾乎沒有森林。在溪河流經處，才能見較多綠意。在摩爾人的廢墟間，也可見到諸如燈芯草，野薔薇，桃金娘以及其它野花。摩爾人留下的遺跡多不勝數。幾乎他們所有輝煌的清真寺都被挪作其它用途，只剩下科爾多瓦清真寺讓我驚歎。我穿行於城堡、宮殿、清真寺的廢墟之間。那些斷垣殘壁令著我穿越時空，回到摩爾人的輝煌歲月。

一路上，我癡迷於西班牙吉他演奏。一位本地弗拉明戈吉他手何塞和我聊起西班牙吉他音樂。我對他的漂亮吉他讚歎不已。他告訴我，吉他源於西方，但其設計和演奏技巧受到了阿拉伯樂器的影響。例如，吉他的琴頸和指板結構與阿拉伯樂器（如烏德）相似，引入了阿拉伯骨橋和鍵盤等元素，對吉他的共鳴箱和琴頸也進行了改進。使得吉他演奏家能夠在指板上使用滑音、顫音和裝飾音等技巧。而且音樂模式和節奏也與阿拉伯音樂的麥卡姆和節奏結構（如塔克西姆）相通。何塞還告訴我，摩爾人在半島的八百年，那實際上是一個燦爛的時代，誕生了許多工程建築奇跡。聽到我要去看阿爾罕布拉宮，何塞比我還興奮。說，那太美妙了。你將會有一個終生難忘的旅行。

今日來到格拉納達，終於得見了阿爾罕布拉宮的驚世之美。果然如何塞所言，奪走呼吸，奪走言詞。真有一種在沙漠中見到綠洲的驚喜。

這裡曾是一座羅馬的軍事要塞，粗糙的紅岩外牆，後湮沒為廢墟。摩爾人統治者穆罕默德一世的整修下重見天日。將之辟為宮殿。這座歷時一個世紀而成的輝煌建築群，包含皇宮、法庭、浴場和花園，矗立在格拉納達城東丘陵上。在山嵐繚繞中，它紅色的塔樓、城牆、箭垛，若隱若現如漂浮在山頂的海市蜃樓。剛一踏入宮門，就被眼前宏大無比的利昂廊所震撼。如同我第一次聽到吉他獨奏曲《阿爾罕布拉宮的回憶》那種感受。如果說，這首吉他曲是這些樓臺雕欄玉砌化成的大珠小珠落玉盤音樂，那麼，面前的這宮殿就是物化的音樂。廊柱林立，拱形穹頂鐫刻著精美的摩爾式花紋，恍如一串輪指烘托出的音樂主題。而從廊頂的鏤空處灑落的陽光，光影之變幻，靜謐而神秘的氣氛，又似是那些和絃環環相接及其的轉位而生髮。漫步其間，不禁想像當年出遊的公主們裙裾悉嗦，佩環叮咚。彷彿能聽到她們曼妙的腳步聲在迴響。

通過一道鏤空精雕的大門，我進入香桃木院。映入眼簾的是一片靜謐的清池景致。這是《阿爾罕布拉宮的回憶》第一樂章「中庭廣場」的現場吧。修剪齊整的常綠香桃木樹籬，環繞著中央水池，與白色大理石地面形成鮮明對比。其矩形奠定了庭院的對稱性，代表著和諧與平衡。香桃木享有「愛神木」美稱，它的花語是愛情蜜語。這些芬芳的綠意，在這炎熱的格拉納達，為空氣注入了清新、陰涼之意，也生髮了浪漫的氛圍。庭院的兩側有兩個房間的中殿，在較小的一側，有門廊，由帶有立方體的柱子支撐，七個半圓形拱門裝飾著鏤空菱形和讚美神或埃米爾的銘文。陽光透過鏤花門窗照射進來，光與影，構造出空靈的圖。清澈的池水在陽光下波光粼粼,如同一面明鏡,正倒映著回廊兩端那些雕刻著阿拉伯花紋的拱門。這些光影、聲響營造出一種宏偉和超越的感覺。模糊了塵世與天堂之間的界限。

在這個寧靜的池畔，我的耳邊彷彿一直伴隨著那首吉他曲開篇的旋律，溫婉動聽,清澈透明，略帶傷感。凝結了數百年的寂寞與寧靜。我閉上眼睛，思緒被帶到了另一個時代，在這個庭院中，曾經充滿了音樂、歡笑和舞蹈。蘇丹與情人竊竊低語的回聲。春宵夜短、夙興溫喜。這也應是一個聚會場所，詩人、學者和達官貴人聚集在一起交流。陶醉於周圍的美景。歌舞與香桃木樹的芬芳融為一體，隔江猶唱後庭花。畢竟這是摩爾人在半島的最後小王朝，偏安一隅罷了。忽然，一陣微風吹拂，陣陣泠泠的流水之聲入耳，那吉他曲的旋律消失於水流中。循聲而去，發現從兩端的兩個大理石盆中溢出一股清泉，順著石砌小道奔騰直下，最終匯入這個中庭的主池。偶有幾隻遊魚躍出水面，激起陣陣層層蕩漾開去的漣漪，很快又歸於空寂。我凝視其深處，漣漪之下隱藏了何物?

水聲盈耳。水是這阿爾罕布拉宮的靈魂。水的使用將薩比卡山從一個紅色的塵土丘變成了鬱鬱蔥蔥的綠洲。放眼四望，水流無處不在，潺潺之聲不絕於耳。《阿爾罕布拉宮的回憶》第二樂章就是以「酒樽」噴泉為主題的。前半段旋律略顯憂傷，後半段則漸趨歡快，酣暢淋漓，似乎在描繪神游物外時的短暫歡樂與放縱。酒樽，在一座白色的小亭中央，周圍種滿了紅色薔薇花叢，燃燒般綻放。泉水從一個浮雕酒樽的缺口中激射而出，濺起無數絢爛的水花。

正值午後豔陽高照，水花在光線的折射下，如萬千顆鑽石在空中熠熠生輝。我禁不住走近那個酒樽噴泉，只見它上面雕刻著荷花和祥雲的圖騰，形態生動傳神。從它的射流中竟能嗅到一縷淡淡的酒香。我禁不住遐想，幾百年前肯定也有這樣的場景:宮女佳麗們或坐或立在小亭中，把盛著陳釀的酒樽放在噴泉邊添酒。陣陣銀鈴似的歡笑，與噴泉的嘩啦之聲交響。這裡曾是摩爾王公們宴樂縱酒的私密之所，也是不為人知的芳香美酒的禁地。

阿爾罕布拉宮流泉系統巧奪天工。繼承了許多古羅馬的工程智慧。也受到了拜占庭藝術的影響。採用大理石、瓷磚和彩色玻璃等材料，以及複雜的裝飾圖案和幾何形狀。在阿爾罕布拉宮，通常，水渠從室外庭院直接延伸至室內，和柱廊一起，打破了空間的界限。流水和噴泉通常被設計成形成迴圈流動的模式，象徵著時間的流逝和宇宙的迴圈。噴泉的水流創造出一種活躍和崇高的氛圍。在宏偉的房間和迷人的庭院裡，噴泉水流以特定的角度噴湧而出，完美襯托壯觀的拱形門廊。水和噴泉，在摩爾建築中代表著清潔、淨化、生命的源泉、內心平靜和冥想，以及永恆和無限的概念。它們通過視覺和聽覺的感受，創造出一種獨特的氛圍和體驗，傳遞了摩爾文化中的哲學和精神價值觀。這也是為何《阿爾罕布拉宮的回憶》用了大量的類似水聲的輪指琶音吧。

我起身走入摩爾王侯曾經的辦公場所——梅斯亞爾廳，頓時被眼前的裝飾藝術所震撼。盡顯其文治武功的氣象。堪稱整座宮殿的精髓所在。無數美得奪人呼吸的雕飾，構築出薈萃天地萬物的景致，花紋多取材於貝殼，花和星星等自然物象、幾何線條和阿拉伯文的詩句。窗櫺、門楣、天花板無一不覆以雕琢精美的浮雕,相映成趣、錯綜複雜。最令人驚豔的，一個巨大的立方體穹頂從中陷落，濃縮凝聚了所有的摩爾藝術精華。每個角落都體現出創造者對細節的高度追求和對完美的永不滿足。

在阿本莎拉赫廳，那些裝飾圖案的靈感，來自畢達哥拉斯定理，即直角三角形斜邊平方等於兩直角邊平方之和。當然，天堂般的建築並不意味著天堂般的人事。這處曾是宮內最血腥的地方，導遊說，國王聽信讒言在此處死了三十六位武士和宮廷裡的親戚。唉，相互殺戮一直伴隨著人類文明。我搖頭歎息，來到兩姐妹堂。其穆卡納斯拱頂立即讓我摒息仰視，這是伊斯蘭世界最精妙絕倫的鐘乳石天花板。蜂巢狀浮雕，令人目眩，如同星空。體現了穆斯林文化中洞穴神秘主義。如此設計既保證室內空氣流通，又表達了對天堂的嚮往。牆上還刻著古阿拉伯語的詩句：

「*我是美景裝飾的花園，凝視我的美麗，你便會為之折服。*」

我如饑似渴地張望、凝視著眼前的一切，竟然忘記了時間的流逝。空間變幻的天花板，猶如夢境。精巧輕盈如絲綢一般。看著看著，我哦了一聲。高迪的神聖家族教堂，從這兒借走不少設計吧。

我一步三回頭地前行。轉過拐角，眼前豁然開朗，出現了一個回廊環繞的天井。這就是著名的獅子庭院。一個將阿拉伯建築藝術推向頂峰的傑作。每一根回廊柱子都被精心雕刻上獨一無二的花紋圖案，或迴旋或盤繞,佈滿了由可蘭經文演變而來的裝飾紋樣。體現出莫爾建築對於對稱與比例的極致追求。更令人驚豔的是，每一個拱形走廊的穹頂，都鏤空成許許多多的幾何圖案。陽光透過鏤空的拱頂投射進來，在池水和廊柱上留下一個個光影移動的幻影。白色大理石回廊，環繞著庭院中央的一個圓形水池，由十二頭噴水的石獅子馱起。一汪清澈的池水在中央靜靜流淌，池子向四方向引出四條小渠，代表四條河名為水河、乳河、酒河、蜜河。一派古蘭經中樂園的景象。四周廊柱高聳入雲，形成一座講究對稱與比例的一體化建築。陽光在池水面漾起層層光波，廊柱上栩栩如生的雕刻彷彿躍然有生命一般。獅子廳牆上鐫刻著阿拉伯詩句：

「*水和大理石合而為一，*

水池的水溢出來，

是情人的眼淚亦或叛徒的淚水。」

我不禁入迷了，失神地凝視著這絕妙的景致,感受著靜謐安詳的氛圍。仿佛在這一刻，時光為我停滯。當年吉他大師塔雷加在寫《阿爾罕布拉宮的回憶》第三樂章「長廊」時，想必在此失神地凝視著這絕妙的景致吧。回味再三，於是以複雜的指法和精湛的和聲，以優雅華麗旋律，層層遞進，描繪了回廊拱頂之下的景致，那些蘇丹國王和公主的影子，一一從雕花走廊中穿過時，回廊拱窗上斜光，為其勾勒出一層神秘的光環。最後，與宮廷芳華一起消失殆盡。

陽光開始西斜。我離開了宏偉的內宮，循著出城門的曲折長廊,走向宮殿的週邊。走廊也雕刻著許多與裡面圓柱廊相似的拱形花窗，這是一個與外界的過渡空間。透過那些花窗，能看到遠處高聳入雲的雪山峰巒和格拉納達城的房舍。古老的石板小路沿著山勢時陡時緩。曲徑兩旁種植著各色鮮花，月季，茉莉等等。花香四溢。四處可見漂浮睡蓮的水池，水面倒映著亭臺樓閣。構成一個恬靜寧和的世外桃源。

在水院，曾經的蘇丹避暑夏宮，流連於蘇丹的露臺。懷想當年白長袍的摩爾貴人們，露趾的涼鞋，從容、踏在水院潔白大理石地面，走過一道道噴泉妖嬈的曲線。王家少女，搖曳婀娜。閒庭散步，徜徉嬉遊。這真是「看盡一切的樂園」啊。我繼續向阿爾罕布拉宮後花園行進。穿過整齊修剪的高大松樹回廊，穿過整齊翠綠「樹牆」的綠色拱門，看到一處處以噴泉，以玫瑰、茉莉，柑橘，紫羅蘭和鳶尾花，以及其它芳草塑造的繽紛秘境。暗香盈盈，這是大自然的樂章，花、草、水與建築的共鳴。來自古老的智慧，記得《吉爾伽美什》有雲：「*在神聖的泉水旁立有不死之樹，這就是永恆的花園……*」

在水聲，徐風與光的感召下，我的感官有如一塵不染的赤子。當然，我知道，在摩爾人的語境中，園林不僅僅是讓身心放鬆，而是一種對天堂的渴望和模擬。帶來冥想與沈思。就像這群宮殿、庭院，不單純是人類日常居住的容器，而是作為一種對生命精神的象徵，一種與宇宙、自然萬物共存共生的場所。

在軒尼洛裡菲花園，我扶著樹牆的綠色拱門，眺望夕陽下的宮殿城堡,夢幻般紅色。而沐浴著高聳夕輝的雄偉城堡，似乎也在注視著我。透過沈思的摩爾拱門，陽光灑下最後一縷溫暖的光芒。離去時，我的步伐如同遲緩的落日，如同《阿爾罕布拉宮的回憶》的最後一個樂章「出城門」。旋律緩慢而凝重，思緒萬千的音符，飄灑在宮牆上，流連在池水上，飄浮在暮光裡。依依不捨地告別這片綺麗的世外桃源。終段低沈的和絃，彷彿在訴說著歲月逝去、美好不再的無奈與遺憾。

阿爾罕布拉宮曾是摩爾人的驕傲。每一塊瓷磚、每一道雕刻都承載著摩爾文化的智慧和藝術。也是融合波斯、古羅馬、拜占庭等其它文明的結晶。集東西方工匠技藝之大成。八百年間，摩爾人把這片土地當作自己的家園來建設。按照美國旅行作家華盛頓·歐文說法，當時的摩爾人竭盡心力，用一切使人類幸福的東西來裝點這片疆域。其法律制度開明、公正，孜孜不倦耕耘藝術與科學，大興教育，發展農業、製造業和商業；逐漸地建立起一個繁榮昌盛摩爾帝國，為當時歐洲任何基督教帝國所不能匹敵。文化鼎盛之時，四處可聞吟詠之聲。風尚優雅，文物精美。摩爾人將東方文明的光輝，照耀在愚昧的歐洲西部土地上，猶如璀璨星辰穿越黑夜。因為摩爾人對古代希臘、羅馬和拜占庭的典籍的翻譯和保護，後來的西方文藝復興才不至於無米之炊。摩爾人的工藝水準極高，成了當時基督教國家的技工們來學習應用藝術的地方。至今，西班牙語中的木匠術語多來自摩爾人。其風雅的藝術傳統和浪漫精神，也涵養了西班牙的品味。畢卡索、高迪、達利出自半島，有其根源。

然而，摩爾人在伊比利亞半島創造了一切，又失去了一切。被驅趕和剝奪殆盡。按照歐文的調查，「從來沒有一個民族比摩爾族血統的西班牙人（摩裡斯科人）被消滅得更乾淨了。他們在哪裡呢？去問巴巴厘海岸線和它的沙漠地帶吧。」他們創造過、生活過的家園，只留下一堆荒塚，幾座支零破碎的遺址。即便阿爾罕布拉宮這樣人類建築的瑰寶倖存下來，也歷經坎坷。甚至在法國人入侵期間，它幾乎就是廢墟。水的哀歌，憂鬱的鐘聲。破碎的拱門，搖搖欲墜的牆壁，風化的石頭間，乾枯的野草搖曳。曾經歌舞昇平的宮殿，成了野獸棲身之所。真是「傷心秦漢經行處，宮闕萬間都做了土」。我可以想像，最後一任摩爾國王博阿布迪爾離開這裡時那種絕望。據說他甚至請求天主教的君主，不要再讓任何人從他離開的那扇門走過。在阿爾普哈拉斯山脈的邊緣，他停了下來，回望了格拉納達最後一眼，發出了一句悲傷的感歎，被稱為摩爾人的最後歎息。

寫到這裡，我也歎了口氣。*古今多少事，都付笑談中。*文明也會瞬間化塵土啊。人類的不同文明之間，何時能學會相互包容，和平相處？我打開音樂，開始聽吉他獨奏曲《阿爾罕布拉宮的回憶》。

冰島：倖存的洪荒

一、

在北大西洋的邊緣，冰島如一頭沉睡的巨獸，從火與冰的子宮中掙脫而出。它的皮膚是玄武岩的疤痕，裂開的峽谷如古老的傷口，滲出硫磺的淚水；它的呼吸是間歇泉的低吼，噴湧出地獸的怒火，蒸騰成霧氣的鬼魂。

洪荒未滅，它在脈絡中奔騰，從維克火山的心臟深處，召喚著被遺忘的雷神托爾，鐵鎚砸碎冰層，釋放出那原始的咆哮。

这是倖存的洪荒，自然的最後堡壘，氊苔覆蓋的平原如綠色的傷疤，點綴著羊群的低鳴與精靈的低語。藍湖的溫泉，不是療癒，而是地獄的溫床，水面下隱藏著熔岩的脈動，邀請旅人浸泡在永恆的幻夢中。極光如瓦爾基里的絲帶，在冬夜的穹頂舞動，織就北歐神話的殘片：奧丁的獨眼，注視著這片被維京血脈浸染的荒原；洛基的詭計，化作火山灰的帷幕，遮蔽太陽的復仇。

我走在雷克雅未克的鵝卵石街道上，腳下是地熱的顫抖，空氣中瀰漫著魚腥與海鷗的尖叫。洪荒的倖存，不是勝利，而是永恆的對峙：冰川如藍色的舌頭，舔舐著海岸的邊緣，吞噬村莊的屋頂；火山如紅眼的守望者，等待爆發的時刻，將島嶼撕裂成碎片，卻又在灰燼中孕育新生的苔蘚。精靈的石頭，矗立在路旁，低語著薩迦的傳說：那些從挪威漂流而來的亡靈，在它的懷抱中尋找庇護，學會了與風暴共舞，與極夜為伴。

二、

一個世界盡頭最繽紛的首都，雷克雅維克，充滿了時間的斑駁。彩色的房子盡頭是蔚藍色的大海和冰山。城市與自然渾然一體。沒有喧囂。似乎不是人間的城。街道乾淨整齊，行人悠然。岸上升起嫋嫋白煙，海風或疾或徐，送來清爽的氣息。可以傾聽大地的聲音，呼吸冰川。

在雷克雅維克的中心，矗立著一枚巨形水晶。它就是哈爾帕--音樂廳和會議中心，以古挪威語中的豎琴「哈爾帕」一詞命名。它倒映在水面，交相輝映，如夢如幻。其設計靈感來自於冰島的菱形玄武岩柱和北極光。玻璃立面，萬花筒般輝煌和變幻莫測。一片片玻璃花瓣，能捕捉日月星辰、雲朵，以及城市變化的光澤與色彩。每一刻都照現不同光芒。哈爾帕如一塊通透的寶石，凝視著海灣，傾聽大海的回聲和倒影。邀請大海與陽光到室內跳舞。

哈爾帕有幾個演出廳，以挪威神話或冰島自然現象命名，如內部紅彤彤宛若燒紅岩漿的「火焰之城」、晶瑩剔透的「北極光」和「銀岩」。以及得名於西峽灣地區一個長灣的「冷湖」，為最小的演出廳。一天之中，我看了兩次哈爾帕。早晨，每片玻璃對陽光張開眼睛。折射出火紅、橙色和飄逸的白色，或淡淡的冰冷的藍色。黃昏降臨時，哈爾帕穿上了一件金色的斗篷。太陽墜入大海，在玻璃上投下了長長的陰影。大海在玻璃牆上，吟唱著維京船隻的傳說。

在音樂廳的咖啡館，一位本地歌手西蒙笑著打招呼，問，昨晚你看到北極光了麼？接著和我聊起冰島的音樂。他說，冰島人酷愛音樂。與北歐民間音樂一脈相承。使用斯堪地納維亞傳統樂器和吟唱，融入了北歐神話和靈性的元素。冰島民歌（*Rímur*）是一種古老的敘事性歌曲形式，常常通過詩歌和音樂來講述農夫、漁民和羊群的故事。他們經常還會使用自然元素，來創造獨特的音樂效果。例如，使用冰島的自然聲音，如冰河崩塌、風吹雪落和海浪拍岸等。將其融入音樂作品中。賦予了音樂以真實感和獨特的氛圍。我說，無怪乎我會從冰島音樂中聽到洪荒的節奏和動態。那種快速而激烈，如火山噴發或風暴的聲音；也可以緩慢而平靜，如冰川的移動或寧靜的湖水。

西蒙問我，知道為什麼冰島人酷愛音樂，創作頗豐麼？我說，這大約與你們冬天的永夜有關吧。借助音樂的光亮，度過黃昏與破曉交會後的漫漫黑暗。西蒙笑了，對呀。我們的歌聲透著孤獨感和寧靜。冰島廣袤、荒涼和孤寂，必定產生了對這種況味的表達。許多冰島音樂作品通過慢節奏、靜謐的氛圍和簡約的編曲，造出空靈和冥想的感覺。我點頭醒悟。西蒙笑道，我們不僅有永夜，也有午夜的陽光。有機會該來見識，那教堂前的夏夜音樂會。我們有很不錯的搖滾樂隊呢。比如維京搖滾，結合了民間音樂；朋克搖滾，和 oi！音樂，並經常唱關於維京人的歷史和神話。

三、

冰島人，似乎很善於用建築來表達。如果說，哈爾帕音樂廳是他們用玻璃構成的縹緲的舞蹈，以超現實的方式對洪荒的致敬，那麼，哈爾格林姆斯大教堂就是他們用石頭的詩，飽含著崇敬與超越。塔尖指向北極的太陽，一塊冰的碎片，一塊蝕刻在石頭上的祈禱文。它的曲線模仿玄武岩柱，像風管，唱著古老的傳奇。

哈爾格林姆斯教堂，矗立於城中心的小山坡上。就像一個巨大的石筍聚合體。呈錐形尖頂，驀地拔地而起。外牆以冰島典型的暗色凝灰岩砌就，質樸而堅硬，正像這裡大地與信仰的剛毅本色。教堂以冰島偉大的宗教詩人哈爾格林姆·佩特松命名。這位詩人曾受命為被阿爾及利亞海盜俘虜九年的冰島人重新基督教化。回到冰島後，他當過工人和漁夫，患上了麻風病。從生命極度體驗中，他燃燒自己，為照亮黑暗的火炬。將苦難昇華成受難讚美詩，融入了大自然的讚頌、對人性的省思以及虔誠的宗教追求。詩作在優美的押韻和諧的節奏中，蘊含著北歐蒼勁有力的氣息。至今仍是冰島人最珍視的虔誠歌曲。過去百餘年，佩特松的詩歌在冰島家喻戶曉，時常在寂靜的夜裡被吟誦。

整座哈爾格林姆斯教堂幾乎純白，融合了表現主義建築的簡潔輪廓和哥特式建築的繁複線條。循著石砌階梯攀登而上，走近觀察,教堂的每一個細節，都契合了佩特松詩作的朴拙無華，卻包含著波濤般的內在力量。推開教堂大門，即將目之所及的一切震撼在心。內有一個十五米高的管風琴。狹長的內室四面用白色水泥砌壘，頂部便是那令人讚歎的錐形穹頂。幾束冰冷的日光從教堂頂部的高窗縫隙中射入,又被白色的穹頂反射出迷離的光芒，顯得莊嚴而虔誠。充滿了北歐基督教會極簡樸素的審美。陽光在這裡也彷彿被過濾成純淨的白光，給室內鍍上一層柔和的光芒。

抬頭遠望穹頂上的十字架出口，依稀可見一縷陽光劃過,那是束縛人間煩囂的一道疏離之光。心念一動，彷彿聽見佩特松在吟詠:

「*空曠的街巷啊,空曠的街巷啊*

如此幽寂，

是否來自那曾行走於此

無垠宇宙的造物者……」

這座教堂，如一部釋放靈魂的盒子，袒露信仰的虔誠和靈思，更似一個大自然的懷抱，彷彿在見證宇宙的擬初。而佩特松的宗教讚美詩，之於我，更是自然最純粹的召喚。在哈爾格林姆的聖歌中，神話屈從於恩典，洪荒化作祈禱的餘輝。聽啊，那低語從火山口與教堂的鐘聲中合鳴，不是威脅，而是低吟的召喚：融入吧，凡人，成為那隱藏的信徒，在灰燼中吟唱，在岩縫中懺悔，等著極光的帷幕落下，將我們所有人，化作永恆的 *Passíusálmar*，洪荒的守望者與救贖的詩人。面對大自然的洪荒,詩人用赤誠的心靈托起了虔誠的宗教世界。用詩篇溫暖了這片寒冷而廣闊的神域，也將北國大地的磅礴與人生的豪情完美交融。就像他的冰島前輩那樣，對海洋的浩淼、山巒的崇高、風暴的狂野展示出詩的情懷，對洪荒的景觀和力量的敬畏，思考自然界各種力量和現象的神性。對命運無奈的超越，以及對英雄品質和道德規範的重視。

我徘徊在哈爾格林姆教堂的塔影下，腳踏地熱，聽著祈禱声与火山口的地球喘息，與教堂的鐘聲中合鳴。感受而這種人與自然最初最直接的聯繫。這片土地的靈魂之聲：從中世紀的羊皮殘卷，到現代的電子脈衝，每一聲低吟，都是對洪荒的救贖邀請，教導人們在熔岩的擁抱中，背負十字，穿越峽谷的深淵。在灰燼中吟唱，在岩縫中懺悔，等著極光的帷幕落下，將所有人，化作永恆的 *Passíusálmar*，洪荒的守望者與救贖的詩人。這種洪荒性，最能激發純粹的詩意。也許因為如此，冰島似乎到處都是隱藏的詩人。其居民中有許多人寄情文字與自然。詩歌是冰島社交聚會不可或缺的組成部分。詩歌是全民性的，並不是什麼特別的

「專業活動」。冰島文學教授埃吉爾松說，「這是冰島人的一部分」，「是的，很迷人，不是嗎？」

不管身處雷克雅維克的哪一處，都能遠遠望到教堂哈爾格林姆斯飛升的塔尖。離開的早晨，我抬頭仰望那錐尖直指雲霄，在地熱氤氳的白色霧氣中若隱若現，聽冷風長嘯，奔向遠方。對這片倖存的洪荒，有了依依惜別之意。

駛向挪威

當群山邊緣的白雪之光，被黃昏的血紅所代替，我們的船款款地離開冰島。峽灣裡鯨魚噴著水霧，海鷗上下翻飛。我惜別地看了最後一眼，那彷彿被維京斧劍切開的灣峽。水母無聲的花，在水中開合，一路送行。船頭切開黑暗的冷海。此去挪威，向北海，過法羅群島，然後進入挪威迷人的灣峽。

幾乎兩天兩夜的行程。黎明時分，海天交接處，挪威森林般的山脈出現了。北海伸展長臂穿過冷藍色峽灣，海風嗚嗚不已。斬金切鐵般的海岸線，我目光停留在喀裡多尼亞岩石上。果然好一處維京人的龍興之地! 船駛過那些海鷹亂飛的無人居住的島嶼，那些古老洞穴。漸漸看見居民的木屋，晨霧氤氳，燈火明滅。靠岸了，特羅姆瑟，一座在北極圈內的挪威小城。

「*有一天早上，我們將滑入*

一個我們不知道的小港口」

我自語般吟出奧拉夫·豪格的句子。在挪威，我只有他這樣一位神交已久的故人，一位從未謀面的鄉親。他有一柄樂於助人的鐵錘，有一本薄薄的詩集，散發著蘋果酒的香醇。在闃寂的烏爾維克鄉村，他立在海邊的果園中，沈思默想一個問題，人可以孤寂無望地生活嗎? 他像一枚海螺，傾聽著峽灣的濤聲，傾聽著自己孤獨的呼吸。在挪威漫長的冬天，清晨，他拿著長棍，抖落父親留給他的蘋果樹上的積雪。讓減去重壓的樹枝，快樂地彈回原狀。挪威的冬季，天邊永遠黃昏或永遠黎明，他面露孩童般的笑容，收集著詩歌的碎片，將它們縫補成完整的人生。在挪威海天之大美的懷抱中，他的孤獨澄明清澈。就像他種植的蘋果，樹枝朝著天空延伸，渴望著更高的陽光。正如心靈在孤獨的時刻，會向無垠的星空，向大海敞開心扉一樣，海洋也會在黑藍色的早晨，向孤獨站立的詩人豪格敞開大門，展現秘境:

「*大海閃動說*

請看

我也有繁星與深淵」

我登上特羅姆瑟的岸。這是座空靈的城。嚴峻雄偉的山峰矗立，鋸齒狀的輪廓伸向天空。冰冷的峽灣蜿蜒切開崎嶇的地形，倒映著依稀可辨的晨星。空氣中帶著北極純淨的氣息，松樹的味道。我穿過城，跨過特羅姆瑟峽灣的懸臂橋，坐著纜車抵達城的最高處，古老的城，色彩繽紛的木屋。海水清澈湛藍，一直延伸到峽灣。北極風吹過我的臉，遠處傳來海鳥的鳴叫。計程車司機艾諾，向我驕傲地談起這座城。夏季，它有令人驚歎的午夜陽光。當天空著火時，黃色、橙色、粉紅色和紅色的混合體，永遠不會變暗。北極大教堂，形狀像一座剔透冰山。人們在它前面舉行午夜太陽音樂會。而在刀鋒般寒冷的冬夜，大教堂棱角分明，就像一塊伸向天空的冰晶。如寧靜和沈思的燈塔。絢爛的極光，在天空中翩翩起舞。環繞著峽灣和山脈荒野。可乘狗拉雪橇穿越雪原。進入極光的深處。

挪威的美麗超然世外，狂野又文明。很難用語言來形容。當我們的船離開特羅姆瑟，去哈爾斯塔時，座頭鯨在寒冷的海水中搖尾和跳躍。

它們總是令我起敬。少年時代起，我就讀過許多有關這種生靈的故事。有它們伴隨的航行，真讓我受寵若驚。

海邊斷岩，高聳的懸崖和飛流直下的瀑布構成了一個超現實的全景。巨大好看絕望的暗影，暗藏黃昏的甜美。那是維京人的墳墓矗立的地方嗎？以便於他們繼續觸摸無休止的波浪，便於他們的狼牙棒，刀片，利斧，盾牌保持陡峭的低音，維護其生銹的悲慨缺口和褐色。一會兒，暮光消失殆盡，星星出現。時近午夜，秋夜的凜冽天空，燃燒著北極光冰冷的綠色火焰。甲板上擠滿尖聲的人群，頭髮被風吹起。冷得瑟瑟發抖的雙手，歡呼著平生第一場極光。平庸的人生頓時顯得高大。在世界的盡頭，北極光真實得如同一場騙局。難以捉摸。就像無厘頭的人生，燦爛如失敗的驚喜，慘澹如勝利後的無人等候。

豪格，我喜歡你的國家。真是神奇的土地。我來自陶潛的故鄉。實際上，他和我是鄰居，只是相隔了千年。他門前有五顆柳樹。他寫過《桃花源》，一個遠離塵囂遠離爭鬥的家園。不知翻譯成挪威語否？在那裡，我讀到了類似挪威峽灣的風物人情。無怪乎我在這裡有一種故地重遊的感覺。我記你曾寫過一首《陶潛》詩，想像陶淵明有一天來到你的蘋果園。像老朋友似地圍爐聊天：

「*他最好春天來，*

在果樹開花的時候。然後

我們在陰涼處坐下，喝一杯蘋果酒。

我可能給他看一首我的詩」

豪格，我覺得，陶淵明會喜歡你的蘋果園，會是很不錯的避世之處。同意你說，「我這裡沒什麼他不能理解的事物。」我還覺得，如果你送一張巴赫和亨德爾的唱片給王維，他會很高興。可能真會在他的輞川別墅一遍遍播放。你們趣味相似。一棵樹、一條河、一座山，都在你們的關照和品味中，以一種澄明的存在和人的主體的連通，都深具生命的意義。

你悠游於自然，沈醉於挪威黑藍色大海的深邃與峽灣的寂寥，感歎季節的流轉和逝者如斯；痛惜滿地墜落的蘋果，反思時間的流逝和生命的短暫本質；你沈浸在挪威的自然和情感景觀中，對自然世界的深深敬意，將其看作安慰、智慧和超越的源泉；用身心去擁抱挪威的天地大美。就像王維在青山逶迤、峰巒迭嶂的輞川的林泉之間悠遊一樣。他的《輞川集》二十首，代表了中國山水詩的最高境界。你曾說，「下班後，您可以煎培根/和閱讀中國詩歌。」是啊，一天勞作之後，坐下來閱讀傳統中國詩歌，會是賞心樂事。這我也深有體會。我讀過你給李白寫、蘇東坡寫的詩，都很有興味。你的詩歌簡潔而意豐，情景交融，一派天真。會不會是你與中國古典詩人交流時，受到他們審美智慧的影響呢？你們都是同類，在不同時空中的知己。幸虧人類有了你們這些靈魂。

當我抵達哈爾斯塔，這座沃格斯峽灣岸邊的古城時，就更加對挪威的山川著迷。這樣的山川鐘靈之氣，孕育出豪格這樣的詩人是再自然不過了。我站在岡薩斯托彭的山丘上，俯瞰這座維京人曾經的都城。古老房舍披著金色朝暉，斑駁的石牆訴說著久遠的傳奇。古色古香鵝卵石陡峭的街道，把旅行者引導到某個過去的時光。峽灣裡，曾搖撼著維京人雕刻精美的長船，船首有如章魚般觸角。如今漁船在平靜的水面上輕輕晃動，船體倒映在玻璃般的水面上。

海豹頑皮地將頭探出水面，用好奇的眼睛觀察異鄉人。船引擎的嗡嗡聲暗示著遙遠的世界，將哈爾斯塔與遙遠的海岸連接起來。我甚至喜歡特龍訥內斯教堂前那海濱墓地，陽光下，那些墓碑似乎還能開口說話。可惜，我沒能親眼得見那用於棺木的維京船，那把有三千年歷史的青銅斧。在海邊漫遊時，看見給小精靈做的彩色小木屋，我禁不住微笑。一位婦女讓我們看了她有精靈居住的後院花園。我覺得，她被野花環繞的笑聲，得自精靈的真傳。於此，我更深地領會了豪格詩中，傳達的那種與自然的一切、與每個人的統一感。

人生充滿勞績。我當然不會天真地把挪威看成不勞而獲的天堂。這個斯堪的納維亞半島其實是塊苦寒之地，海中有巨魔嚎叫，農耕資源匱乏。挪威劇作家亨利克·易蔔生在談到他的祖國及其沈思的人民時說：*北方人民周圍壯麗而嚴酷的自然環境，孤獨、僻靜的生活——農場相距數英里——迫使他們……變得內省和嚴肅……在家裡，其他人都是哲學家！*豪格靠著種植祖傳幾畝地蘋果園生活，住在簡樸的祖上老房子裡，應是清貧且單調吧。一生大部分時間都「在灰濛濛的安靜日子裡，擺放土豆，耙樹葉，搬運灌木叢」。他似乎一生從未離開過他的家鄉烏爾維克鄉村，更不曾遠行。

此外，豪格是一個被幻象困擾的人，從二十出頭開始，每隔五年就會發瘋，需要定期住院治療，並在精神病院呆很長時間。這影響了他的詩歌。年輕時，他幾乎沒有過愛情。但生活的辛勞和病痛，沒有影響他積極的人生。他說，「*我站著，我受得住。*」豪格甘於日常的純粹，從勞作中體會其中的真意。一次，他在果園裡散步，並停下來撿起一個蘋果。发现它已經腐爛並且長滿了蟲子。於是，他把它扔到堆肥堆上。詩意開始生發了。在《蘋果園》一詩中，他寫道：

「*大樹高高舉起枝條，*

樹葉高興得狂野起來。

我的心也隨著它們一起跳動。」

在這首詩中，豪格在看似微不足道的一個爛蘋果中發現了美。通過觀察，他看到了腐爛的神奇，悲傷與歡樂的相倚，揭示了萬物的相互聯繫。他的詩，幾乎沒有宏大敘事，更多的是對平凡生活詩意的觀察。豪格相信詩歌可以在最小的細節和看似平凡的存在中找到。詩可以將平凡的時刻和物體提升到更高的意義。「好詩/應該有茶葉的味道，/或者生土與新柴的味道。」將看似微不足道的事件或物體注入更深的意義。挖掘日常生活中的非凡之處，並在生活最簡單處發現美。豪格的許多詩，來自他日常生活經驗。對自然的恩賜身懷感恩。在玻璃窗結霜的早晨，「*火爐從它欣賞過的一塊木材中/徹夜傾倒出溫暖*」。如此，他實現了一種真正意義上的「詩的棲居」。

豪格的詩，感動我之處，不僅在於他化平凡、熟悉的事物為神奇的存在，而且在於他的謙卑。在這絕對主義盛行的年代，我總記得他詩句，別帶著所有的真理向我走來。給一個暗示就足夠好:

「*如同鳥兒僅僅從水裡帶走幾滴水，*

如同風僅僅帶走一粒鹽。」

我們都是有限的生靈。在各自的洞穴中，看到的只是洞口陽光的影子，哪能擁有真理？能得到一絲線索，一個暗示，就很不錯了。在一個意見經常發生衝突的世界中，這首詩深刻地提醒保持謙遜和同理心。

接下來的幾天，我繼續沿著挪威海岸向南航行。沈迷於黃昏時那些峽灣千變萬化色彩，海鳥停歇在懸崖邊的荒蕪農場；也沈迷於藍色的早晨，薄霧環繞的古老樹林，鷦鴣和松雞啼鳴。當陽光升上來，透過樹冠，投下虛幻的暗影。

在奧勒松，從蓋朗厄爾峽灣入口處，我進入了一幅最空靈的潑墨山水寫意畫。奧勒松的薄霧早晨是一種短暫而迷人的體驗。我登上四百一十八級臺階，在阿克斯拉山頂鳥瞰，一隻海雕也立在不遠處，鮮紅的喙，如花瓣。薄霧籠罩著港口，阿爾內斯燈塔，以及遠處島嶼和山脈，時隱時現。現實與夢幻的界限變得模糊。

這是一個擁抱大自然短暫之美和城市獨特氛圍的時刻。

當陽光褪去晨霧的外衣，寧靜的峽灣，城市景觀一層一層地展現在眼前。屋頂和鵝卵石街道反射出柔和光芒，窗臺和花園的花朵，夢幻般現出來的，鮮豔花瓣與薄霧柔和的背景形成鮮明對比。水滴附著在葉子和花瓣上，像小鑽石一樣閃閃發光。沿著布羅桑德特運河漫步，我見到奧勒松豐富多彩的水面倒影。岸邊新藝術風格房舍的彩牆與門戶，在水面上影影綽綽。猶如納西瑟斯臨水顧影。皮划艇如群鴨，偶爾劃過水面，弄亂了倒影的頭髮。在市中心，我聽到空靈的挪威民歌的吟唱。飄渺，忽隱忽現。如雪片飄來。

挪威人是善歌的。有古老的敘事歌曲、民謠、哈靈舞曲、斯普靈加爾舞曲、格列高利聖詠。民歌，在挪威語中被稱為「*Viser*」或「*Sang*」。多是致敬田園、雪山、星空、峽灣、山谷和河流，吟唱傳奇英雄。這些曲子口頭分享，世代相傳。飽含著挪威人的精神，文化認同感和集體記憶。它們獨特的空靈旋律和節奏，帶有高遠與憂鬱的品質。由哈裡斯特小提琴，長笛和猶太豎琴伴奏。

街頭歌手通常懷抱吉他，撥著和絃吟唱。我聽了好幾首，包括名曲「公平如玫瑰刺」、「柵欄之下」等。讚歎不已。奧勒松是挪威的音樂城市，有幾家很棒的唱片店。而且就在附近。我進去看看能否找到一些地道的挪威民謠唱片。流覽了一堆又一堆的唱片、老式雜誌和電影劇照。就像回到過去時代。店主哈威，留著鬍鬚披著長髮，很健談。他也是豪格詩歌的愛好者。很驚奇我一位亞洲人，也知道他們的詩人。哈威告訴我，挪威作曲家英格-克裡斯汀 · 裡伯和歌手雷頓 · 霍維，正在將豪格的詩改編成音樂作品。 並準備在一年一度的音樂節上演奏。聽眾將聽到豪格在詩歌中的故事，並聽到詩人的聲音與作品相關的錄音。

黃昏又降臨。我坐在碼頭小餐館，喝著熱魚湯，看著一群群海鳥跟隨歸來的漁船。抬眼，遠方有望峽灣襯映的雪峰，不知身是客。薄霧又圍繞過來，但我要離開這幅潑墨山水畫了。也許我應該在夏季再來一次挪威。看午夜的陽光，聽人們唱豪格的詩。

貝根之雨落時

這幾年的大流行，四處封城鎖國，困頓於閣樓書房。與一隻收養的流浪貓和書為伴。也寫一些曲子舒緩胸中的塊壘。更多的是沈浸於聆聽撫慰身心的音樂。由「神秘園」的《夜曲》，聽到貝根作曲家愛德華·格裡格的《索爾維格之歌》。被那空靈縹緲、婉轉的天籟女高音牽動。副歌的花腔十分動人，儘管只唱一個「啊」字。這是格裡格為現代戲劇之父易卜生的詩劇《培爾·金特》所作的配樂。屬於《培爾·金特》組曲中的最後一個曲子。格裡格使用翱翔、溫和的短語和微妙的和聲，與聽者建立了一種親密的聯繫。

接著，我聽了格裡格的《鋼琴抒情小品》。他善於使用踏板音符，營造出豐富的音響效果。並經常使用三度的調性變化，為他的音樂增添獨特的色彩。讓我印象深刻。在這些作品裡，通過民間音調和精雕細刻的藝術提煉，借景物抒情，把挪威的大自然和民間生活乃至神話世界，都描繪成一幅幅色彩瑰麗、風格質樸的音樂水彩畫。從這首曲子中，我聽到了挪威藍色的峽灣、崎嶇的山脈。那優美旋律在靜謐的森林與湖泊間流淌。喚起悲傷和希望。驚奇的是，我還聽見了雨聲，貝根的雨聲。落在那奧拉夫·基雷時期曾經的古都。就像聽見故鄉江南雨那般親切。等疫情結束，就去遠方的挪威貝根吧。

許多年為稻粱謀的日子過去，今天我終於得以航海至此。一路上，北大西洋的鹽霧和薄霧，灰色的雲隨行，偶爾有鯨魚或海豚躍出灰黑色的海面。清晨，船進入貝根(Bergen)的峽灣的夢境。三條水的舌頭在歌吟，來自山上的雨滴或雪。薄霧，猶如在岩石間跳舞的水的絲巾。千家萬戶，依山傍水，燈火閃閃如星，在水面留下長長短短的倒影，虛實景相映，一片斑斕。貝根，在挪威語中是「群山中的草地、山中的聚居地」的意思。它被七座陡峭的山巒與七座壯觀的峽灣所環繞。完美地坐落在挪威兩個最大的峽灣哈當厄爾峽灣和松恩峽灣之間。難怪號稱峽灣之心。

入得城來，踏上剛剛蘇醒的古街。早鳥的人影，在發亮的路面晃動。一些商店開始營業前的準備。店員把一些山妖林怪、玩偶或小丑的木雕擺到門口。這些雕像，個子矮小，大眼睛、紅鼻頭、缺牙齒、迎風耳，活靈活現。腦袋、手和腳丫卻大得完全不符合比例。甚至還有夫妻對兒的。長相滑稽得令人捧腹。在街頭巷尾，隨處可見小精靈的塑像和壁畫和玩偶，靈動神秘。仿佛這是一座山妖精靈的童話之城。挪威的許多山川似乎愛以小丑或精靈命名。體現了挪威人天性的幽默、天真與童趣。抬頭環顧，橘色、黃色、紅色的小屋，鑲嵌在四周翠綠的山上，仿佛是音符寫在樂譜上。彼此呼應，層層迭迭，錯落有致。如同和聲與對位。不知這景致，是否給了格裡格音樂的靈感。

雨落了下來。我正在上弗洛伊恩(fløyen)山的途中。雨點擊在纜車箱頂，清脆如玉珠落盤。有旅客問，「這雨什麼時候停啊？」這讓我想起貝根流傳的趣聞。也是有外鄉人問當地的少年，雨，什麼時候會停。少年說：「我也不知道啊，因為我只有十二歲。」貝根的雨，似乎不會停。這座城，直面浩瀚的大西洋的水汽，又被七座山峰的環繞遮擋，一年有三百多天的綿延雨滴呢。

在雨中，弗洛伊恩山呈現出一道道縹緲的場景。鬱鬱蔥蔥的綠葉閃爍著雨滴。潺潺的雨流順著岩石山坡而下，長滿苔蘚的小徑變成了翡翠色的小路。潮濕的泥土和松樹的氣味充滿了空氣。樹葉的低語，風吹樹木的沙沙聲，與雨滴交響。隱隱約約覺得有女聲在吟唱古曲。登上了雨吻的山頂，貝根城，峽灣和碼頭，鱗次櫛比的五彩木屋，盡收眼底。

一座傳奇之城，數度遭大火。一艘英國船還將黑死病帶到了貝根。雨水不停地描繪著眼前的風景。一邊是山的雄偉景色，一邊是海、天與城。雨施展著魔法，給這座城披上各種形狀的神秘面紗。霧似的滾滾而來，又霧似的突然退去。有一種我欲乘風歸去之感。這時，我領悟了，此山名弗洛伊恩，為何起源於風向標(*fløystangen*)一詞，有指示帆船的意味。

沿著鵝卵石鋪就的古老街巷，向漢薩聯盟碼頭走去。雨滴落在木屋頂上，就像歷史的低語。平常人家的門庭，閃爍著水的光芒。這樣的雨天，這樣的雨巷，很適合聽格裡格鋼琴小品。他曲中常常出現重複的節奏圖案，生動有趣。與這雨滴的節奏和重複，有關聯吧。路上，行人多了起來，幾乎摩肩接踵。街道充滿了活力，裝飾著各色濕衣服，閃閃發光。雨中淑女窈窕。雨傘像盛開的彩色花朵，就像萬花筒在朦朧的灰色背景中。海鷗不時飛來，它們有不怕雨水的羽毛。

抵達漢薩聯盟碼頭時，雨停了。寧靜的峽灣、崎嶇的山峰和街巷從雨霧籠罩下浮現出來。從灰雲的縫隙，甚至可以看到藍天。終於看見了沿街的那排古老的木房子。它們簡單的山牆，漆著不同的顏色，紅、藍、黃、綠。排列在一起，像一串五光十色的寶石，鑲嵌在海灣的懷抱中。木屋的牆壁剛被雨水滑過，顏色更加鮮豔。五彩的倒影，如同彩虹漂浮在漁港真實的水面上。這些彩色的木屋，讓這中世紀的城鮮亮起來，給陰冷多雨的貝根帶來溫暖。

我望著水面，波光粼粼，偶爾幾點雨滴在其中，漣漪蕩漾。遠處，山脈和雲霧交織在一起，構成一幅中世紀的神秘之境。碼頭上停泊著漁船，深紅色和藍色。有一種視覺上的喜悅。它們輕輕搖晃，彷彿在回憶某一個出海的故事。一種過去的回聲。每艘船都是一個故事吧。就像每一個雨滴，都是一個往事的避難所。漁民們依然穿著厚重的雨衣，忙碌地修理網具，準備迎接下一次出海。

雨絲再次飄灑起來。剛才的雨停，只不過是一段樂句的休止符。雨滴跳躍，甚至越來越大。不再像銀色蝴蝶輕柔。和一群人，躲在海鮮市場大大小小的帳篷裡。雨聲叮咚，敲擊著帆布屋頂。與人聲的喧囂相應和。這是我見到最豐富的魚市。從熏鯨魚肉、鮭魚到魷魚、北極蝦、當地魚子醬、大龍蝦、帝王蟹等，應有盡有。歷史悠久的魚市也早已超出了集市屬性，也是貝根人的社交場合。邀三倆老友喝酒，大啖生猛海鮮，談天說地，不亦樂乎。魚販子們，紛紛打招呼，兜售海鮮。甚至向我推薦了鯨魚肉。想著靈性的鯨魚，僅僅一頭就能在海中開一場音樂會。因為它能發出上千種聲音。包括高音調、共鳴的口哨聲、尖叫聲、咯咯聲、啁啾、顫音，以及鐘聲般的音調。如此靈物，怎能食之？我敬謝不敏。只要了份濃濃的魚湯，儼儼地喝著。在這輕寒的雨天，這陌生的漁港，有什麼能比一碗熱魚湯更讓人愜意呢？

聽著雨，聽著時間的流逝。聽著行人的腳步在雨水中來來去去。空氣中彌漫著魚類的氣息和咸水的氣味，與附近咖啡館裡沖泡的咖啡的淡淡香氣融為一體。在這雨天的碼頭上，恍惚中，我彷彿聽到了索爾維格的歌聲。她站在木屋門前，望著遠方，用溫柔的歌聲期盼著遠方的愛人，「*冬去春來，周而復始，總有一天，你會歸來*」，歌聲如雨滴，落入海潮。貝根是浪子培爾·金特的故鄉。不知他是否終將歸來。此時，一條離港的漁船拉響汽笛。那沾滿雨滴的沙啞聲音，提醒我該起身離開了。

在蘇格蘭高地

一位朋友，常和我談起，他年輕時在蘇格蘭高地的漫遊。那時，他在英國當過幾年英式橄欖球的職業球員。他描述崎嶇美景如何讓人難以忘懷。特別是秋天，蘇格蘭就是一幅巨大的畫布，連綿起伏的風景似乎在溫暖的色調下著火。廣闊的高地荒原披上絢麗的紅、橙和金色的色調，石南花、蕨菜和草都變色了。空氣清冽，帶著石南花和潮濕泥土的香味。尤其那令人歎為觀止的凱恩戈姆山區，蘇格蘭最著名的國家公園之一。白樺樹和花楸樹的葉子，在風中晃動著黃金。低角度的陽光，透過空寂的樹林。小徑上，馬鹿昂首闊步，用強有力的吼叫開始求偶季節。周圍環繞著令人難以置信的山景、連綿起伏的丘陵、妖嬈的山谷和清澈的河流。

其實，我對蘇格蘭也並非一無所知。在大學時代，故國貧困匱乏，百廢待興。我雖三尺微命，一介書生，未嘗不懷抱家國天下使命。在悶熱的南昌校舍，揮汗捫蚊，讀亞當·斯密的《國富論》，探尋財富的秘密，富國之路。也讀大衛·休謨的《人性論》。其字字珠璣，對人類認知的局限洞若觀火。機智詼諧，讓人捧腹。他們都是蘇格蘭人。都可說是神交已久。對於蘇格蘭國家詩人彭斯，我當然詠其詩敬其人。唱著他的《友誼地久天長》，告別故鄉的青山，拋下一切，遠涉重洋。辭別一年又一年，往日朋友大都飄零。而自己也不知老之將至。

前幾年瘟疫大流行的封鎖和限制，讓喜歡永遠在路上、在途中的我抓狂。好在有音樂與書為伴，可以潛心。偶然得到高地遊吟詩人楠·謝潑德寫的《活山》散文集，我愛不釋手。她終生未婚，與山為伴。這部書如其說是文字，不如說是她在家鄉亞伯丁附近的凱恩戈姆山上的腳印。是她在徒步中對蘇格蘭高地的草木、鳥獸、溪流、峰巒詩意探索與生命觀省。她常常一個在山道上行走，而人類在一千年之外。陪伴她是許久以前另一位獨行者留下的痕跡，或石塚，標記一個人死去的地方。要不就是動物和鳥類在雪地的足跡，或一條溪流誕生的地方。周圍寂靜，偶爾一塊落石的嘎嘎聲，洩露了一隻雄鹿的蹤跡。那是一種絕對的孤獨。

謝潑德的文字讀得我大驚失色。許多次，她「粗獷的行走」的蘇格蘭高地，出沒在我黎明前的夢中：巨大的山脈，在夜裡蕩秋千。風笛，高地，蘇格蘭，海濤整夜拍打幽深陡峭的孤獨。臨海的懸崖有太多裂縫。巨魔默不作聲。盲人眼中的風景，滋生著各色漿果。海鳥的尖叫，海豹在月光下脫皮跳舞。鯨的海，鷹的天。死去的永恆。傾國傾城的斷頭女王。岩石像冰柱融化。威士卡的空杯，呼喚加冕的命運之石。三葉草、玫瑰和薊肆意生長，走向一座孤墳，埋著一把闊劍，埋著它往日的閃電。古老的短語燃燒。

我還夢見哈德良長牆像一條荒涼的長蛇，荒野長滿青苔，羅馬堡壘有幽靈緘默的嘴。太陽退到倒塌的堡壘之後。樹林裡冷霧密佈，發出似人似鬼的邪聲。戰無不勝的羅馬第九軍團的白骨，至今不能還鄉。在驍勇善戰的高地戰士面前，大不列顛行省只得以牆劃界，被擋在蘇格蘭之外。鏽跡斑斑凱爾特人的刀斧，隨時躍躍欲試，跳出荒草，精准劈向敵人。蝗蟲般的盎格魯撒克遜人也幾度鎩羽。我還夢見，鬼才瓦特給巨石裝上他的改良蒸汽機，我們騎著它，馳騁過風景綿延的歷史。

這是九月，我踏上蘇格蘭的旅程。灰色奔向花朵，灰色的石頭，灰色的水。船離開挪威，向北海進發。途徑設特蘭群島，在勒威克港打尖。這座蘇格蘭小鎮，有著蘇格蘭最漫長的冬夜。孤懸在北海中崎嶇的海岸上，乃群島之都。雄偉的懸崖經過無情北海的風化，有鋸齒狀的邊緣。遠遠看見故壘夏洛特堡，似乎還懸浮在古代。浪拍碎在岩石上，化成不同形狀，但魚腥氣卻是永恆的。港口裡，飽經風浪的斑駁船隻，系泊繩索有節奏的嘎吱聲。海鳥在頭頂上翱翔，嘶鳴叫。充滿鹽分的空氣灌進我的肺部。島嶼街道整潔，鐘樓直指天空，房屋多由石頭建築。大都有幾百年歷史。具有正宗的灰色。天空時不時飄過來幾滴雨。特別應景。看罷夏洛特堡和鏽跡斑斑的古炮，棄岸登船，繼續朝蘇格蘭本島航行。一天後，在愛丁堡城上岸。

我們錯過了愛丁堡最熱鬧的夏天。巴士司機羅伯特說，那時，藝術節上聚集了全球藝術明星，舞臺上熠熠生輝。幾乎整座城都是藝術節的現場和舞臺，無論在街角的咖啡館，還是在大學的小劇場，都能看見來自世界各國的表演。歌劇、交響樂、戲劇輪番上演。當然，少不了風笛的演奏。一群蘇格蘭漢子，身著彩色格子尼裙，邁著豪邁步伐，吹奏風笛，氣勢干雲。不過，我並不覺得遺憾，愛丁堡這樣的古城更適合靜靜地感受吧。

而風笛，我更喜歡聽獨奏。同船而來的伊夫同意我的說法。他是一位退休的航空工程師，對古羅馬史很入迷。他曾沿著古老哈德良長牆，走了六天。那是在英格蘭的北部靠近蘇格蘭的區域，得從西往東走，讓風在身後，這樣不至於在雨天逆風而行，在泥濘中跋涉。有一天，雨終於停了，雨雲迅速移動，向著北方連綿起伏的綠色虛無。在前面，陡峭的石牆下降，似乎歇在一棵孤零零的樹上，然後又上升到另一個斜坡上。突然間，炙熱的斜陽出來，一隻鳥從視野中掠過，一座巨大的羅馬堡壘的暗影，向右邊蔓延開來。這時，傳來了風笛聲。一位鬢須皆白的吹奏者，一支古老的桃花心木風笛在口中發出肅穆、悠長的旋律。簡樸如高地人的踏歌足音；肆意如荒原起伏，融雪流淌。時而高亢激越，似要裂雲而去；時而低沈渾厚，似高地般壯闊與遼遠。如同夢囈被驚醒的天神之歌。彷彿在復蘇一種久遠的儀式，召喚過往的英靈，召喚逝去的一切。我聽了伊夫的描述，動容、神往。

踏上愛丁堡的石塊砌就的街道，彷彿穿越了時空的隧道，置身於一個中古的世界。它的地貌呈典型的高地特徵。街道多依地形高低起伏，兩旁的中世紀建築群，灰黑色教堂尖頂塔樓，在陽光下低語著歷史的滄桑。在愛丁堡王子街花園的中心，斯科特紀念碑傲然矗立。其外觀，裝飾著盾牌、石像等精緻的浮雕，向沃爾特・斯科特爵士文學作品中的人物致敬。它高聳細長的尖頂，象徵著蘇格蘭精神，直達天空。微風吹過紀念碑的石拱門，發出嗚嗚之聲。望著手捧《艾凡赫》的斯科特塑像，我很慚愧和孤陋，居然沒有讀過這位蘇格蘭文學旗手斯科特的作品。

這座古城，可謂斯文遍地。街道上四處可見其先賢的銅像，有持筆疾書的亞當・斯密；掩卷沈思的大衛・休謨；輕吟詩句的羅伯特・彭斯等等。他們在熙熙攘攘的人流中靜靜佇立，一直活著。小酒館裡，微醺的孤身客，朝筆記本寫下火花般哲思；咖啡店裡，淺斟輕呷的人們，談著剛讀的新書。當然，街邊也有無家可歸的青年，抱著吉他，帶著一隻狗。

沿著皇家英里大道，進入舊城的核心。這是一個中世紀的通道，歷史的回聲引導外鄉人的腳步，讓人很容易迷失在時間裡。沈浸在舊城區的魅力，隨處可見精妙的裝飾藝術,古建築及徽章，使人駐足凝望。不時可以聽到充滿戲劇色彩的蘇格蘭口音從街角傳來。愛丁堡人熱情好客,很樂於同遊客攀談。循著老城區蜿蜒的道路，來到了荷裡路德宮（聖十字教堂宮）。這座曾經蘇格蘭王室的宮殿。穿過厚重的城門，大理石砌就的長廊兩旁雕樑畫棟，錦緞掛帷高垂流蘇，金銀珠寶在火炬的照耀下熠熠生輝。在王座廳中，我看到了雄獅雕刻的椅座，空空如也。昔日接受臣民朝拜的君主今何在?

看罷老王宮，由皇家英里大道返回，而它的盡頭就是愛丁堡城堡。孤獨地屹立在城市一角，守護著這座城的逝去往日。城堡雄踞於死火山花崗岩頂上，一面斜坡，三面懸崖。磅礴威嚴。攀登狹窄的城垛階梯，透過繚繞的薄霧，可遠眺這座坐落於岩石之城全景。現代與傳統，田園與城市，榮耀與黯淡，在這裡交相輝映。

愛丁堡城堡集皇宮、軍事要塞堡壘和國家監獄為一身。存放著五尺的巨劍，蘇格蘭王冠、寶劍、權杖和王室族譜等物品，蘇格蘭人的熱血與榮耀。還有「命運之石」真品，是國王即位時的登基石。見證了蘇格蘭的君王加冕，朝代更迭。冠寶的命運跌宕起伏，多次失而復得。它們在堅不可摧的鐵門後，由巨大的鐵鎖鎮住。可歎的是，蘇格蘭早已併入不列顛，縱有千尋鐵索也無法鎖住失去的榮光。堡壘上，曾代表了最尖端軍事科技的蒙斯梅格大炮，兀自威風凜凜地藏在地下室。半月炮臺炮口和當年一樣對著福思灣河，空自嚴陣以待。王旗在秋風中嗚嗚作響。

秋陽西斜，我們一行人登上了荷裡路德公園的死火山口——亞瑟王座。古老火山岩巨大的輪廓，蝕刻在黃昏天空的畫布上。山雖不高，風卻十分凜冽，如狂野的舞者，以欲摧萬物之勢撕扯頭髮。視野極其開闊，令人驚歎的360度全景。真乃一個美麗和沈思的聖地，精神與空靈翱翔，歷史與自然完美融合之處。石南花、泥土和遙遠海洋的香氣，喚醒我內心深處的渴望。大自然最純粹的壯麗鋪陳在面前。周圍的地形多種多樣，有小湖泊，有馬鞍型山，有峭壁。高地上的草野在暮色中呈現出空靈的翡翠色調。一片片尚未開敗野花被夕照點燃——黃色、紫色和深紅色，在風中起伏搖曳。由各類建築瑰寶構成的愛丁堡城天際線，明亮又斑駁。其城市景觀以錯綜複雜的細節展現出來，歷史悠久的尖塔和塔樓與蘇格蘭議會大廈等現代建築奇跡流暢並置。而在它們的邊緣，就是不息的海洋。這是我第一次目睹了城市，高地與廣闊大海融為一體的全景。當太陽熔球如燃盡的煤塊，在地平線搖搖欲墜時，福斯灣好似一面巨大玻璃，反映天邊燃燒的琥珀色和灼熱的深紅色，混合著黃油色和亮桃色。而亞瑟王座的岩石變成一座發光的壁壘，拋光的色調，凸顯了數千年雕刻出來的每一個崎嶇的輪廓和陰影裂縫。

離開的時候，我想起寫《活山》的楠·謝潑德，理解了她為何終其一生在高地、在凱恩戈姆山荒野中盤恒，那般追尋自然的超凡力量，以漫遊為家。當今之世，人已經失去了各種意義上的家園。似乎惟有漫遊，才能安撫被焦慮和不滿盤踞的身體，讓我們深入觀察日益疏離的世界，瞭解真正的歷史，觀省自身，思考生命，珍惜與自然的關聯。我慚愧不已，未能像楠·謝潑德那樣，真正以漫遊為家。她說，*心中沒有必須到達的目的地，所到之處也算不上特別，我不過是單純想要和山待在一起；就像去拜訪一位朋友，除了與他做伴，再無其他意圖。*而反觀自身，我每次都來去匆匆，按照時刻表，從一個地方趕到另一地方。不是真正意義上從心所欲的漫遊。

要離開蘇格蘭了，如此高天厚土之地。「*行路難！行路難！多歧路，今安在？*」蘇格蘭詩人彭斯在離開高地之前，和著蘇格蘭小調，動筆寫下《我心在高地》。一詠三歎，質樸高古。我曾以詩經體，借酒意而譯之。試傳其古風之意。

我心高地，我心匪焉

我心高岡，小鹿奔如

呦呦鳴野，遊從香獐

懷彼崔嵬，無論東西

別矣高原，北辭吾鄉

王氣之地，金玉之邦

四海我行，天涯我抵

彼山之阿，朝夕永懷

嗚呼峻嶺，皎雪覆蓋

河岸香芷，其谷鬱鬱

深林嘉樹，靈獸戲懸

山水奔湧，其聲若鐘

我心高地，我心匪焉

我心高岡，小鹿奔如

呦呦鳴野，遊從香獐

懷彼崔嵬，無論南北

北海病旅記

在途中染恙，是航行途中遇到的一位鄉黨隆重介紹給我的。但也不能有什麼怨言，畢竟人家似乎還拖著一根不肯捨棄的青春尾巴。再者，這又是大流行時代的末期，人們都被三年的瘟疫逼瘋，恨不得要把那些近千隔離日夜奪回。樂呵一下也應該。這位鄉黨電鑽似，嘎嘎地到處鑽著快樂的卯眼，又是跳舞又是卡拉 OK，不亦樂乎。不像上次的去西班牙跨洋之行，王國維大師的嫡孫夫婦同行，相互幫襯著防病毒。一路上，說些民國大師陳寅恪以及天才辜鴻銘的軼事。也算是談笑有鴻儒，過往無白丁。平安無事。

不過，這位鄉黨堅稱，染恙與其無關，而該怪我自己，連續幾天熬夜在頂層甲板上看北極光，肯定是那時惹的風寒。還說，瞧你見到北極光時那副手舞足蹈的樣子，兩眼放綠光。簡直就是老夫聊發少年狂。再說，也不光是你我中招，半船的人都病了呢。我氣得撇嘴，本想駁回去，「這點風寒算什麼，我當年可是冬泳健將呢」。但一想也可能自己要病的吧，於是搖搖頭作罷。

好在這次的藥物帶得充足，應應急，該沒什麼問題。這十幾年打熬筋骨，定能抗得住吧。再說，生病不也是旅行內容之一麼？旅途中，我們路過驚奇，路過風景，路過歷史的殘垣斷壁，路過陌生的十字路口，路過俗世的活色生香，路過貧苦，也路過自己的孤獨與病痛。

想當年詩人杜甫，旅居在一條孤篷船上，風雨飄搖，貧賤多病。詩卻愈發澄明，直指人生的要害。「萬里悲秋常作客，百年多病獨登臺。艱難苦恨繁霜鬢，潦倒新停濁酒杯。」幾乎首首涕鬼神。

這是第一次在海上生病，而且是在北極圈的海域。我抱膝危坐，看著舷窗外，信天翁巨大的翅膀下，連天的黑浪湧動。我謝絕了一切公開活動。也沒去鋼琴酒吧，聽一位酷似蘿拉鐘斯的歌手演唱。甚至謝絕了酒。我睡了早上，又睡了下午，再睡了晚上……夢見萊斯特律戈涅斯人、獨眼巨人還有易怒的波塞冬，以及善歌的塞壬。甚至還夢見維京海盜船「海駒號」，有章魚觸角的船首尖，三十二個槳位，精美繁複的雕刻。它原是做了它生前主人的棺槨，被我挖出來……這些生靈，他們看上去好像丟失了什麼很重要的東西。不知是丟失了力氣，三叉戟，利斧，舵，行李，還是丟失了歌聲，或丟失了青春？總之，他們很焦急，而且也都病了。

劇烈的喉痛，不斷提醒我病了。夜半醒來，大海孤船，浮雲走馬。往事湧起，似乎這一刻是一生中所有時刻。無怪乎疼痛是生命最重要的特徵，猶如死亡，無人可替代受之。此刻，我深切感受到了存在。

骨頭碎裂地痛。識途老馬迷失於歧途。今晚我死於上帝的死——星星將和我一起死去！海風會折斷所有的長矛，奪取小號的呼吸。那無名的歌手還在唱符文詩，於無聲處。

我不停咳嗽著。古老的咳嗽。喉間的肌肉，時不時，被冷不防從各種刁鑽古怪地挑逗，激起一陣狂咳。海浪拍打著船舷相和。海風在旁厲聲糾正著音準。我咳不准 f，如同唱 f 時易跑調。但又如何？咱中國人用五聲音階，f 可以不要好吧。我失去驕傲的男低音。我原是能唱出「冷山寒霧」中的 low c 的呀。現在，我如同一個維京海盜那樣原始地咳著。咳得天地變色。我望著不知日落還是日出的大海。一望無際的黑浪泛著暮光或晨光。我咳天，咳地，咳面朝大海春暖花開，咳人生。咳那些年的花兒，還在開嗎?

咳，應是直面自己最逼真的言說。沒有陳詞濫調的修飾，直接咳出眼淚，咳出笑。咳得原形畢露，面目猙獰。咳得無一物牽掛。咳得鯨魚露出白骨。咳得渡渡鳥起死回生。咳得萊斯特律戈涅斯人、獨眼巨人、波塞冬，以及維京海盜船無影無蹤。

我朝著英吉利海峽咳著。為了征戰搶掠，多少男兒無端折在這裡!天空大塊灰雲淩亂不堪，咳幾聲不違和。好了，船到了南安普敦，要轉船了。進入新航程。這是英國人的地方，我咳幾句丁尼生的詩來應景吧:

「*黃昏和傍晚的鐘聲，*

之後是黑暗!

當我上船的時候，

惟願沒有告別的悲傷」

海上風暴五日

從南安普敦發船，就起風暴了，席捲整個愛爾蘭。自從在科布港靠岸、離開之後，船就處在錨地不明的旅行中，黑浪滔天。風暴不滿地聚集。它積攢了足夠的灰色。能塗滿整個旅程。

而這兩個港口恰恰是「泰坦尼克號」的始發港與最後一次靠岸的港。我特討厭商業化的以「泰坦尼克號」為主題的一切。極其惡俗。連它的電影都不看。這次居然與它的壞運氣沾上了邊。更要命的是，科布港早些年，還是被驅逐到澳大利亞等流放地的男人，女人和兒童的主要登船港。那沿岸陡峭的山坡曾俯瞰著許多罪人離港。有的流放船還沈沒於茫茫大洋。

那些離別的幽靈，似乎還盤桓在港口的霧氣中。當年，愛爾蘭饑荒後的移民與罪犯，拖著鎖鏈或空洞的眼神，登上搖晃的木船，駛向遙遠的懲罰地。如今，這艘現代遊輪載著閒散的旅客，卻同樣被風暴困住，彷彿歷史在重複它的冷笑。

一路向北，左邊是脫韁的北大西洋。右邊是愛爾蘭陡峭的懸崖。但它們我都看不到，都裹著迷霧中。一片片怒海。風奪取著黑浪的白髮。然後隨意一揚。白髮形態各異，發出細小的尖叫。

船身每一次傾斜，都伴隨著低沉的呻吟，像巨獸在夢中翻身。空氣中瀰漫著鹹濕的味道，夾雜柴油與恐懼的氣息。窗外，浪花砸向玻璃，碎成無數銀白的碎片，又迅速被下一波吞沒。

人們仍然興致勃勃。一位鄰桌的半是禿頂半是白髮的男人，甚至與我聊起來了。你來自亞洲麼？我喜歡亞洲的一切。三十多年前，在馬尼拉，也是一個風雨交加的黃昏，我與一位溫暖如玉的亞洲姑娘约會。「真是位好姑娘啊」。他藍色的眼睛泛著往事的光。「後來呢？」「沒有了，這些年我東奔西跑」。「也許她還在等你呢」，我笑道。「她要是聰明，就不會。」男人有些黯然。

浪都濺到第七層甲板了。人們在甲板上東倒西歪。許多演出都取消了。我也很早入睡了。半夜在夢中，哭得稀裡嘩啦的。說，哎呀這一輩子啊，怎麼就辜負了呢？到現在還是單身一人啊。醒來一笑，哦，這是在海上。巨浪拍船。其實這輩子誰也沒辜負過，人家該嫁的都嫁了。只有自己老之將至。

無事還是別與陌生人搭訕。這條古訓任何時候都有意義啊。旁邊還有一位老得只剩下能翻動書頁的男人，想講他在大峽谷乘直升飛機遇險的故事。我急忙藉故離開。

雲在遊蕩。我確信，在某個瞬間，在雲的縫隙裡，我看到了半輪秋月。它會不會被浪濺到海中去呢？真有些讓人不放心。這魔法之海。四處巨魔嗥叫，塞壬吟唱。

那半輪月，蒼白而孤獨，像一枚被遺忘的銀幣，懸在雲層的裂口。風暴雲翻滾著，試圖將它吞噬，卻又在下一刻讓它閃現。這海上的月光，從不溫柔，只帶來更深的寒意與幻覺。

一位紅衣女郎，踏浪而舞。一個人的探戈。她在什麼時間出現的，我一無所知。也許這就是出現的意義。她一漾一漾地舞著。她像從葉芝的詩裡走出，又像塞壬的化身，在霧與浪之間旋轉。紅衣在灰色中那麼刺目，卻又那麼短暫。她有極美的腿，令人窒息的黑唇。沒有一點落寞，無數黑浪用各種舞步，供她垂青。也許所有的黑浪就是她的舞伴。

紅衣女郎，只是黃昏的一個隱喻，或者缺席的代言吧？這樣想時，她就消失殆盡。

浪尖上的海上公共場所。人們逶迤而行，顫顫巍巍地相互扶持，在海浪的感召下完成人生。自從葉芝寫下「當你老了」，愛爾蘭似乎對衰老情有獨鍾。裝潢老派的大廳，一位爵士歌手，似乎老是彈著同一組柱式和絃，循環往復。聽著像急於求成或敷衍而成的喪禮進行曲。這對於試圖進門旁聽的黑浪，顯得有些怠慢。她唱得太像那位印裔歌星蘿拉鐘斯。那種低沈沙啞。一曲「我不知道為何」，極盡迷惘、迷失。而衰老、死亡，需要決絕，不是迷惘。不需要夢遊者的面孔。

風暴在繼續。這是第五日。船還在海中飄蕩。錨地不明。船長帶著國籍不明的口音，用英文宣佈說，「幸運的是，我們取消了登岸」。還有誰能比如此使用副詞「幸運的是」更欠揍麼？

我為愛爾蘭來。但我不看見愛爾蘭高聳的海岸，摩黑懸崖的裂膽的陡峭，聽不見音樂之鄉丁溝的清澈歌聲，那石頭壘就的老房子，那永遠春天般嫩綠的草場，牛羊悠然。

在想像中，那些懸崖如巨人的脊背，矗立在霧的邊緣。綠草覆蓋的坡地，本該有風笛聲飄來，卻被風暴的咆哮淹沒。這次旅行，本為尋找那片永恆的綠，卻只換來無盡的灰。或許，這就是命運的嘲弄：你越渴望看見，越被隱藏。

風暴在繼續。這是第五日。在陌生的海。

這是秋天，在愛爾蘭

當迷霧籠罩的愛爾蘭山巒與陡峭的海岸，翠綠的田野和蜿蜒的河流在面前展開時，一種欣喜，一種久別重逢的傷懷，頓時滲入內心。其實，這是我第一次踏上這個島國。空氣中大海的氣息，混合著幾絲泥炭和野花的味道。牛羊低頭吃草聲，風聲，浪聲，海鳥的鳴叫，以及這片土地本身的呼吸，聲聲入耳。這大西洋中遙遠、陌生的島嶼，以前只是出現在閱讀中，而現在生動得如同陽光下一塊巨大的綠玉。我驚奇得睜大眼睛，四處張望，體證著她的詩人們筆下景色：高大的鳥兒，「神父般棲於岸邊的鷺鷥」，山脊之上「被大海打濕的教堂如蝸牛殼大小」，毀棄的城堡有「夜梟般的棕色」。懸崖下，漁船往來的大海，吐著白沫。

我原以為，在十月，愛爾蘭會很冷。出發時，我在北美的家的後院，中國菊花在凜冽的西風中垂首。白霜上印麻雀的嘰嘰喳喳的爪印。誰知道愛爾蘭會如此溫暖。花兒還開著。來自墨西哥灣的洋流為愛爾蘭帶來一種溫和、濕潤的天氣。灰色的蒼穹，沈重而憂鬱，洋流帶來了愛爾蘭整個的情感生活。特別是洋流，一直作為愛爾蘭史詩的背景。

在愛爾蘭，時間總是在退著走。或者說，它容易引起對過去的追懷。這片薄霧和魔法的土地，冠之以凱爾特女神之名。馳騁過凱爾特人的英雄，擋住過維京海盜的利斧；用鐮刀抵抗過英格蘭的重劍。倒地時，口袋裡的大麥長出新芽。游吟詩人踏上晨星寥落的山崗，長風將他的足跡吹向遠方。曠野盛開著石南花鈴鐺，一簇簇的毛地黃。敬萬物敬祖，古老的精神，刻入骨髓，甚至聖派翠克帶去的基督也無法熄滅。馬鈴薯的災病，也無法使它熄滅。一排排爬滿青苔的墓碑，記得它們餓殍的主人。被饑餓驅趕的成千上萬的人，登上「棺材船」，飄過怒海。背井離鄉之北美，從事最底端的工作，挖石礦、修鐵路、當伐木工人。不少人甚至被拉進軍隊，參加一場場不知緣由的戰爭，命喪荒野。即便如此，也不曾喪失其精神。異國他鄉的夜晚，寒冷漆黑的空虛中，仍懷念著故鄉的三葉草，搖曳著溫暖。

在愛爾蘭旅行，放一本希尼的詩集在行囊裡是很不錯的主意。這位諾貝爾文學獎的詩人，在愛爾蘭鄉村長大，他的詩像地圖冊和風物志一樣可靠。遇到不知名的草木，可以看看希尼如何稱呼它們。在看風景時，其實是在讀他的詩。反之亦然。可以邊走邊和他聊天。據說他人很好，知道鐵匠如何打制馬掌，那濺出的扇形火花，新蹄鐵在水中變硬時的絲絲聲。他也熟悉農事，那新翻土地的氣息。他記得他父親眯成一條縫的眼神，耕作時寬闊的影子，汗淋淋的馬匹。他會像農人那樣平易近人。

希尼通曉愛爾蘭的歷史。知道那扇通往黑暗的門。那裡，愛爾蘭歷史的一部分是兇殘的、危險的、極不文明的。他的手指和大拇指之間，「有支粗壯的筆」，「用它去挖掘」，就像他父親、他爺爺用鍬挖掘泥沼地深處的泥炭那樣。「*為找好泥炭/一直向下，向下挖掘*」。那些黑暗、神秘的愛爾蘭古老沼澤地，是一個保存和發現的場所，在那裡發掘出層層歷史。找到民族的根脈，和被英國長達幾個世紀的殖民統治消磨殆盡的蓋爾語和凱爾特文化。如此邊走邊看邊讀，像希尼般俯身傾聽大地的母音，領會這片土地山川河海，與其先民的聯繫和集體記憶，會不會得到一個更有趣的愛爾蘭之行?

這是秋天，愛爾蘭特別適合一個像我這樣大地上的異鄉者，信步亂投。在田野間漫步，很爽心悅目。但切不可過分注視那些草甸，它們永遠綠得像春天。讓人會願意變成一隻羊，專心致志低頭吃著美鮮嫩草。那些羊儿肥肥美美的，毛茸茸的皮毛與大片的綠色形成鮮明的對比。完全沒有注意到身後的壯麗景色。甚至不受時間流逝的影響。田野上裝飾著石牆，像古老的靜脈一樣縱橫交錯。當我行走時，幾乎能聽到過去幾代人的低語，風吹過高大橡樹和古老的山楂樹的葉子沙沙作響，似乎在回應。

如果走得靠近村子或小鎮子，或能遇到會用麥稈蓋屋頂的人，有幾個世紀古老的技藝。希尼曾專門為他們寫過一首詩。那些房屋有雪白的牆壁，黛色的茅草屋頂，色彩明快的門窗，以及那滿眼的鮮花。美麗得如同烏托邦。走在鵝卵石的路上，我聞到烤餅香，聽到鏽鐵水壺煮著晨昏。一位酷似希尼姨媽瑪麗的中年婦女，「*穿著沾滿/麵粉的廚裙/站在窗邊*」（《陽光》），哼著一首愛爾蘭民歌。

當然，在面朝大海的處，也會有廢棄的石屋。黃昏降臨，竟不知自己為誰。希尼的童年的記憶，剎那間就成為自己的童年記憶。低頭，一千個蘑菇擠在一個鑰匙孔，抬頭，更多的星星擠在我的眼中。我把灰頭土臉藏在一群星星中。搖晃的老屋基石下，蟋蟀淒淒地叫著。這是類似故鄉的聲音。這是秋天，在他國的愛爾蘭，也是在自己的故鄉。

林地小徑乾燥，也可以信步亂投。雖已錯過觀察春天和夏天動物的勃勃生機，但可以讓秋天的漿果，和化成飛蛾、蝴蝶的昆蟲倒敘，再現當時的情景。或讀讀希尼的詩《一個自然主義者的死亡》，聽他講蝌蚪的嬉鬧如何變成青蛙的歌聲。也可順便回憶自己兒童時，如何把手放在水塘裡，看著蝌蚪在指間遊過；如何在野地和小蟲子瘋玩；早晨沾滿露水的杜鵑，如何咕咕呼喚你的名字。把匿藏在柳樹空軀幹的你呼喚出來。陽光穿過樹枝，斑斑駁駁地照在臉上。

不過，這是十月，幾乎要錯過採摘黑莓的季節。掛在枝頭的黑莓，原先甜美，有晶瑩的紫色，「如飲醇酒」般的黑莓，現在變成灰色，腐敗變酸。生命存在的轉瞬即逝，豐富的喜悅和無常的悲傷之迴圈不可避免。人生與自然，果然苦樂參半。希尼在《採摘黑莓》，對童年的懷念和失去，對青春的珍惜和衰老，對時間的敬畏和無奈，引起我與之共鳴。

十月的暮色，天空落下碎玻璃，翅膀擊打凜冽的空氣。樹林裡的白鴉叫聲，挪用兒童的記憶。野玫瑰無拘無束的藤蔓，結著紅果。止步於海邊。我很喜歡這種隨意的旅步。可以踱步到一個小港口，看海浪拍打，閃閃發光的波濤，鯡魚嬉戲淺灘。聽打漁人講其少時對別處的渴望，一些出海未歸的故事。可以駕車環島溜達。如果不適應靠左邊駕駛，也可以乾脆搭乘希尼的順風車。只要別作後座司機，保持安靜，他是不介意的。和他一起在丁溝半島兜風，會很愜意。「*島上沒有里程碑，你將不會有要到達的地方/只是經過。*」（《半島》）。

我經過那些古老的蜂巢小屋、石十字架和凱爾特語言博物館時，對今日是何年竟有一種錯覺。一條蜿蜒的單車道，路兩旁都是石牆，通向斯利角，那裡藍色的大海與綠色的山丘交匯在一起。

接下來的幾日，我沿著「野性大西洋之路」，在愛爾蘭崎嶇的海岸線旅行。從多尼戈爾懸崖開始，風呼嘯著。海浪以令人著迷的原始能量湧動，雷鳴般撞擊著古老的岩石，泡沫般手指撫摸著鋸齒狀的海岸線。

繼續向南，我深深被斯利夫裡格的懸崖迷醉。高聳到令人眼花繚亂，陡峭的表面如刀刃伸入大西洋深處。我站在世界的邊緣，風吹過頭髮，帶來古老故事的回聲。我遲暮的腿肌，在懸崖邊狹窄的「一個人的小路」上瑟瑟發抖。深淵般懸崖底，大海狂野的交響樂。

我接著去了梅奧郡。康尼馬拉的秘境，畫一樣展開。青翠的草地一望無際，吃草的羊群點綴其間，與連綿起伏的山巒融為一體。湖泊鏡子般閃閃發光，其上有不斷變化的雲彩。沿著路線繼續前行，終於站在著名的莫赫懸崖了。這是歐洲最高的臨海斷崖，令人敬畏。風中夾雜著鹽和海藻的氣味，與頭頂上翱翔的海鳥的叫聲混合在一起。在遠方的下方，洶湧的海浪在古老的岩石上刻下了複雜的圖案，大地與海洋之間永恆的舞蹈。

這是一個時間靜止的地方和時刻，我哼著這些天學會的愛爾蘭曲調。黃昏時分，果然如希尼所言，「*地平線喝盡了大海和山嶽*」。大西洋向地平線盡頭延伸。遠方的海，誘惑著陌生人。我站在那裡，享受著完整的孤獨和寧靜。鹹鹹的海霧升起，觸碰我的臉。我感受到，短暫己身與永恆大海的合二為一。

當我深入愛爾蘭的心臟地帶，遊歷其繁華的城市和古樸的村莊，聽著熱鬧的酒吧裡傳統音樂和愛爾蘭土語輕快的節奏，看著漁民辛苦帶來新鮮的漁獲，感覺自己是一個愛爾蘭人。品嘗烤扇貝，用幹邑白蘭地燃燒，配上時令蔬菜，最具大海和大地的味道。

愛爾蘭人鄉親般熱情好客。談話像河流一樣流暢。他們的故事也成了我旅行的一部分。我拜訪了幾個世紀以來備受尊崇的聖地。古老的石圈矗立著，風化的石頭，見證前人的儀式和信仰。中世紀的修道院，僧侶的誦經聲依然回蕩在空氣中。提醒著信仰和沈思的持久力量。

旅行中，我喜歡上了「肖恩-諾斯」，這是一種古老的無伴奏歌唱風格，承載著幾代人的重量。令人難忘的旋律和淒美的歌詞在我的靈魂深處產生共鳴，彌合了過去和現在的差距。我發現，我可以用愛爾蘭先民的眼睛去看，因為一切都幾乎沒有改變。碧玉般的田野，高聳的海岸、危崖，大海永不止息。靈性和千古聯繫。

令人驕傲的愛爾蘭風景，原來佈滿歷史傷痕、饑荒、剝奪和佔有。靈性的愛爾蘭人，如其祖先凱爾特人那樣，對這個世界上從未見過的無數事物，充滿嚮往。其集體精神與這片土地的本質交織在一起。我甚至可以用希尼的眼睛去觀察。他幾乎不戴有色眼鏡，只是從事物本身去看事物。揭櫫與自然世界的深厚聯繫，應是其詩歌的重要哲學維度吧。大自然是安慰、靈感和永恆智慧的源泉。其偉大力量和深刻之美，喚起驚奇、敬畏和創造。但其存在的脆弱性，又警醒人們對自然秩序的呵護。

我邊走邊看邊讀，穿越這片土地，希尼的故鄉。我過客的雙腳，沾著大西洋洋流帶來的雨滴。離開的那一天，傾盆大雨後，泥濘的太陽再次照耀出來。沼澤地的氣息，泥炭的氣味。希尼的祖父，或後輩，還在那裡挖掘。

我心懷感激，以有限之身，得見了這座翡翠島的永恆之美。同時，我心懷悲憫，為這個海島每片風景承受的苦難；為它的北方分割人群的那堵長長的高牆，為與自己一樣的芸芸眾生；愛爾蘭並不是一個別處。人的世界到處都一樣。這塊土地上的歡喜與悲傷，生老病死，與每一個此處一樣。

巨大的天空下，天鵝在寒冷中劃槳，在水面上移動，清楚自己的大限，自己的渺小。它們振翅欲飛。中世紀的修道院，以灰色的僧袍，用人世的短暫，用失意的愛情誘惑著旅人。鐘聲回蕩，塔尖更加銳利。我似乎再一次聽見克洛伊 · 阿格紐的歌聲，「*在空中行走*」。這是秋天，在愛爾蘭。

都柏林的一天

繞著愛爾蘭航行時，經歷了海上風暴。鉛塊般烏雲重壓下的大海，像一條巨大的黑魚在掙扎。山崖遊動，塞壬歌吟。獨眼巨人，瑙西卡，太陽神牛，在波浪中翻滾，泡沫喘息。浪花與暴雨粗重的水滴混合，拍擊著船體。似乎大自然正合謀一場新的奧德賽歷程。五天後，郵輪終於可以在都柏林靠岸了。

我跳進渡船，從泊在海中的郵輪，駛向都柏林碼頭。海面平靜，海鷗的翅膀也靜止在空中。這場景仿佛複製了詹姆斯·喬伊絲在《尤利西斯》第三章中的描寫。那是「局外人」斯蒂芬在海邊漫步，沈思著他的所見所想，形成綿延不斷的意識流。他回頭看大海，「*一條孤寂船，逆潮而行，寂靜地駛回港口*」（喬伊絲）。想起斯蒂芬這位討厭歷史的歷史老師，我笑了起來，似乎也在笑自己。他聲稱「*歷史是一場惡夢，我正試圖從中覺醒*」。他看不慣英國在愛爾蘭殖民，但除了喝酒、罵娘、逛妓院，他什麼也改變不了。還因為不信愛爾蘭國教天主教，把自己的老媽給氣死了。

遠遠看見馬泰洛塔，一座俯瞰都柏林灣的防禦工事，矗立在海邊亂石崗上。咸濕的海風吹拂它岩石砌成的頭顱，牽動歷史的沈思。這種圓形堡壘在英倫三島的海岸很常見。十九世紀英國曾大肆建築它們，成為抵禦拿破崙系統。但後來並沒有用上，一些塔樓——比如這座塔樓——

被出租給民用。作家戈加蒂在這裡定居，試圖以此為基地，發起將愛爾蘭文藝古希臘化的文化運動。並邀請喬伊絲在其內小住了六個晚上。

據說，喬伊絲在此寫下了他史詩小說《尤利西斯》的第一行字。馬泰洛塔也是該小說第一章的標誌性場景。這座塔現辟為喬伊絲博物館，由巴黎出版商西維亞·比奇開設。他首先敢於將這本禁書或「淫穢」之書《尤利西斯》付諸印刷。在巴黎的莎士比亞書屋首次完整出版。塔內展出喬伊絲照片、信件和作品的各種版本，以及他的兩個死亡面具。是喬伊絲愛好者的朝聖之地，尤其是在布魯姆斯節。

終於登上都柏林的岸了，這個《尤利西斯》小說的寫作現場。我十分憧憬，今天的漫遊會如何呢？在這都柏林，這座歷史斑駁、恩仇錯綜的城市，文名遠播，產生了一眾世界性的作家和詩人，肖伯納、王爾德、葉芝、貝克特、喬伊絲和希尼。還有斯威夫特，他詼諧筆下的大人國、小人國故事曾伴隨我少年。我會去聖派翠克大教堂，拜謁他的長眠處。

此外，我更仰慕這座城的酒名。它釀得一手好黑啤酒。吉尼斯啤酒公司還是《吉尼斯世界之最大全》的始作俑者呢。去吉尼斯在都柏林最高的酒吧，品嘗各種風味的黑啤酒，欣賞它的畫廊，這座古城的全景。看看古希臘的尤利西斯英雄如何還原成凡夫俗子，水銀瀉地般消失在都柏林的街道、陋巷、咖啡館、酒吧、辦公樓。成為喬伊絲的多重視角意識流敘事。

為了看威克洛山北側的風物人情，我選擇乘著敞篷雙層巴士入都柏林城。冰涼的晨風在狹窄街道上呼嘯，撕扯著頭髮。幸好我戴了圍巾。鵝卵石的街面上閃爍著昨夜的雨滴，映照初升的陽光。路旁的煤氣燈垂首站立，沈浸在昨夜搖曳的夢中。沿街古典的格魯吉亞風格房舍，色彩斑斕的門上，綠鏽的銅門環。有木質飛簷和老虎窗。比例勻稱、裝飾含蓄內斂。顯然從古希臘和羅馬建築中汲取不少靈感。它們大都是英國統治時期的產物吧。淋濕的屋頂又高又陡，像一張張臉，以一種神秘方式和我打招呼。其實我不是一個歸人，一個過客而已。而且我只有大半天的逗留時間。路上，烏鴉紛紛。是那只烏鴉，曾站在愛爾蘭英雄庫丘林肩膀上，飲過其血，宣佈其死亡的後代麼？

在奧康內爾大街下車。這是都柏林城最繁華處。我站在巨針「光之紀念碑」下，驚歎它的高度與尖銳，驚歎它的格格不入。坐落在納爾遜之柱的廢墟上。這根發光的巨針，刺向有些陰下來的天空。倔強地將歷史和民族記憶的碎片，將過去與現在，縫合在一起。它表面的拋光鋼鏡，反射著不斷變化的愛爾蘭天空，以及城市的暗影。我身邊是各種腳步聲，整個都柏林走去又走來。

我在想，這個時間段，那位《尤利西斯》的男主布盧姆還沒開始他的漫遊吧。也許正在位於西北城區的埃爾克斯大街七號的家裡，為他和他妻子，為他的貓，準備早餐。他喜好吃羊腰子等動物的內臟。這位流散到愛爾蘭的猶太人，一個無權無勢的廣告經紀人，唯唯諾諾，明哲保身。「*有史以來最善良、最溫順、最和藹、母雞下蛋都能伸手接住的好人*」。在外面受到校長、醉漢、妓女、小癟三等人的歧視和侮辱，忍氣吞聲。甚至他水性楊花太太莫莉到處給他「戴綠帽」，他非但不阻止，反而藉故離家為妻子出軌創造條件。

一直很驚奇喬伊絲的天才，這位本可以成為傑出男高音歌手，卻選擇去寫作。他妻子諾拉至死都認為，如果喬伊絲當歌唱家而不是作家，日子會更好過一些。他一生顛沛流離，輾轉於的里雅斯特、羅馬、巴黎等地，多以教授英語和為報刊撰稿糊口，又飽受眼疾折磨，到晚年幾乎完全失明。但他對文學矢志不渝，勤奮寫作，終成一代巨匠。

喬伊絲驚世駭俗的小說《尤利西斯》，居然寫的只是布盧姆、莫莉和斯蒂芬這三位小人物的一天，即他們在一九零四年六月十六日從早上八點到淩晨兩點在都柏林的平庸經歷與瑣碎。並套用荷馬史詩《奧德修記》的框架，在人物設計與情節安排上也與之相呼應。將布盧姆在都柏林街頭的一日遊蕩，比作奧德修斯的海外十年漂泊。同時刻畫了他不忠誠的妻子摩莉，以及斯蒂芬尋找精神父親的心理。

小說大量運用細節描寫，神話平行結構，隱喻和轉喻，亂序詞和杜撰詞，意識流中的內心獨白、自由聯想、蒙太奇手法，以及登峰造極般的幾十種文體實驗，構建了一個交錯淩亂的時空。大大拓展了小說的維度。每一章都對應一天中的不同時間。讓這一天成了文學史上最漫長的一天。並讓這一天成為都柏林的「布盧姆日」。本書是當代意識流小說的聖經。也是在同一年，艾略特寫出了《荒原》。這兩部傑作的共同特徵就是不確定性、異化、碎片化、脫節、混亂、無序和迷失方向。它們的誕生，宣告了當代文學的新時代。以此暗示英雄時代的結束與現代普通人的命運悲劇。

我在格拉夫頓街信步亂投。這是都柏林的主幹道之一。在《尤利西斯》中，它成為全天各種遭遇和小插曲的背景。街兩邊充滿了商店、酒吧和咖啡館。陽光下，熙熙攘攘的人影。急匆匆的上班族，街頭藝人，東張西望的異鄉客，遊手好閒的旁觀者。吉他的和絃，愛爾蘭語的閒聊，公共汽車的雜音。每個人都是都柏林生活敘事中的角色。這就是《尤利西斯》的原型吧。這位擦肩而過的可能是一位布魯姆，而那位紅發婦女也可能是一位摩莉。喬伊絲把整個都柏林寫進了這本小說裡，展現了當代人的縮影。孤獨，沒有回家的鑰匙，愛情的虛妄，沒著沒落。

喬伊絲寫了各個階層的人，寫盡了所有的職業，把人的感官、欲望刻畫到極致。對當代人的境況有深刻洞察。在都柏林，似乎販夫走卒、憤青、酒鬼，都能即興來上幾句小說裡的橋段。在每年的「布魯姆日」，無數書迷會從世界各地到達都柏林，喬裝成《尤利西斯》中的人物，重游《尤利西斯》主人公一天的遊蕩路線。其實，哪裡用得著裝扮，他們，還有我，都是那小說的人物，每天都是布魯姆日。正在那裡鬧飲。杯子叮噹。借著酒力，高談闊論，且嬉笑叫罵，時出淫言穢語，時而舉止高貴。重複著那些無意義和荒誕。既彼此疏異陌生，又將對方包圍在歸屬感中。

來到都柏林，當然要去參觀三一學院。恰好它位於市中心。這所古老的大學，是愛爾蘭文脈之所在。培育了許多愛爾蘭重要的知識份子。雖然它的建立為了鞏固都鐸王朝在愛爾蘭的統治，在其歷史上大部分時間裡都是新教優勢大學，且獎學金和獎學金是為新教徒保留的。我就像斯蒂芬似的一路遊蕩過去。經過學院草坪街，向愛爾蘭詩人湯瑪斯·莫爾的塑像致意了一下。他是拜倫和雪萊的朋友。他的《愛爾蘭歌曲集》深受愛爾蘭人喜歡。

進入三一學院校園，看見古老鐘樓傲然矗立在鵝卵石之上。其優雅的對稱性和風化的石壁，讓空氣中彌漫著永恆感。古色古香，類似牛津劍橋。舊圖書館大樓前，排著長長的隊，人們等著參觀 18 世紀的彩繪福音書手稿《凱爾經》。幾乎世界各地到都柏林遊覽的教徒們都渴望一見。

老圖書館就像一座書籍的大教堂，有著高高的拱形天花板和一排排幾層樓高的書架。放置著散發時間氣息的古代書籍。陽光透過彩色玻璃窗，在拋光的木材和古董手稿上投射出溫暖的光芒，營造出一種近乎虔誠的氛圍。令人敬畏。排隊等候時，遇到加拿大來的凱裡先生，一位喬伊絲迷。他告訴我，三一學院，特別是鐘樓，也《尤利西斯》的敘事場景，雖然不是作為獨立的段落呈現。他建議去看看位於基爾代爾街的愛爾蘭國家圖書館。因為那是斯蒂芬第一次遇到布魯姆的地方。他們的談話，與他們一整天的敘述交織在一起。那圖書館是建築的傑作，帶有開放式陽臺和角亭的圓形大廳，其外觀和諧地融合了科林斯柱式的柱子和壁柱。原來的芒特查理斯砂岩已經隨著時間的推移而風化，但建築的優雅卻永存。他還提到，當年，葉芝和喬伊絲在圖書館相遇，聊過詩歌呢。那時，喬伊絲少不更事，居然對葉芝說：「我認識你太晚了，你已經太老了。」

看過了愛爾蘭國家圖書館和都柏林城堡，又去鳳凰公園，一座萬丈紅塵鬧市中鬱鬱蔥蔥的綠洲。為歐洲最大的封閉式公園之一。廣闊的綠色田野一望無際，點綴著吃草的鹿，與風景融為一體。花依舊忘我地開著，沒有一絲秋意。青松翠柏，菩提樹枝葉繁茂。雄偉的樹冠，斑駁的樹蔭，給陽光提供喘息之機。湖上有鵜鶘、火烈鳥、天鵝等水鳥遊弋，其波紋營造出迷人的光影之舞。甯芙精靈也出沒其中。空氣中充滿了鳥鳴，樹葉沙沙作響，和遠處野餐者的笑聲融為一體。

我四下張望，在蜿蜒的小路遲疑，不知它導向何處，故園還是他鄉，過去還是未來。恍恍惚惚，仿佛置身於在《尤利西斯》「喀耳刻」超現實和幻覺的情節中。成了布魯姆與斯蒂芬在公園並遇到的各種人物之一。察覺到布魯姆的迷失，深懷內疚、不安全感和內心掙扎。和他們一起陷入從眾性與個人真實性之間困惑。

一大半天的肆意行走，讓我有了些倦意。在吉尼斯酒吧喝了幾種黑啤酒後，我回到了利菲河邊。河寬不及百米，穿城而過。利菲河像一條閃閃發光的絲帶，給這座古城增添了許多靈氣。都柏林地標性的建築和古跡，諸如海關大樓、都柏林城堡等等，沿河可尋。雄偉的大教堂和尖塔直達雲朵，點綴著天際線。十多座橋樑把南北兩岸連成一個整體。橫跨利菲河的橋樑，成為通往不同際遇的門檻。每座橋都是通往日常新活劇的門戶。街道、地標和社區錯綜複雜地融入到敘事結構中。喬伊絲說：如果我能到達都柏林的中心，我就能到達世界上所有城市的中心。

我在利菲河畔逗留好一會兒。對「半便士橋」著迷發呆。這座人行橋，有優雅的曲線和精緻的鐵藝。褪色的油漆，風化的金屬。每一天，這座半便士橋默默承受了多少足跡。有多少布魯姆、斯蒂芬、摩莉從橋上走過，帶著模糊的欲望，帶著詳細的白日夢，帶著高尚的意淫、自戀情結的技巧，以及英雄般的卑微，尤利西斯似的，在這座城市迷宮般的街道上航行。我看著橋欄杆上掛滿了愛情鎖，滿心狐疑。這些能鎖住什麼？

我微醺的雙眼看著流水，看著河面上流淌著兩岸街道萬花筒般繽紛的倒影。我隱約聽到鐘聲。會不會是那座喬治教堂喪禮的鐘聲，提醒人們有喪禮要舉行？太陽已西斜，利菲河變成了光與影的畫布。我得離開了，回到碼頭，回到船上，回到自己的其它漫遊中去。都柏林，這座被洶湧的海洋和頑強的居民精神塑造的城市，古老又新生，給我留下了深深的印記。就像喬伊絲《尤利西斯》中動盪的敘事一樣，它提供了一個窺視人類經歷深處的機會，捕捉到都柏林多維性格。當我告別這個英雄與庸人混居的城市時，我揣著對日常雞零狗碎之美的新鮮認識，乘興而來，滿足而歸。

我的匆匆都柏林一日，就像喬伊絲的尤利西斯的漫長的一瞬。

走過泰晤士河

疫情高峰期間，在電視螢幕上，不斷播報世界通都大邑的畫面。整個倫敦，落針可聞。雙層巴士載著無人，穿行於空蕩蕩的繁華大街。艾略特《荒原》的所描述的場景一下就湧向眼前：

並無實體的城，在冬日清晨的黃霧下，

一群人魚貫地流過倫敦橋，如此之多，

我沒料到死亡毀壞了這許多人。

世界從來沒有像今日這樣如同荒原。而詩，從來沒有像這一刻這般觸目驚心地真實過。艾略特的詩，那種個體渺小無助、困頓游離的幻滅感，縈繞腦海，怎麼也揮之不去。

這個秋天，我如同一隻熱鍋螞蟻般旅行，害怕世界會突然消失。我在無邊的海洋載浮載沈，走過巨大的荒山和城市。在南普敦下船後，我坐上大巴，穿過九月的英格蘭島地，途徑巨石陣，下車盤恒。遠遠望去，蒼茫原野上，形態古怪的巨石，突兀地矗立著一圈。就像守望著原古荒蠻的神祇遠去背影。這兒曾經有過盛大獻祭。那是先民生命中最根本的精神寄託，向無所不能的蠻神獻祭祈禱，滌蕩內心的恐懼，尋求宏大而永恆的價值和意義。

據說這兒也曾是先民的墓地，有過無數葬禮。冀望予亡者一種更偉大、更廣闊的東西，以超越個體自身的短暫和脆弱。在《荒原》的「死者的葬禮」篇中，艾略特所寫的「*我會在一把塵土中向你展示恐懼*」，應是先民對死亡悲慟絕望的遺傳吧。他所追求的精神品質，大約也是這巨石陣要表達的。

如今，這兒剩下一片廢墟。唯有秋天的陽光，在石縫中閃過。就像那群獻祭者在歷史中閃過。一路上，導遊試圖讓我信服，那些古老巨石真的是大不列顛歷史的一部分。

到了溫莎堡，吃了閉門羹。那組哥特式城堡因有外事活動而謝絕遊人。無緣得見王室的私人畫廊、宴會廳和教堂，感受到其在光榮革命後持續享受的奢華與高高在上。不能一窺溫莎貴族們私家園圃的一縷玫瑰殘夢，以及那掌管清晨情藥的琪花瑤草。當然也不能在溫莎城堡蜿蜒的回廊偶遇那些歷史冤魂，與窗戶裡喬治三世的悲傷幽靈對視。

於是，導遊把我們一群人像放羊似的留著街頭，任其亂逛。城堡的倒影與一群鵝鴨在泰晤士河中，談論著天氣。這是永遠得體、永遠不會終結的話題。

我們在河邊東張西望，在王宮的石砌環形高牆外東張西望。英格蘭，有太多的國王，太多的城堡，太多的教堂與墓地，太多的宮璋軼事狗血劇。搖搖欲墜的大房子，蜘蛛旋轉，榮耀與衰落的永恆輪回。蹣跚而行的騎士雕像，速食店，不好吃食物的氣息，讓人懷疑人生。各種聰明空洞高傲的臉。用野雛菊點綴門框，用常春藤絎縫舊牆。鉸鏈的吱吱聲，對陌生人唱著。一朵殘荷永世守望著這片永恆的王土。

黃昏時分，巴士帶我們進入倫敦城。來到了泰晤士河畔。它似一條永不停歇的黑蛇，扭動著，時而明亮，時而陰鬱。這條河應是倫敦的靈魂吧，整座城市都面向它。許多倫敦街道名稱都源自泰晤士河的支流或溪流的古老詞語。泰晤士河岸零星可見骨骰子和牡蠣殼、丟棄的結婚戒指，廢車車牌，生銹的船體。給英倫帶來榮光的工業化，早已離開這條河，往日的工廠煙囪林立已被拆除，河岸透著一股掩不去的凋敝頹唐。

但我看得出，泰晤士河正掙扎著蛇一般蛻皮新生。新建的玻璃摩天大樓，堆積一起，光怪陸離。猶如垂暮老人穿上少年裝。

風吹過，河面上漂浮的露天郵輪影院，傳來一陣陣訕笑。驚起了烏鴉，在倫敦塔上空盤旋，嘶啞的鳴叫，仿佛預示著什麼。這座曾經的皇室城堡、鑄幣廠、軍械庫、天文臺和動物園，以及監獄、酷刑室、謀殺現場，籠罩在夕照中。箭垛和白塔被鍍上金邊。遊人如織，圍觀著被砍頭的安妮·博林皇后，腋下夾著頭顱繞著塔走動；或看熱鬧不嫌事大，旁聽都鐸時期的天主教神父和新教主教的幽靈在黑牢中吵吵嚷嚷；或爭相驚歎各種大不列顛來路不明的璀璨珍寶，以及王冠、權杖和寶劍。

被剪除部分羽翼的烏鴉，站立於一段殘存的古羅馬人的要塞城牆之上，以便它們如同哨兵，確保這座城池不會陷落。華燈初上，在河面的鱗片上低語，挽留「叛徒之門」前的最後一片陽光。暮靄和河流輪換著屏住呼吸，搖晃地推擠著各種時間的碎片，流向大海。

哦，這就是夜晚的倫敦了。路燈的裸露骨頭，塔樓，圓頂，寺廟在空中畫出幻影，櫛比鱗次的往日榮光。饑餓的門，鬧鬼的城市。角落裡彈出一個啤酒罐。燈光在河裡搖晃。影子在濕漉漉的街面行走。紅色雙層車，黑色方頭計程車，打著一頓下午茶的飽嗝。騎警的馬蹄噠噠，街談巷議。伯靈頓拱廊光怪陸離的推銷廣告。

晚飯後，我拿著一副過期的倫敦文學地圖，來到艦隊街上，在十字路口發呆。一對情侶正在街頭擁吻，不遠處也有幾位呆若木雞的吸毒者。往日文人名士如過江之鯽。而今何在？我曾捧書，神遊過這條街的

18、19 世紀文學勝景。曾經，那些奠基現代文學與藝術的大師不約而同來到這裡。

艾略特幾乎大學一畢業就來到倫敦。那時，他年少意氣風發，試圖改變英國文學史。通過詩人艾米・洛厄爾，他認識了埃茲拉・龐德。這位意象詩歌鼻祖，對艾略特幫助提攜很大。後又通過龐德認識了詹姆斯・喬伊絲。並經常一起討論文學和藝術。後者對艾略特寫作的現代性產生了很大的影響，他開始嘗試使用意識流和多視角的敘事技巧。艾略特在倫敦還結識了許多其他作家，包括 T.E. 休姆、理查・奧爾丁頓和赫伯特・裡德。這些作家都屬於意象派運動，他們對艾略特的詩歌創作產生了很大的影響。這些聯繫為他提供了一個豐富的知識和藝術環境，使他能夠發展自己的詩歌視野。

之於西方文學，1922 年是特別有意義的年份。現代主義文學幾部里程碑式的傑作都在這一年問世。在龐德的編輯和幫助下，艾略特出版了他的《荒原》，喬伊絲出版《尤利西斯》。卡夫卡開始創作《城堡》，里爾克完成了《杜英諾哀歌》。這一年在巴黎，馬塞爾・普魯斯特、喬伊絲、畢卡索、斯特拉文斯基以及埃裡克・薩蒂等各個領域的現代主義大師，第一次也是唯一的一次在一起聚餐。

第二天清晨，我在一個百年舊店的房間裡醒來。晨霧尚未散去。用過咖啡後，我跳上環繞泰晤士河路線的紅色雙層巴士，把自己交給它，任由把我帶到倫敦城任何一條街巷，任何驕傲的地標。我想盡可能完整地看看這條河如何穿過這座城，看看艾略特的《荒原》現場。夜裡似乎下過雨。天陰沈得很應景，一路上是養眼的典型灰色。灰風，灰色的天空，灰鷗成群結隊地飛翔，強壯的灰色松樹向大地低頭，傾斜的灰色臺階，灰色大理石古老的冷風。灰色泰晤士河，灰色的橋。

途徑維多利亞堤岸的克婁巴特拉之針，我下車。觀摩這根原矗立於尼羅河畔的偉大方尖碑。如今卻成為失落文明和被掠奪的象徵，以及王朝存在短暫性的無聲見證。克婁巴特拉之針右側獅身人面像上有彈片孔，由一戰一枚德國炸彈所致。

在倫敦眼，我隨著巨大的摩天輪緩緩旋轉，俯瞰整個城市，變換各種灰調天際線。倫敦塔橋等泰晤士河的風景盡收眼底。大本鐘的金色與灰色相得益彰。議會大廈的金色，似乎蓋過了其莫名其妙的妙語連珠唇槍舌劍。

威斯敏斯特橋上的行人，邁著互不相干的步伐。灰色的沈思，灰色的嘴唇，灰色的預感。而橋下的泰晤士河波光粼粼。這讓我有一種既視感。我知道，這種既視感來自艾略特的描述人們流過倫敦橋的詩句：

人人的眼睛都盯住在自己的腳前。

流上山，流下威廉王大街

突然，大本鐘威嚴地響起，其鐘聲穿透倫敦的喧囂，宣告著時間的流逝。定義著歷史與現代的交匯點。灰色泰晤士河，穿城而過。我走過橋去。行至大英博物館。這座石柱林立的新古典主義建築物，象徵著帝國的榮耀、戰無不勝與巧取豪奪。兩河文明館內，浮雕板上雄獅發出陣陣怒吼與哀嚎。須髯雄偉的亞述君王，駕著戰車，彎弓搭箭狩獵正酣。刻有楔形文字的法律石碑和各種卷軸殘片琳琅滿目。

埃及古物館內，一尊尊高大的法老雕像矗立，神情肅穆，保持著俯視眾生的雄姿。他們空洞的眼眶，歷史的藤蔓纏繞，仿佛在凝視著永恆。羅塞塔石碑前，人頭攢動，爭睹這塊刻有埃及人的象形文字、臘夫語和希臘文的殘石。由於發現了猶如字典般的它，考古學家終於能大致讀懂古埃及幾千年失落的文明。在希臘館，我終於得知了衛城神廟丟失雕像的下落，親眼得見其令人屏息的美。石頭中女神的衣袂，依然飄著上古的微風。而中國館內，青銅器回憶著鐘鳴鼎食的往古。一件件夢幻般瓷器,上面繪製著山水人物，線條細膩飄逸,栩栩如生，透著東方獨有的意境。

文明的碎片，這麼多文明的碎片，曾經顯赫一時的東方的、西方文明的碎片，擁擠在一起。無數生命，耗費心智和氣力，創造的文明瑰寶，結局就像一堆瓦礫，踩上去會發出高低不同的尖叫。唉，歷史難道就一個個文明湮滅後的荒原，就是一堆等待縫合的碎片？如艾略特詩雲「*只有黑暗和石頭/璀璨圓月*」？我漫無目的地走到博物館的中庭喘息。只見灰色雲影在穹頂的拱頂上流轉，斑斑駁駁，就像歷史的敗筆。王朝的歷史，如這繽紛變幻的光影，一瞬而已，更何況個體生命？生命的意義和價值何在？這瞬息萬變的表像之下是否有恆常的東西？我走出大英博物館，抬頭望天，一架呼嘯而過的飛機，奔向日不落帝國已失去的疆土。

倫敦成為現代文學的重鎮，成為各派大師的寫作現場，並非偶然。作為工業革命之都，這座城有完整的現代社會形態。作為日不落帝國之都，倫敦幾乎捲入世界現代史的一切重大事件；作為古羅馬的大不列顛行省，作為天主教與新教的輪替主場，作為君主立憲光榮革命的標杆，倫敦有最豐富的文本，最複雜歷史與現代的糾纏；作為一戰的主戰方之一的大本營，倫敦有著西方文明敗壞的各種切片。它繁忙的街道和高聳的建築之間，蘊藏著一幅幅由歷史和神話編織而成的圖景。這座城市激發了無數作家、詩人和藝術家的靈感，貫穿了幾個世紀。

得益於如此豐富的語境，艾略特創作了《荒原》，這一里程碑意義的現代主義詩歌。這首詩以其碎片化的結構、多個聲音和對各種文學、歷史和神話來源的豐富引用而聞名。它呈現了第一次世界大戰後社會的淒涼和分裂的描繪，並探索了失望、精神危機和在荒涼世界中尋找意義的主題。它分為五個部分：「死者的埋葬」、「棋局」、「火的講道」、「水之死」和「雷霆之言」。每個部分都呈現了對現代狀況的獨特視角，並展示了荒原的不同方面：生機寂滅、情欲之火、淫亂、庸俗、骯髒、罪惡、煉獄。

艾略特通過對典故和互文性的運用，使得《荒原》成為倫敦歷史、神話和現實多維的織錦，集體和個人經驗在其中交織。他結合古典文學、宗教文本和歷史事件，將它們與自己的詩意聲音無縫地融合。仿佛過去的回音在城市的街道中回蕩。例如，在《荒原》中，艾略特引用了費舍爾國王的神話、巴別塔的倒塌和死者的復活，將它們與戰後幻滅的現代場景交織在一起。這種過去和現在的交織反映了滲透倫敦城市景觀的歷史層次。

我的第三天行程，是從威斯敏斯特修道院（西敏寺）開始的。一千多年以來，這座修道院一直是英國君主加冕處和墓地。這裡賢王與暴君共亡，忠奸混雜。有人告訴我，艾略特葬在該修道院南耳堂的「詩人之角」。於是，我前去拜謁。走入修道院錯綜複雜的走廊，墓碑夾道。這些墓碑成為通往另一個語境的門戶。「*死者的交流是用火說話，超越了生者的語言*」（艾略特）。在北廊裡，有牛頓的埋骨地，墓碑位於正面大廳的中央，聳立著一尊牛頓的雕像，旁邊還有一個巨大的地球造型以紀念他在科學上的功績。極著哀榮。此外，進化文化的奠基人達爾文，天王星的發現者、天文學家赫謝爾等許多科學家都葬於此地。

層層迭迭的墓碑迷宮中，我終於找到「詩人之角」。英國最重要的詩人和作家的墓葬和紀念館設於斯。詩聖喬叟，斯賓塞，莎士比亞、彌爾頓、彭斯、狄更斯、王爾德，以及勃朗特姐妹、華茲華斯等。德國著名的作曲家亨德爾也長眠於此。當代詩人奧登、拉金等也在列。即便文學浪子拜倫也居有一席之地。善寫悼念詩的丁尼生勳爵，如今也在此供人憑弔。我仰頭，看著他的頭像。唉，如今他在何處吟詠「*遠古榆樹中鴿子的呻吟聲/和無數蜜蜂的喃喃自語*」？

但我沒有找到艾略特的墓碑。工作人員告訴我，根據他自己的意願，他的骨灰被安葬在其祖父安德魯·艾略特十七世紀居住的村莊裡。他的墓誌銘刻著「在我的開始中是我的結束。在我的結束中是我的開始。」不過「詩人之角」，幾乎代表了整部英美文學史。空氣充滿了祈禱和低語的回聲。艾略特似乎曾在《荒原》中捕捉了這個神聖空間的本質，「因為我曾親眼看到不朽的視野，就在死亡之中」。「廢墟之中的碎片」述說著輝煌的過去和對救贖的渴望。這麼許多偉大的生命，這麼多妙語連珠的生命，這麼多振聾發聵的先賢，來過這世間，然後一一消逝。在我的閣樓書房，他們和星星一起，與我徹夜長談。如今，他們的作品也被這娛樂至死的時代所消磨，淪為陳詞濫調。「我沒想到死亡毀壞了這許多人」，我禁不住吟出艾略特的句子。

我走出這個令人喘不過氣來的西敏寺，在這殘局般的倫敦城信步亂投。街道狹窄擁擠,車水馬龍川流不息。無盡的人群流動，無盡的鬼魂流動。行人臉上都帶著三三兩兩的空洞和漠然，步履匆匆。「躁動的人群/恍恍惚惚」。街上各種聲音，商販的吆喝，街頭藝人的歌聲，「破碎的國王」塞車的引擎咒罵。操英語的，操西班牙語的，操阿拉伯語的，操廣東話的，操機器語的。各種人類或非人類的聲調。斷斷續續，各種片段。各種活著的死亡，各種欲望。用咖啡勺丈量生命。眼睛盯著遠處某個不存在的地方，對周圍的世界渾然不覺。

我被裹挾在喧囂的人潮中，我被裹挾在自己的無目的性中。感覺自己正走過艾略特詩中的場景。

「虛幻之城」在面前展開，這是一個「人類引擎等待/就像計程車在顫動等待」的地方。這些街巷就是艾略特寫《荒原》的現場吧，「一堆破碎的圖像」組裝。我初讀該詩時，完全迷失。詩中的故事嚴重脫節。時而獨白，時而對話。充斥著斷斷續續、破碎的言語。而且出現了多種語言，包括英語、法語、德語和義大利語，以及各種方言和俚語。《荒原》完全不同於傳統詩歌的唯美。在那裡，華麗的詞彙讓位於口語對話，抒情的時刻被骯髒的闖入打斷，喜劇和可怕與宗教教義的莊嚴話語共存，一種語言被另一種語言所取代，直到在詩的最後幾行中，碎片被收集在一起。那多維碎片化、時空跳躍和省略的風格，十分晦澀難讀。

我笑了起來。其實只要在倫敦的街頭巷尾走幾遭，《荒原》也就不那麼難讀了。艾略特最初考慮將這首詩命名為《他用不同的聲音做員警》，可見其本意就是要呈現這滿目的人群溝通的失敗，生命的無意義。如同《寂靜之聲》所唱，「*人們言不由衷，聽而不聞*」。人們的言語無法真正傳達他們的思想和感情，導致他們陷入孤獨和內心的荒蕪。同時，艾略特也是想反映倫敦歷史的碎片化特性。一個由幾個世紀的發展、毀滅和重塑所塑造的城市的不連貫性。詩中引用的典故都被扭曲和碎片化，這反映了歷史和文化的斷裂。這個繁華都市的表像下,是一片片內在世界的荒涼，是人性在現代文明衝擊下的無助和迷失。

當然，艾略特的《荒原》與他早已不再愛的女人薇薇安·海伍德的糟糕婚姻有關。愛情的缺失，人生如同沙漠和廢墟。所以他說，「我用這些碎片支撐著我的廢墟」。

走得十分累了。我進入一個不知名的教堂喘息片刻。這座哥特式建築，高聳的拱頂，形如艾略特的靈魂深處。前方的彩繪玻璃，在微弱的日光下熠熠生輝，耶穌的畫像在昏暗中冷冷地凝視著我。昏暗的光線灑在長凳上，空空如也，祭壇空無一人，空氣中彌漫著腐爛和荒廢的氣味。偶爾一兩個遊人或虔誠的教徒款款而行。我順著拱券朝上望去，巍峨的穹頂襯托出人的渺小；而在身後,一串串鐘聲在空曠的教堂內回蕩迴響。

這座城市，這個世界真的如同艾略特所言，忘記了它的精神根源麼？被遺棄在鋼鐵和混凝土的荒野中，迷失而孤獨地徘徊。宗教的失去和信仰的缺失，這是艾略特在《荒原》中對現代病的診斷。他描繪了宗教儀式的空洞和信仰的衰退，這使得個體無法找到宗教和神聖的力量來賦予生命以意義和目的。而救贖的希望就是，要施捨、同情、克制、特別是恢復對神的虔誠信仰。這樣大地才會復蘇，人們才會擺脫不死不活的處境獲得永久的寧靜。

但對此，我存疑。當今之世，科學和哲學似乎都陷入了死胡同，連宗教也窮途末路，反而是衝突的淵藪。各種「聖戰」不息。如果說，「死亡永遠不會被任何明確的救贖所救贖」，那麼，信仰的排他性，讓其也不能救贖任何不信仰。

黃昏時分，我坐著飛機離開。問自己什麼是倫敦？它的一切，很難說什麼是本地的，什麼不是，各種各樣的人、文化和東西一起存在，在同一個地方，卻經歷了不同的時代。人世無窮小，而灰色倫敦無限大。

有多少形形色色的過客，走過倫敦橋，消失不見。而倫敦的灰色依舊鮮活。是啊，我承認，誰厭倦了倫敦，誰就厭倦了人生。我對倫敦的探訪是碎片式的，就像《荒原》的詩句。我對這座城池的認識也是碎片式的。這很符合我的過客身份。消失的腳步聲正在走廊裡迴響。

巴拿馬帽，麥草帽

巴拿馬帽，是一種有趣的誤稱，其實其起源和產地是厄瓜多爾。大概是因為這種帽子大多在巴拿馬地峽的流行和出售。遠在運河建成之前，巴拿馬地峽就是一個航運十字路口。在加州淘金熱時期，數以萬計淘金者經過巴拿馬前往淘金場，許多人會順便來一頂帽子。特別是在修建巴拿馬運河期間，美國的工程師和建築工人，幾乎人人都愛戴這種輕便而透氣的草帽。當時的報紙和雜誌開始報導這種帽子，稱其為「巴拿馬帽」。因其精緻的製作和舒適的穿戴，逐漸流行起來，成為一種經典的時尚帽款。

我們郵船上，歌手遜姆有一頂巴拿馬草帽，且有漂亮的螺旋紋。泛著象牙的光澤。得意得不行。他今天戴著它，登上舞臺唱美國鄉村歌曲。都是上世紀六、七十年代的考古曲，特別懷舊。一眾老揚基，聽得如呆似癡。我基本無感。這不怪我，那時候，我還在長江邊的工廠做童工呢。哪裡聽過這些美帝鄉村歌曲？只覺著遜姆頭上的巴拿馬草帽閃閃發光很動人。

同船的一位長跑江湖的老美布萊恩，跟我嘮起巴拿馬草帽的嗑兒。巴拿馬帽子是由一種叫做扁葉藺的植物纖維手工編織而成。工匠會選擇成熟的藺葉，接著像義大利寬麵條一樣的纖維被一次又一次地撕開。清洗和煮沸，乾燥和漂白。這樣就得到用來製作一頂漂亮的帽子所需要的精細草線。它們像絲綢一樣柔滑，按重量計算比黃金更昂貴，精美如象牙製品。一頂蒙泰克利斯蒂極致的巴拿馬草帽既是一種時尚，也是一件藝術品。最好的出品每平方英寸執行緒達到四千以上。這種織法非常精細，要用珠寶商的放大鏡才能數清道數，而且每一道編織都是手工完成的。不使用織布機，只需要靈巧的手指、銳利的眼睛和禪宗般的專注。「你不能讓自己走神，哪怕是一秒鐘，」布萊恩轉述草帽藝術家西蒙話說。該牛人被同行們視為在世的最偉大的、可能還是有史以來最偉大的巴拿馬帽編織師。

布萊恩喝了口咖啡，又接著聊巴拿馬草帽的故事。編織巴拿馬帽可是許多厄瓜多爾人的生計呢。在西班牙殖民者到來之前，原住民就編織草帽。在赤道線旁寂靜的簡陋村落，炎熱的陽光烤得人暈眩。男人們穿著白色棉布衫，腰束著彩色編織腰帶。在樹蔭下，神情專注，手上下翻飛，編織草帽。線繩之間的空隙，陽光如刀，鏤刻出金色的圖騰。帽身漸漸成型，為一種能遮擋炎熱的神物。村人們相信，巴拿馬帽蘊含著陽光之神的祝福。為此，他們穿梭於熱帶的樹林之間，採擷加工蘊養秘銀草的樹液。以便編織出最細膩、最透風的帽體。這是一件永恆的事物，自古延續至今不曾變遷。在歐洲上流社會，佩戴巴拿馬帽成為一種時尚風潮。一頂頂級的草帽可能要賣到幾千美元。富人們為此而傾注重金，將這件當地手工藝品推向了世界時尚的中心。然而在村民眼中，這頂帽子依舊是勞作和庇護的載體，是生活本身。

聽著布萊恩講巴拿馬草帽的製作和掌故，有種時光倒流的感覺。這讓我想起父親的麥草帽，在故鄉陽光下泛著那黃金的色澤。與巴拿馬草帽所用的扁葉藺的植物纖維一樣，麥草帽用的每一根麥草都是大自然的恩賜，蘊含著泥土的芬芳，蘊含著陽光。童年時的家附近，有形形色色的作坊。放學的路上，我喜歡看工匠用傳統技藝作工。看過老手藝人編織麥草過程。他們選擇堅韌而柔軟的麥稈，通常是冬小麥。一番清洗後，將麥稈穿過彼此交叉，就像編小女孩髮辮一樣，產生出長條麥草辮。然後將麥草辮旋轉縫合，形成帽頂和帽檐。再組合起來，一頂頂樸素而渾圓的草帽就大功告成。他們的手指粗糙，卻像蝴蝶翅膀一樣靈活。麥草在指間穿梭，發出簌簌的清脆聲響。一頂麥草帽漸漸成型，猶如一朵盛開的金色向日葵。

但那是困苦年代。我們很少擁有，食物經常短缺。我記得草帽下，父親汗涸的臉。扛著全家生活負擔的嚴肅的臉，那三分錢難倒英雄漢的臉。他是位木匠。每天一大早，就背著斧頭、鋸子、鉋子等工具，戴著麥草帽去勞作。晚上回來時，滿身木屑和汗味味，疲憊焦渴。麥草帽被熾熱烈日烤得變色。他的技藝在他那一輩人中算是出類拔萃的。他相信木材有自己的靈魂，通過精心製作和打磨，可顯其紋理和質地的獨特之美。父親一生修建過許多房屋，也打造過無數餐桌、椅子和水桶補貼家用。他用那頂麥草帽為全家撐起一片陰涼，遮風擋雨。

我之所以喜歡麥草帽，可能也與當時一個情竇初開的故事有關。那時我十五歲，在一家集體企業的工廠學徒做鈑金工。有一個哥們機修工叫小康，十分要好。他的二姐喜歡帶麥草帽。她初中畢業，就被下放到城郊的八裡湖農場作農工。她黑紅的臉蛋上有酒窩，眼睛特別好看。穿著白襯衣，戴著金色的麥草帽，像一棵行走的向日葵。她喜歡讀文學書，喜歡和她弟弟的朋友、剛剛擺脫流鼻涕的小屁孩的我聊天。她向我描述那一望無際的棉田上，她踉蹌地挑著沈重水桶，給發蔫的棉花澆水。那白花花炙熱的陽光，如何躲無可躲，如何烤得一切變形，烤得人懷疑人生。我邊聽邊看著她發呆。我知道，她和我說話，是因為青春的孤寂。但每一次，我看她戴著麥草帽步行去農場，那青春蹉跎的背影，心裡覺得很痛。許多年過去了，不知她現在過得可好？應該也老了吧。古老的故鄉已經變成一座嶄新的城。到處是沒有歷史的空調摩天大樓。還會有誰戴麥草帽？

船在接近赤道。船尾留下瞬息消失的大理石般花紋。一群海豚在海面跳躍。烈日變換著各種形狀，一會兒是方形，一會兒是扁狀。我很興奮。尤裡西斯的水手，不曾航行如此之遠。波塞冬的三叉戟也不曾在這裡逞威，路人也沒聽過塞壬歌聲。甲板上，鬧哄哄地正在舉行水手成人禮。據說，一個水手只有越過赤道線，才真正進入水手的成年期。不過，這場水手成人禮，純粹是郵輪方娛樂乘客的噱頭。歌手遜姆扮演海神開庭，另一些男船員扮演大胸妖精高喊威武。一眾乘客有的戴巴拿馬草帽或其它遮陽帽，有的科頭，端著酒杯，在陽光裡起哄。

正鬧著，廣播響了，船長通知，鑒於赤道國家厄瓜多爾爆發遊行示威，局面失控，將取消明天早上在曼塔港的停靠。接下來幾天，繼續在海上漂流。唉，不能品嘗金槍魚了，也不能參觀巴拿馬草帽的工坊，買一頂大名鼎鼎的有象牙般色澤的巴拿馬草帽了。不過，既然失去了金色的麥草帽，再失去象牙色巴拿馬草帽，也算是不偏不倚。就讓它們一起留在這篇短文裡吧。

聖馬爾塔：百年孤獨

在一個遙遠的地方，那裡蔚藍海洋、金色陽光以及海灘與雪山形成強烈對比。而在它們之間，有座古城叫聖馬爾塔，具有迴圈的時間，生死相倚，百年的孤獨。一個北半球的冬天，我朝著這個遠方的夏天航行。加西亞・瑪律克斯的《百年孤獨》發生的地方。

在早晨湧動的加勒比海上，尾隨著陽光，船緩緩駛向岸邊。地平線上，聖馬爾塔雪山的輪廓出現了，在朝陽下顯得格外清晰。這座世界上最高的沿海孤山，常年覆蓋著白雪。在熱帶風光中是那樣突兀不群和神秘莫測。有許多河流發源於那裡。其中一條穿過加西亞・瑪律克斯百年孤獨的馬孔多鎮。河中遍佈石頭，宛如史前巨蛋。據說河流經之處隱藏著被遺忘的文明的秘密。

遠遠看見一個漁村，估計是傳說中的那個塔甘加村。村民世世代代打漁為生。現在是旅遊的去處。經過聖馬爾塔灣燈塔所在的孤島，海浪拍打著岸邊岩石，發出低沈的聲音。燈塔高高聳立，白色的塔身披著陽光。這燈塔也會有七代沈船的故事麼?

離岸越來越近，多石的山丘，除了些性格孤僻的仙人掌，幾乎是光禿禿的，至多還有些枯槁的雜草。可以看到褐色山丘上有一條也許是兩條羊腸小路。看上去像沙漠的山丘。不應該啊，記得在瑪律克斯的《百年孤獨》中，下過長達四年十一個月零兩天的雨。也許那場雨之後，這裡就沒再下過雨。海鷗和甲板上的人群都很激動。早晨的加勒比海，早晨的哥倫比亞。許多年後，我再次來到這眼前從未來過的地方——聖馬爾塔。它就是瑪律克斯筆下的馬孔多鎮吧，一個虛構卻又存在的地方，被風刮得無影無蹤又不斷回來的小鎮。我下船時如此忖度。

踏上碼頭，魚腥味，咖啡和熱帶水果的氣息撲面。聖馬爾塔的商業在十九世紀中葉超過了卡塔赫納港，但隨後由於通往馬格達萊納的航道不足以容納汽船而衰落。

這是拉丁美洲最古老的城鎮之一。是瑪律克斯撰寫拉丁美洲的創世紀——《百年孤獨》的現場。這部小說以荒誕離奇魔幻的手法，講述一個神奇詭異的布恩迪亞家族七代人在一百年間的興衰。第一代的老布恩迪亞，開創了這個馬孔多小鎮。晚年失智被綁在栗子樹上度過最後光陰。直到臨死之前才被妻子烏爾蘇拉解下來。女主人烏爾蘇拉，一直在背後默默支持著家人。富有正義感，大義滅親。她一共活了一百多歲，貫穿了布恩迪亞六代家族的興衰史。在晚年，失明的她憑著詭異的直覺料理家事。臨死之前，她萎縮得像一個胎兒。

奧雷裡亞諾 · 布恩迪亞（上校）,老布恩迪亞的次子，第一個在馬孔多出生的人。他在母親肚子裡時就流淚了，出生時睜著眼睛。他一生向保守黨政府發動過三十二次武裝起義，全都失敗了。奧雷裡亞諾七代人輪番上演著活劇，因權力與情欲的輪回起落，也發生了一系列親人背叛與仇殺。第七代奧雷裡亞諾是一個世紀以來第一個在愛情中孕育的生命，然而，逃不過家族的宿命，因近親通婚帶著豬尾巴出生，最後被螞蟻吃掉。而馬孔多鎮也在颶風中消失。整篇以奇詭的手法影射了殖民、獨裁、鬥爭和流血的歷史，以及遺忘和孤獨的主題。

太陽升得老高了，新舊混雜的聖馬爾塔城，正對燃起烈焰的大海。我一陣恍惚。老舊的石磚仿佛在微微躁動，五顏六色的房屋如彩紙，隨陽光搖曳著。路上行人也像隨時會騰空而起。忽而，一陣風掠過，帶來了一縷若有若無的香蕉花香。我循著香氣來到一座古老的庭院，看到一棵巨大的香蕉樹。軀幹上刻著無數名字和日期，最早的可以追溯到一個世紀之前。一位白髮蒼蒼的老人綁在樹上，「歡迎來到馬孔多，」老人用沙啞的聲音說道。我驚訝地環顧四周，老人微笑著解釋:「聖馬爾塔就是馬孔多，馬孔多就是聖馬爾塔。在這裡，現實與虛構並無界限。」「可為什麼我看見了有玻璃幕牆的現代大廈呢，還有滿街像無頭變色龍似的嘟嘟車?」我問。「馬孔多並不必盡是簡陋的茅屋，房頂鋪著棕櫚葉，街道被炙熱的沙礫遮蔽等等。我們一直面對著外部的文明。以前吉普賽人帶來許多新鮮玩意兒，向馬孔多的居民介紹科學家的最新發明。我們也會煉金術。」老人回答道。接著又說，「也許你會發現這兒的居民也和以前不一樣。這也沒什麼。其實個人身份的界限是模糊的。一遍又一遍地重複他們祖先的錯誤。這表明人性不會隨著時間的推移而改變多少。」

我正要開口詢問更多細節，卻發現老人已經消失不見。只有那棵刻滿名字的香蕉樹依然屹立，見證時間的流逝。我伸手觸摸樹幹,粗糙的表面仿佛在訴說無數代人的故事。突然，我的手指碰到了一個熟悉的名字:奧雷裡亞諾·布恩迪亞。

就在這時，天空中響起了奇怪的嗡嗡聲。我抬頭望去，看到「*無數的小黄花如細雨繽紛飄落*」（瑪律克斯），化作無數隻金黄色的蝴蝶在空中盤旋，似在引導我的旅程。金色蝴蝶引領我走入聖馬爾塔狹窄而蜿蜒的街巷。兩旁破舊的殖民風格建築，裝飾著鮮豔的壁畫和花卉圖案。帶有紅色的屋頂和木制陽臺，充滿了歷史的韻味。一些門庭栽種著朱槿、三角梅和天堂鳥花。街道上鋪著磚石。噠噠的腳步聲，踱來踱去的鴿子咕咕叫聲，與偶爾飄過來的非洲-哥倫比亞音樂混合一起。小販絡繹不絕，渴望的眼神，巴巴地望著遊客。小店鋪幾乎把生意延伸到街面，兜售一些薩馬里亞美食。諸如芝士海貝、炸魚、酸桔汁醃魚、香蕉餅、椰子飯和椰子糖。這些食物的烹調是大雜燴：加勒比的、拉丁的、地中海特色的、歐洲的和非洲的各式風味競逐。

滿城天性豁達單純的紅色、藍色和黃色，讓剛剛從一場世界性的瘟疫中掙扎過來的這座城鮮活了些。仿佛這些顏色本身就具有一種魔幻的性質，賦予所有街上的人一種驚奇感和無辜感。高的和矮的、金髮和黑髮的人，仿佛在萬花筒裡行走。就連在椰子樹陰下睡覺的流浪漢，母雞的咯咯聲、蚊子的嗡嗡聲，也是萬花筒的一部分。一種現實與魔幻的無縫交織。一覽無餘的貧窮，卻又莫名的豐富多彩。聲情並茂地印證了瑪律克斯筆下的情景。

金色蝴蝶引領我，行走在西蒙·玻利瓦爾省公園外的大街上，最終來到一座通體白色的教堂前。反射的陽光讓我眯眼。鐘樓上的時鐘早已停擺，指標定格在四點二十分。這是哥倫比亞教堂之母——聖馬爾塔教堂。它高聳的鐘樓仿佛要刺破天際。教堂門前的廣場上，一群孩子正在追逐一隻會發光的風箏。

聖馬爾塔教堂保留了拉丁美洲的偉大解放者西蒙·玻利瓦爾省的心臟。在南美的城鎮裡，都會佇立著玻利瓦爾省的雕像。聖馬爾塔也不例外，騎在馬背，前蹄揚起，左手劍右手帽。這是美洲大陸的第一座教堂，受各種建築風格影響下的混合之作。聖馬爾塔居民自豪地稱其為自己的教堂。天主教傳統的堡壘。城中最顯著的地標。

我推開厚重的門，登上塔樓。眼前的景象令我驚歎。整個聖馬爾塔如同一幅巨大的織錦，過去、現在和未來的畫面交織在一起。我看到西班牙征服者的船隻駛入港口。那是在 1525 年吧，殖民者羅德里格到達這裡，恰好這天是西班牙的聖馬爾塔（聖母瑪麗亞的妹妹）節，於是這塊土地就有了「聖馬爾塔」這樣殖民意味的命名。

我還看見玻利瓦爾省領導獨立戰爭的硝煙彌漫，香蕉公司的繁榮與衰落、和平協議的簽訂、對毒販的追剿……又看到現代遊客在海灘上悠閒漫步，富人的巨型遊艇、窮人的生銹鐵皮房頂，上面落著迷途的鷗燕。更奇妙的是，我還看到了尚未發生的未來：飛行器在空中穿梭，運送香蕉。海平面上漂浮著透明的生態城市。

一位身著 19 世紀服飾的女士出現在我身邊，自我介紹說她是蕾梅黛絲。「時間在這裡是一條環形的河流，」她解釋道，「過去、現在和未來同時存在，你可以在其中自由穿行。」蕾梅黛絲邀請我跟她一起參加一個宴會。來到一個寬闊的廣場。那裡擺滿了長桌，各個時代的人們歡聚一堂。我看到加西亞·瑪律克斯與西蒙·玻利瓦爾省相談甚歡。玻利瓦爾省眼中燃燒著熱望，這位西班牙貴族的後裔，卻立誓趕走殖民者。他是位七情六欲旺盛的夢想家，即便到了病入膏肓的時，依然懷抱著建立世界上最大的自由國家的夢想：從北美的墨西哥到南美洲南端的合恩角。

瑪律克斯滿眼崇敬地望著他。老奧雷裡亞諾的次子沒作聲，立在那兒。目光穿透時間，彷彿在回憶那個遙遠的下午，他父親帶著他發現了冰。法蘭西斯科·皮薩羅正在向未來的科學家請教人工智慧的奧秘。當然一些人依然在談煉金術。我在宴會上漫步，聆聽歐洲高科技舞曲混合本土孔比亞舞曲或巴傑那多音樂的節奏。一些人跟隨著哥倫比亞說唱樂和雷鬼舞曲翩翩起舞。幾個帶棒球帽的小夥子，汗流浹背地翻斤斗、跳街舞來向遊客討賞。一位滿臉皺紋的老太太，自稱是皮拉爾·特爾內拉。她為我端上一盤香氣四溢的燉魚，配以新鮮的芒果和椰子飯。「這是布恩迪亞家族的秘方，」她神秘地說，「吃下它，你就能品嘗到聖馬爾塔百年的味道。」

突然，我的目光被一個古老的羊皮紙卷軸吸引。卷軸上畫著一幅詳細的地圖，標注著「馬孔多的一百年」。正當我想仔細研究這幅地圖時，一陣狂風突然襲來，吹散了宴會的一切。我再次睜開眼睛，發現自己站在一條荒涼的小巷裡，周圍只有斑駁的牆壁和野草。但空氣中依然回蕩著歡聲笑語，彷彿剛才的宴會還在某個平行時空中繼續著。就像瑪律克斯所說，「生命中曾經有過的所有喧囂，都將用寂寞來償還。」我從口袋裡掏出一枚硬幣，想起老人的話：「在聖馬爾塔，現實與虛構並無界限。」我將硬幣拋向空中，心想：它落地時會是哪個時代?

硬幣在空中劃出一道金色的弧線，落地時發出清脆的響聲。當彎腰去撿時，我發現自己坐在一輛彩色的嘟嘟車，在狹窄的街道間穿梭。司機是個話癆，一路上滔滔不絕地講述著城市的傳奇。我們駛向郊外。嘟嘟車穿過香蕉園，時不時地還穿過河。洗澡的女孩在河水中如鯡魚般跳了起來，乳房一閃。嘟嘟車載著我來到了塔伊羅納國家公園的入口。走在熱帶雨林中蜿蜒的小徑上，我時而穿過茂密的植被，時而跨過清澈的溪流。空氣中彌漫著泥土和野花的芳香，不時有色彩斑斕的蝴蝶從眼前飛過。帶著薄霧的峰頂和鬱鬱蔥蔥的山谷，喚起了瑪律克斯小說中神秘的場景。阿魯阿科族印第安人背著滿滿的一袋薑，螞蟻般地沿著蜿蜒的山脊前行。嚼著可卡葉以減輕生命之重負。

突然，一座巨大的金字塔出現在眼前，它的表面覆蓋著藤蔓和苔蘚，已經存在了千百年。在哥倫布來到這片土地前，文明早就存在。人們懂得結繩記事。在一處高地，我遇到了一群原住民後裔。他們正在舉行一場神秘的儀式，慶祝雨季的到來。我被邀請加入他們的圓圈，隨著鼓點搖擺身體。我閉上眼睛，看到了千百年前的先民也在這片土地上跳著同樣的舞蹈。這樣豐富的神話傳統和民間故事，應該也是瑪律克斯獨特的文化語境和想像力的源泉吧。雨滴開始落下，但沒人在意，我們的歡笑聲回蕩在山谷中。

嘟嘟車還載著我，來到了附近的阿拉卡塔卡小鎮。骯髒的街道，毫無掩飾的貧困。這是加西亞·瑪律克斯的故鄉，但他很早離開了這個滿是灰塵的小城。尖叫的孩子們在陽光暴曬的街道旁邊的灌溉渠中游泳。破舊的木屋擋住樹木成蔭的神秘花園。黃鶯關在籠子啼叫。我進入瑪律克斯的故居。這座黃色的殖民風格建築帶著咯吱作響的地板和風化的牆壁。八歲前，瑪律克斯一直居住在外祖父家，他的外祖父是上校，曾經兩次參加哥倫比亞內戰，外祖母是一個勤勞的農婦，對拉美傳統神話故事非常熟悉。用天經地義的口吻講述最離奇的故事，《百年孤獨》的敘事採用的正是這種口吻。

正是在這個地方，魔幻現實主義的種子被播種。這棟房子已經成為了博物館，陳列著作家生前使用過的物品。我在瑪律克斯的書房裡駐足良久，想像著他是如何在這裡創造出馬孔多的奇跡。牆上掛著一幅巨大的家譜，記錄著布恩迪亞家族七代人的故事。我注視著這幅家譜，突然意識到自己的名字也在其中——原來在不知不覺間，我已經成為了這個魔幻故事的一部分。正在迷惑之際，瑪律克斯從照片中走下來，帶我看他小時候的院子。他說，這個院子的每個角落都死過人。並談起父輩。「父母是隔在你和死亡之間的一道簾子，把你擋了一下，你最親密的人會影響你的生死觀。」兩鬢染霜的我贊成地直點頭。

黃昏降臨，我回到了最初遇見老人的那個庭院。香蕉樹依然屹立，樹幹上的名字在夕照下閃閃發光。居然一個家族七代三十多個男人共用「奧雷裡亞諾」和「阿爾卡蒂奧」兩個名字。我試圖在樹幹上刻下了自己的名字和日期。刻上去的也是「奧雷裡亞諾」。在身份上居然如此相同，這讓我驚訝。

難道人的處境在任何時空都是一樣？來到世間，被祖上的文化、神話、語言和習俗朔造，背負著歷史病痛和熱望，在欲望中翻滾，重複相同的偏見、相同的悲歡、相同的孤獨，生老病死。如同每一代布恩迪亞都在「個人的奮鬥」和「歷史的進程」的糾纏中。譬如奧雷裡亞諾·布恩迪亞上校的經歷：三十二場失敗的武裝起義，與十七個女人生下的十七個兒子，十四次暗殺，七十三次伏擊，最後正在發生的一次槍決。一代代布恩迪亞，上演著一出出活劇，方生方死。這些的人物有各自的孤寂，權力的孤獨、智慧的孤獨、善良的孤獨、戰爭的孤獨、愛的孤獨等等。

瑪律克斯的《百年孤獨》是一個巨大隱喻，小鎮馬孔多由第一代布恩迪亞開拓、創建，家族裡的人一代又一代，無可救藥地重蹈覆轍。主角們無不用自己獨特的方法對抗孤獨，有參加革命的、反復做手工煉金術又或是沈迷於情欲。青年男女，藐視倫理，近親通婚、私通，狂放激情，以及光輝歲月過後暗自神傷，沈淪於日復一日的漫長孤獨的自我封閉。直到第七代螞蟻吃掉，小鎮馬孔多被颶風抹除。

其實，馬孔多是全人類共通的，不單是拉美的慘痛歷史，更加具有跨時代的預見性和人類歷史的共性。相同命運的圓環。馬孔多代表著人類企圖擺脫孤立狀態的各種努力。馬孔多可以在聖馬爾塔，也可以在波哥大，可以在拉丁美洲，可以在世界任何城鎮。人，就是一個西西弗斯，終身推著巨石上山又任憑它滾落，周而復始。為暴力與金錢所掩蓋，成為苦役的亡魂。這就是百年孤獨啊。也許在未來的某一天，另一個旅行者會來到這裡，觸摸這棵刻滿名字的香蕉樹，發現我的名字，開始他自己的奇幻之旅，流浪般尋找不存在的意義。

這是怎樣的人生啊。人，如瑪律克斯描述，趨行在亙古的旅途，在坎坷中奔跑，在挫折裡涅槃，憂愁纏滿全身，痛苦飄灑一地。我們累，卻無從止歇；我們苦，卻無法回避。我閉著眼睛，胡思亂想。何塞·阿爾卡蒂奧的聲音，在我大腦黑暗中迴響：「記住，遺忘是最可怕的詛咒。只有記住過去，我們才能創造未來。」當我再次睜開眼時，發現自己站在聖馬爾塔的海灘上。遠處的落日將天空染成了金紅色，仿佛整個世界都籠罩在魔幻的光芒之中。

我走回郵輪。回味蕾梅黛絲致命的美，她在一個午後被床單卷裹著飛離地面，「*永遠消失在連飛得最高的回憶之鳥也無法企及的高邈空間。*」（瑪律克斯）我和船，劈開金色的加勒比海，向另一個馬孔多鎮駛去。

卡塔赫納城：愛情與霍亂

我乘船，從一個冬天來到一個夏天。來到這座瑪律克斯《霍亂時期的愛情》發生的城市：卡塔赫納。它坐落在馬格達萊納河和西努河之間。以西班牙卡塔赫納的名字命名，恰好去年我也遊歷過該城。其與迦太基和漢尼拔有段歷史淵源。

郵輪漸漸靠近岸邊，我站在甲板上，一座城垣赫然出現在眼前。城垛彷彿從遙遠的過去升騰而起，與天空融為一體。當船入港泊定，太陽已從加勒比海上升起，金色光芒灑滿卡塔赫納城。塗抹在聖費利普城堡，厚厚的石灰岩牆，土黃色鐘樓上。殖民時期建築的牆面漆以明亮色彩，那些石化的死去，似乎活了起來，像加勒比海魚類的鱗片一樣變幻閃爍。風中，古老的石磚彷彿在微微顫動。街道兩旁雜草叢生，卻也顯得生機勃勃。空氣中散發煎魚的氣味，混合著哥倫比亞咖啡撩人的香味。

卡塔赫納最初的定居者，當然不是乘坐大帆船而來的西班牙人，也不說西班牙語。而是一群澤努人，在這片加勒比海哥倫比亞土地上，生活繁衍了數百年。澤努族人的貴族在下葬時，愛以豐富的金銀製品陪葬。西班牙人蜂擁而至，把澤努人墓穴中的金銀財寶洗竊一空。運走了黃金，建造各式各樣的堡壘、炮臺，來保衛這座以金銀運轉港而聞名的卡塔赫納，對付各種不同歐洲殖民者的搶奪。

從某種程度上，卡塔赫納的歷史幾乎可以被看作一部歐洲人相互爭奪、圍攻和襲擊的歷史。為了維護在當地的地位和利益，西班牙人在卡塔赫納投入了大量資本，把卡塔赫納建成哥倫比亞最美麗城。城中豎起了十字架、教堂。設立了宗教裁判所。陽光下，我穿過玻利瓦爾省廣場，空氣中似乎還殘留著當年那些犯人痛苦呻吟。他們被判處犯有異端、褻瀆、重婚或巫術罪行。

如今這個廣場環繞著帶陽臺的殖民時期建築。街道兩旁是涼棚的戶外咖啡館。中心佇立著獨立領袖玻利瓦爾省的雕像。騎在馬背，前蹄揚起，左手劍右手帽，威風凜凜。在逐漸火辣起來的陽光下，緬懷往日時光。幾隻流浪狗饑餓地望著遊客。密密麻麻的鴿子，讓人喘不過氣來。

我穿過鐘樓，越過販賣本地傳統糖果的小攤商販，穿過糖果走廊，深入殖民時代的舊城。沿著城牆，越過當年販賣黑奴的廣場，進入聖地牙哥和埃爾森特區。果子露色調的西班牙風格的民居。香烏鴉拍擊翅膀，在往事中飛來飛去。佈滿九重葛花草的陽臺和小巷，像一個個尚未醒來的舊夢。鵝卵石街道，似乎能把人帶到連時間都失去掌控的領域。死去的卻活著，而未發生的已經結束。過去和未來的一切，在狹窄的小巷和隱蔽的庭院中徘徊，隨機發生、消失和重來。

穿梭在人群中，就像穿梭在一群自己中。裝飾著花朵瀑布的陽臺，似乎都有一位美婦費爾米納，或是年輕時的，或是年老的。對花鳥魚蟲有著千般慈愛，而內心殘酷地讓一個幻影長期佔據。有著年輕時寫熾熱情書的眉眼，又有不懊悔現在生活的堅定嘴角。既忠於現在，又懷戀過去。這似乎是所有愛情故事女主角，對於初戀和丈夫的心態。風吹拂著瑪律克斯《霍亂時期的愛情》的故事細節，如同翻動書頁。讓人瞥見，花藤下讀書的身影，夜晚小提琴憂傷的迴旋，瘋狂傳送的甜蜜話語，那憂鬱得像鬼一樣的面容。

烏爾比諾醫生的那只會背誦福音書片段的鸚鵡，仍然停在一株芒果樹的頂上。引導著死亡和新生。引導著葬禮，以及五十多年後的表白。如同他妻子費爾米納般美麗的女子，有清澈的杏仁眼，自由自在的胸和臀。像一群加勒比海彩色的魚，在西班牙沈船的殘骸間游來遊去。海底的金銀時隱時現。熙熙攘攘的人群，互不相干又彼此糾葛的人群；愛得千姿百態、一生一世的人群。

我站在街角，這時幾輛老式的敞篷汽車，裝飾著花和彩帶，載著新郎和新娘，以及參加婚禮的人們，興高采烈地駛過。這座城還是那個霍亂時期的愛情未發生，或已結束時的樣子。同樣的婚喪嫁娶。在聖多明哥廣場的雕塑」斜倚的女人」旁，人們跳薩爾薩舞；在陰涼的戶外咖啡館啜飲著，三三兩兩嘮嗑家長里短；在海濱，愛著他們的狗，愛著清澈得空無一物的大海。他們就是《霍亂時期的愛情》故事的原型吧。瑪律克斯洞若觀火，捕捉到他們的欲望、渴望和愛情的各種形式。卡塔赫納豐富多彩的街道、繁華的廣場和堅固的城牆都是瑪律克斯敘事的一部分。

在這最遙遠最陌生的城市，我看到了熟悉的生活。充滿瑣碎、歡樂、掙扎、消逝、遺忘、小得意，以及無意義，當然還有孤獨，愛而不得。我看見一隻黃色蝴蝶從無處飛來。在瑪律克斯《霍亂時期的愛情》裡，當弗洛倫蒂諾和費爾米納多年後重逢時，也有一隻黃色蝴蝶在他們之間翩翩起舞。和我眼前這只蝴蝶是同一只麼？蝴蝶代表了什麼？是象徵著他們重新點燃的愛情的微妙，還是暗示著生命中這些美妙時刻的轉瞬即逝？

相思病的症狀居然與霍亂十分相似。善於治理霍亂的烏爾比諾醫生死了，有些滑稽的死。然後，他的未亡人妻子費爾米納在丈夫的葬禮上，突然又看見了幽靈一般的年輕時情人阿裡薩。她徹夜難眠，她還發現，當她啜泣著睡覺時，想阿裡薩的成分比想她死去的丈夫更多。於是，再續前緣。兩位老人遲暮的愛情，再度給愛是何物，添了一匹亂麻。它是顧慮重重的，處心積慮的，小心而脆弱的，兩人不斷地向前又退縮，直到最後上了一條霍亂的船，將所有現實置之度外。我的疑問是，對於時間的流逝和個體的變化，愛都可以忍受或承受麼？唉，對於愛情，我們都太年輕了；對於愛情，我們都太老了。無論是在這座卡塔赫納城，或別的什麼城。

在卡塔赫納城牆邊緣，我坐在格茨曼街區的一間食肆，吃著酸橘汁醃魚，一道非洲奴隸發明的菜。這是一個色彩繽紛社區。就在十年前，它還是搖搖欲墜的磚牆和珊瑚牆，以為毒販提供陰涼處而出名。如今是街頭藝術和令人駐足的塗鴉。我看著一面芥末黃色牆上畫著一隻鳥的輪廓。五顏六色羽毛上沾著煙灰和灰燼。這種鳥在當地被稱為「瑪麗亞·穆拉塔」。傳說它們曾從一場大火中拯救了一個村莊。這好神奇啊。

我想起，鳥，作為一種神秘力量，瑪律克斯在《霍亂時期的愛情》裡，以它承擔隱喻或預示。來喚起情感，傳達更深層次的含義，並加強對愛、自由、短暫和人際關係複雜性的主題探索。男主角弗洛倫蒂諾收藏了一批信鴿，冀以此傳遞書信，飛越一切障礙的愛情。這些鴿子的咕咕叫聲，吐出熾熱情感和欲望。同時表明了他與愛人之間的隔離，暗示著愛而不得。愛情遙不可及，欲望深不可填。這些可翱翔、能超越限制的生靈，反證出人的不自由，愛情被隔膜。正如鳥類難以捉摸且難以捕捉一樣，角色對某些關係或經歷的渴望，也可能難以捉摸或無法實現。

而鸚鵡，飛到一株芒果樹的頂上，導致它的主人烏爾比諾醫生的死亡。整部小說都提到禿鷹。應是代表死亡和腐爛吧。與人物的浪漫理想和欲望形成鮮明對比。禿鷹的出現凸顯了死亡的嚴酷現實和不可避免的時間流逝，提醒人生命轉瞬即逝的本質。

一群孩子在陽光下踢足球。黑白混血兒。卡塔赫納在當年還是著名的奴隸市場，大量奴隸被運送至此，販賣至秘魯和玻利維亞做開礦之類的工作。留下了許多混血的後代。玩球兒童的笑聲在街道上回蕩，好聽的西班牙語喊聲此起彼伏。給大氣中注入了一種驚奇和喜悅的感覺。這些孩子會長大，長起鬍鬚，會有健壯的肌肉，在陽光下閃閃發亮。像一匹隨時欲奔的黑馬。

他們將如何穿過霍亂般的愛情人生？也會窮盡所有愛情的可能性麼，忠貞的、隱秘的、粗暴的、羞怯的、柏拉圖式的、放蕩的、轉瞬即逝的、生死相依的……或者一生在孤獨中，幾十年保留著當初的執念和單相思之苦，在自己的欲望中掙扎。就像那位情書槍手費洛倫蒂諾，瘋狂迷戀費爾米納。為了享有費爾米納的氣味而吞下花朵，讓自己嘔吐不已。等待了半個多世紀，直到她的丈夫去世之後才袒露自己的愛。儘管他放蕩不羈，閱人無數，有過數不勝數的露水姻緣，譬如晨星，譬如朝露。但他還是宣稱自己依然是一個童男。因為惟有費爾米納才是他的刻骨銘心。相思之病甚於霍亂之痛。愛情之殤，甚於死亡。

海濱公園裡，一位黝黑的中年漢子在自己的影子裡吹奏薩克斯風。變色龍跑來跑去。樹獺趴在枝頭像時間的休止符。鐘聲響起，來自那座號稱世界上最漂亮的黃色鐘樓。時間的聲音驚得一群鳥亂飛。時間，定義了愛情的形狀。愛、衰老、死亡，只不過是河中的石塊，讓流水繞著它們，泛起漣漪。但最終，時間會穿過這些石塊流逝。衰老和死亡，把曾經有的一切收回。

我更加理解了烏爾比諾醫生的摯友耶勒米雅·聖阿穆，為了不再變老，在六十歲結束自己。時間擴大人生的錯失，增加遺憾的重量。最終，時間耗盡一切。在時間和衰老的脅迫下，愛情如昨日黃花，被風吹雨打去。這本小說探索了時間的流逝以及衰老對愛情和人際關係的影響。通過弗洛倫蒂諾·阿裡薩這個角色，瑪律克斯描繪了愛情隨時間演變和轉變的複雜性，捕捉到隨著年齡增長而帶來的美和挑戰。生與死的關係，和愛情一樣永恆而令人迷惑。

碼頭上，海濱道上，熙熙攘攘。卡塔赫納的城牆和堡壘在黃昏時分顯得尤為壯觀。長達十一公里的城牆環繞著老城區，夕陽的餘暉灑在城牆上，仿佛為其披上了一層金色的鎧甲。與新城與邁阿密類似的玻璃大夏，形成強烈對比。遊船懸掛黑色海盜旗，載著外鄉客，遊覽卡塔赫納灣。一群群人在城牆邊上的酒肆喝酒，小販們來來回回，兜售廉價的紀念品，或小袋哥倫比亞咖啡，甚至古巴雪茄。

其實，這兒與世界其它地方一樣，人們都在雞毛蒜皮中活著，認真地愛著，敷衍地愛著。愛而不得的悲傷，但有時甚至開懷大笑。內心的孤獨如黑夜的貓，亮著眼睛。死亡臨近，就像在河邊張著嘴等待捕捉蝴蝶的鱷魚。而新生時時發生，猶如那長著碩大乳房，像女人一樣哺育小海牛的母海牛。對於流逝，我毫無遺憾。只是沒有為愛而死。

一群白髮斑斑夫婦，或鰥寡，顫顫巍巍相攜，或獨行，返回他們的郵輪。各種蒼老的口音，花朵般的老人斑。夕陽把他們的影子拉長，有連綿不絕之意。似乎他們還有某個故事的尾聲留在卡塔赫納城。海風吹來，他們如同一群秋天即將凋零的樹葉。據說瑪律克斯讀到一則有關老夫妻死在旅行船上的新聞之後，寫了這部關於愛情的小說。愛情如何能直面時間和衰老？與寫《當你老了》的葉芝一樣，瑪律克斯相信至老不渝的愛情。以一個跨越了五十多年時間的愛情故事，凸顯了愛情的持久力和人類情感的執著。對此，我很懷疑。真的我們可以老了再相愛麼？

兩個老人遲暮的愛情，再度豐富了「愛情百科全書」的內涵，它是顧慮重重的，處心積慮的，小心而脆弱的，兩人不斷地向前又退縮，直到最後，將所有現實置之度外。荒誕的是，正是霍亂，為這份不為世俗所容的愛情提供了最好的避難所。

把愛情與霍亂聯繫在一起，瑪律克斯想告訴人們什麼？我望著走回船上白髮斑斑夫婦或鰥寡們沈思。霍亂當然指稱禁忌。在瘟疫面前，兩性通常被禁止發生親密關係，以防止疾病的傳播。想起剛剛發生的新冠肺炎大流行，人們戴著口罩親吻。我搖頭苦笑。同時，霍亂指稱死亡，霍亂與愛情，這種關聯性暗示了愛情與死亡的內在聯繫。當面臨死亡，愛情會淨化得更加強烈和純粹吧。

生命如此短暫和脆弱，而愛情如煙花。如何能不珍惜？即便面對最大的禁忌。或許愛情真能讓人永生呢。《霍亂時期的愛情》中，弗洛倫蒂諾和費爾明娜，在霍亂環境下偷得了片刻的溫存時光。他們登上掛著霍亂旗幟的輪船，在海面上無止境地遊蕩漂流。但「我們這樣來來去去地要開到什麼時候」？

又起航了。我望著卡塔赫納碼頭揮手的人群，又望著前面碎金般的海面。

夜泊利馬

船留在利馬港過夜。這是一個古老的夜。許多人乘火車去了安第斯高原，去看那偉大的廢墟，那天空之城，馬邱皮丘。還有些人趕去看納斯卡地線，那綿延幾公里鑲刻在大地之上的線條、謎團般的圖案。留下半空的船，半亮的甲板。歌手們也歇了鼓弦。

我也登岸。就近看看利馬。這座建立在廢墟上的城，坐落在安第斯山脈和太平洋之間，數千年來一直是文化和精神的中心。遠在哥倫布來到之前，這裡就人神安居，繁衍生息。利馬城中散落著大大小小的古代遺跡。那曾經是無數溫暖的家。我手持衛星地圖，在城中四處遊蕩。找尋往昔先民的蹤跡。

我來到華卡布亞納，這是利馬文明最大的遺址。它是一座黏土金字塔，建於西元五世紀，由七級交錯的平臺組成，興盛於西元二至七世紀。比印加文明的馬丘比丘早約一千年建成。它的周邊是一個大廣場，有不少深坑，坑中是各種魚類和海洋生物，作為奉獻給神明的祭祀品。原利馬人崇拜一位被稱為「海洋之王」的強大神靈。據信其控制著海洋的潮汐並保護城市免受災害。原居民種植金色和紫色的玉米，引安第斯雪水灌溉。為豐收載歌載舞。太陽與月亮輪替地照耀他們知足常樂的紅色臉龐。後來印加文明輻射至此，將其豐富的神話和文化習俗帶到這裡，並取代了利馬文明。

我步入了拉爾科私人博物館。它有見證延綿萬年的秘魯文明的豐富陶器收藏。跨過鏤花鐵門，經過白色外牆上爬滿了各色三角梅的過道，來到白色的前庭。更多的三角梅在傾瀉的陽光裡恣意開放。蝴蝶翩翩飛舞其間，呈現生命最原初的模樣。行走在博物館的陳列架之間，我讚歎不已。從未見過如此豐富、如此精湛的陶器！它們造型奇特、傳神、淳樸、高古、天真、神秘。有描繪神祇、祭司和神聖儀式的祭祀禮器；傳遞了關於神話人物、英雄和傳統故事的器皿；有描繪了山脈、河流、動物、植物和天象等元素的藝術品；有描繪了耕作、捕魚活動的、日常生活的飲水、炊煮的容器。這些陶器，仍然散發著家園的氣息。體現了先民的匠心絕藝，砥礪勞作，敬天法祖的感恩。生動展示了幾千年的安第斯文明的各個方面。體現了印加文明崇尚自然、與萬物和諧共生的理念。

尤其讓我嘖嘖稱奇的是那些生殖崇拜的陶器：交合、孕育、出生、授乳等生命創造的形象。赤裸裸地展現著先民對生命偉力的尊崇與敬畏，以及對生命本源的思索。散發著那原始而馥鬱的、生生不息的氣息。這讓我想起當年撰寫有關中國古代哲學萌芽教案時做作的研究。我們的最初哲人，也是從人自身的生殖，來想像和描述世界的。

觀畢拉爾科博物館，我向老城區進發。途經老城區，眼前是一幅幅色彩豔麗的壁畫，在狹窄的巷道裡盡情綻放。牆上，有些壁畫描繪著當地漁民的生活，有些則展現著印加神話中的太陽神、月亮女神和其他神祇們的故事。每一處壁畫都像一個個活化了的畫卷，娓娓訴說著利馬悠久的文明及豐富的神話傳說。街頭小店內，香氣撲鼻而來。店小二高聲招徠著，熱情地向過路人兜售新鮮出爐的玉米餅和烤肉串。作為世界玉米文明的起源地，當地人視玉米為土地之母維拉科查的饋贈。這份對大自然的敬畏一直延續至今。味覺體驗就像一場原始而神聖的儀式。它甚至有故鄉的味道。

但印加先民曾經的家園，如今卻被異國文明的遺跡所覆蓋。廢墟上築起精美的巴羅克、文藝復興風格的教堂，宮殿，別墅。現在的利馬是一座以歐洲、亞洲和安第斯文化交匯而形成的都市。它像一鍋巨大煉獄，在這裡，每一種氣息和聲音都被熬煮、消失、融合，孕育出一種全新文化風味來。

我來到老城區的中心——武器廣場，也稱為馬約爾廣場。殖民時期，廣場是西班牙殖民者炫耀武力和權威之處。被用來舉辦各種公共活動，包括處決、鬥牛和閱兵。一八二一年秘魯獨立後，該廣場成為民族自豪感和身份的象徵。我在一家小咖啡館打尖，苦澀的芳香在舌尖綻放。牆上裝飾著褪色照片，記錄著曾經來過的著名過客。豔陽下，街道熙熙攘攘。小販叫賣手工藝品。一切舊事物正在熠熠生輝。利馬大教堂像巨人一樣矗立在那裡，它的石頭外牆因時間的流逝而變得光滑。鴿子在它的巨大陰影下咕咕叫著。教堂的鐘聲驟然響起，鴿子驚飛，信眾緩緩湧出。大約是某人的喪禮散場了吧。

利馬是世界有名的「不雨城」。在抵達它之前，我一直在秘魯的海岸由北向南航行。所泊之處，是一片乾燥的黃色，幾乎見不到一棵樹。海岸邊的房舍簡陋，東倒西歪，孩子們卻玩得忘情。我感歎，即便再家徒四壁，也是家園啊。利馬城貴為南美的福地溫柔鄉，也是半城塵土，半城優雅。陽光倒是出奇地豐盛，一張巨大燒紅的鎢絲網。在它的灼燒下，世界像一面不規則的棱鏡，破碎為數之不盡的面孔。青銅雕像已近乎變形，連空氣也被扭曲。光影的棱角，劇烈的對比令人睜不開眼。

我走過滾燙的鵝卵石老街，途經法蘭西斯科修道院而不入。該修道院地下室，有人頭骨博物館。我敬謝不敏。生死雖早就堪破，但不喜看這類東西。來到利馬河邊盛開三角梅的公園，躲避驕陽烈焰，幸有微風拂面。利馬河在旁發出低沈有力的咆哮。它從雨季的安第斯群山奔騰而來，河中亂石嶙峋，湧動黃色的泥水，似一條疾走的黃銅蛇。利馬河，大自然億萬年來的化作。平時只是一條渾濁的小河，卻似乎孕育了無窮的活力與能量。像一條永不斷流的命脈，穿城而過，帶來勃勃生機。撫育滋潤過無數蒼生，滋養著整個城。見證了一個又一個文明的興衰更迭。河對岸的山丘上，擠滿簡陋的房子，卻漆得花紅柳綠。好一群奔放張揚的家啊，我笑。每個家園終會在時光中褪色，成為一抔永不停歇的鄉愁，終將隨著大河的奔流歸於自然。

烈日西斜時，我來到米拉弗洛雷斯的濱海步道。這條小路沿著海岸的懸崖峭壁，曲折蜿蜒，在綠樹的掩映下時而隱沒。時有鳥兒在樹梢間婉轉啼鳴，與海濤聲構成自然樂章。

利馬，是座建造於海邊懸崖之上的古都。遠方天際線上，安第斯的群峰環繞城市，巍峨雄偉，壓抑著海岸線的呼吸。而在這綿延不絕的懸崖邊緣，大西洋的浪濤不住地拍打著峭壁，發出陣陣低沈的咆哮。我站在懸崖濱海步道上，望著潮起潮落的大海。長風拂面，吹亂了我的頭髮，帶著幾絲腥鹹氣息。海面波光粼粼，陽光在水面上舞蹈，偶爾會有一兩隻海鷗在天際掠過。我癡迷地凝視著，目之所及，無不是高低錯落的崖壁和礁石，千百萬年的風化雕刻出各種奇形怪狀。更令人讚歎的是，在這些裸露的岩壁之上，竟也孕育出了繽紛的色彩和生機——嫩綠的青苔和灌木斑駁點綴其間，宛若一件巨型藝術品。

步道旁，有一個愛情公園。公園中心是巨大粉紅色接吻情侶的雕塑。前面是陡峭的沙石懸崖，再前面是不息的大海。彩色瓷磚馬賽克裝飾的愛情長椅上，拼貼著繽紛的西班牙文詩句。其中兩句讓我駐足：「*Amor es solo un pájaro que deambula*」（愛只是一隻徘徊的鳥）和「*Tu estas por encima del infinito mar*」（你在無邊無際的大海之上）。我搖頭笑，愛之不確定性，愛而不得，乃人生的困惑和憾事。人生短暫如過眼雲煙，而身處的這片大自然，卻是亙古永存。

站在利馬的懸崖之上，我感受到了生命的起源、延續和終點，也感知到了自身的渺小和卑微。但就是這樣一個微小的存在，竟也被大自然稟賦了探尋她芳馨的權利。永恆的家園雖不可得，但若能全心全意去接納身邊的一切美好，盡情吮吸這份綺麗和蒼茫的芳馨，被氤氳、滲化，也足可以慰藉。

夕陽像一枚熔漿般滾燙的銅球，懸掛於一望無際的大海之上。在我返回到船的路上，看著懸崖下的公路的車流，在夕陽下反射著大海和落日的光芒。我不禁想起那位客死在巴黎雨中的秘魯流浪詩人塞薩爾·瓦列霍。他曾經寫道：「*利馬是一座永遠在誕生，又永遠在死亡的城市。*」

夜晚，我站在甲板上。一彎月牙，在黑曜石鏡面上滑行。孤零零地漫遊一會兒就失去蹤跡。大海漆黑得空無一物，如同一個無底的黑洞。此時此刻，在宇宙中幾乎是忽略不計的。我們只不過一粒微塵飄蕩在宇宙洪荒之中罷了。我眺望著夜色中的利馬城，如一頭正在呼吸的巨獸，時而波詭雲譎地扭曲變形。

海岸公路上，散落的幾束昏黃燈光在遠處閃爍，努力為前路營造出一線光明。轉瞬即逝，無垠黑暗很快就恢復了寂靜。整個城市的輪廓則被一種質感奇異的黑色光芒所籠罩。可以忽略不計的細沙般的燈盞明滅，發出囈吟。這是在世界的盡頭，高聳的海岸。這裡是夏日，熱風撲面。而故鄉是冬天。下雪了麼，梅花開否？人們在準備過春節了吧。父親在世時，說了許多遍他父親在時的話，「有錢無錢，回家過年。」可這麼多年了，我孤懸海外，一次也沒回去過春節。家園的模樣早已變遷，我只能孤獨地注視著它逝去的幻影。

一些旅途中遇到的人，鼓動說，一起去看馬丘比丘吧，印加帝國的偉大「消失之城」。見證那建築奇跡，石塊壘就的「天空之城」，石塊契合得嚴絲合縫。當一九五零年庫斯科發生地震時，那些西班牙殖民時期的建築都垮了，馬丘比丘的薩科塞瓦曼卻屹立不倒。先民的建築師多有智慧啊。那可是一生中必去之地啊，充滿了神秘、未解之謎。唉，廉頗老矣，尚能飯否？要是有高原反應那就不美了。非不為也，是不能也。再說，我的一生，就是一個偉大的廢墟啊，也有失落之城。自己都沒有剩下足夠的黃昏與黎明，去憑弔它。去回味它。

夜色中，大海在遠方沈靜地呼吸，仿佛一位睡著的巨人。在艙房，我整夜聽著海浪拍打船玄，星星墜入海中。睡去又醒來。

不寫了。再去睡會吧。

查斯科納，歡樂與悲傷的愛巢

離開智利聖地牙哥城的前一天，我想起了詩人巴勃羅·聶魯達。那是自己年輕時的記憶。去看看拉查斯科納——詩人與他當時秘密情人瑪蒂爾德·烏魯蒂亞的秘密愛巢，也許是不錯的計畫。畢竟，那棟「海鷗之屋」，是他的寫作現場。

當年，我由讀西班牙詩人洛爾加，發現了他的詩友，「用第三只耳朵聆聽大海」的聶魯達。其十九歲時出版的《二十首情詩和一支絕望的歌》，令我反復誦讀。該詩集涉入了愛、欲望、激情以及不可避免的悲傷的主題。他這個系列並不僅僅獻給一個情人，而是融合了他的青春與多位女性的相遇，分別是瑪麗索爾（*Marisol* 意為大海和太陽）和瑪麗松布拉（*Marisombra* 意為大海和陰影）。後者是聶魯達在特慕科時認識的，是當地鮮花節的選美冠軍。這些女性中，當然也包括「我喜歡你是寂靜的」那位靦腆瑪麗松布拉。聶魯達以她們美好身體特徵，創造了一個空靈的愛人。《二十首情詩和一首絕望之歌》不僅是對愛情的歌頌，也是對其內在二元性的探索。

聶魯達通過豐富的意象、令人回味的語言和深刻的詩思，深入人類欲望的深處，捕捉了愛所喚起的性感和熱情。通過對愛情令人陶醉的本質，以身心的體驗，用語言的力量來傳達愛所激發的壓倒性的情感：歡喜雀躍，但又深深的悲傷和絕望。愛的火焰閃忽不定，明亮又暗影，滿足與失落，幸福和心碎相伴。

在詩集最後一首絕望之歌中，聶魯達直面因愛的缺席或背叛而產生的痛苦。他深入悲傷的深處，捕捉到困擾人類靈魂的深刻的空虛感和渴望感。通過對絕望的探索，聶魯達切膚之痛地提醒人們，愛的脆弱本質。愛情不是一條簡單、線性的道路，而是一個充滿欣喜和心痛的多維度旅程。我當時很驚訝，十九歲聶魯達，對人類情愛處境居然有如此深刻的關照，指涉了欲望、脆弱、死亡和我們經歷的短暫性等主題。

我特別喜歡西班牙語系的詩人特有的空靈，感性，孩童般天真，意象的豐富與跳躍。洛爾加如是，聶魯達亦如是。當讀到「我要睡蘋果的夢」，我禁不住微笑。聶魯達這是通過將夢想歸因於蘋果，將它們轉化為欲望的象徵，並邀請讀者體驗他渴望的感性和令人陶醉的本質。象徵主義在聶魯達對欲望的探索中發揮著重要作用。他利用物體和自然元素來表現和喚起複雜的情感。他在第一首詩中寫道:

「*你的笑聲發現了我，就像一朵鋒利的水花。*」

在這裡，「尖水花」象徵著欲望帶來的意想不到的、刺痛的喜悅。水和花的意象為欲望的表現增添了一層精緻的美感和流動性。

身體是欲望的容器，更是愛情的慶典。聶魯達切入身體和精神層面的欲望，將欲望的物理與形而上交織在一起，模糊了兩者之間的界限。他在第十八首詩中寫道:

「*我想對你做春天對櫻桃樹所做的事情。*」

將欲望的視作勃勃生機的源泉，猶如春天對櫻桃樹的復蘇，讓鮮花盛開。帶來新的生命、成長和美麗。因而愛情具有一種激勵和淨化的力量。在第十六首詩中，聶魯達對他的愛人說，「*我想吃掉你睫毛上轉瞬*

即逝的陰影。」誰有計可袪除眉頭陰霾？惟有愛情而已矣。而在第七首詩，他寫道：

「*今晚我可以寫出最悲傷的詩句......*

聆聽浩瀚的夜晚，沒有她就更加浩瀚。」

在這裡，聶魯達用「無邊的黑夜」來比喻，喚起欲望中的缺席和渴望。夜空的浩瀚和深邃，象徵著心愛之人不在場時所感受到的深深空虛與孤寂。生命中有什麼能比愛人的不在場更令人撕心裂肺？「*我渴望你的雙唇，你的聲音，你的頭髮。安靜而饑渴地，我遊蕩街頭。麵包滋養不了我，黎明讓我分裂，一整天我搜尋你兩腳流動的音響。*」日日夜夜，聶魯達如此深情。

一大早，我先登上大都會公園山頂，一覽聖地牙哥城景色。而聶魯達愛巢拉查斯科納就在山腳下。我沿著蜿蜒的小路，走進貝拉維斯塔的波西米亞社區，色彩斑斕的房屋沿山坡而下。兩旁種滿了生機勃勃的九重葛，紫紅色的花瓣伸向天空。

當我走進拉查斯科納的大門時，心中充滿了懷舊和期待。寫出堪稱絕唱《二十首情詩和一首絕望之歌》的聶魯達，其愛巢會如何充滿情愛與詩意的？陽光灑在門庭。圍牆內每件物品，儲存著回憶和低聲的秘密。查斯科納 (*La Chascona*)，指的是瑪蒂爾德狂亂的紅發，「糾結的卷髮窩」。惟有聶魯達才能對她低語這個名字吧。以此命名這個愛巢，令人忍俊不禁。它不僅僅是一處住宅，更是一個詩人的伊甸園。是其愛情和藝術追求的見證。

聶魯達不僅是一位詩人，還是一位收藏家、住宅建造師，夢幻空間的設計者。這棟住宅由他自己設計。反映了其獨特的風格和對海洋的熱愛。餐廳設計得像船長室，客廳像燈塔。堆滿酒具，可見主人無酒不歡。房子裡擺滿了朋友和家人的藝術品，非洲的木雕。其中包括迭戈·裡維拉給烏魯蒂亞畫的頭像。典型的超現實主義作品。畫中，烏魯蒂亞長了兩張臉，一頭捲曲的紅發如海浪。而聶魯達的臉隱藏在那紅頭裡。

屋外花園，有繪著飛鳥和藤蔓的拱門；牆上的有壁畫，向日葵上一條藍色的魚；五色石子的鑲嵌畫，是聶魯達的朋友、雕塑家瑪麗亞·馬特納的作品；來自船舶浮標的玻璃球、橘子樹和天使雕像。還有水渠、噴泉，可眺望山景和天空。蜿蜒穿過宅院的潺潺溪水聲，鳥音盈耳。

在主廳，最映入我眼簾的是燭臺。我似乎看見搖曳的燭光，在掛滿繪畫和照片的牆壁上投下舞動的光影。它的每一次晃動，就像過去那些聶魯達和瑪蒂爾德的瞬間。圖書館裡，書架上的書高高地矗立著，書脊因原主人無數個小時的探索而磨損。在這裡，詩人尋求安慰和靈感。文字曾經是聶魯達的避難所，是其思想和夢想的容器。他也會在這裡會見朋友吧。他的詩思，如何與他的詩人和哲學家同行的話語交織在一起呢？

餐廳裡，超長的餐桌，擺放著英式瓷器和墨西哥的玻璃器皿，以及造型別致的碟子。它們應聽過聶魯達和瑪蒂爾德無數的談話、笑聲和玻璃杯的叮噹聲吧。椅子與餐桌有些不匹配，過於密集，保留著曾經的親密和融洽。這裡有過多少美好的往日夜晚啊。美豔的紅發情人/嬌妻，玉頸上戴著一串稀有的珍珠，豐滿的胸脯裂衣欲出。在耳邊輕聲訴說情話。而詩句如煙花在腦海紛繁綻放。我也不好意思地看了看他們的臥室。這個最私密的空間裡，床上鋪著深紅色的床單。上面刻著聶魯達在他心愛的瑪蒂爾德懷抱中度過的無數個夜晚的印記。一個愛的聖地，一個欲望與靈感交織的地方，為其詩歌注入燃料，點燃靈魂。「行走，他們拋下了兩個影子一起流動；醒來，他們留下一個太陽空虛在床」。在這裡，聶魯達為烏魯蒂亞寫過不少首詩。在題為《你的腳》詩中，表達了他對愛人腳的崇拜：

「*當我觸摸你時，我觸摸到了一顆有生命的星星的心，*

孤獨大海的平滑，不動的潮濕

自然。」

通過生動的意象，聶魯達慶祝了他與馬蒂爾德之間的身體和情感聯繫。得以一窺他們蜜般的親密，並展示了詩人捕捉愛、欲望和溫柔的細微差別的能力。

聶魯達還寫了《我的襪子頌》。這首詩描述了他從瑪蒂爾德送給他的一雙羊毛襪作為禮物中獲得的簡單快樂。展示了聶魯達在他周圍的日常事物中發現美和意義的能力，包括那些與他所愛的人有關的事物。俏皮而深情。

馬蒂爾德是聶魯達一生中愛與激情的化身。扮演繆斯。他們的關係充滿了強烈的情感，既快樂又混亂。馬蒂爾德的出現，點燃了聶魯達內心的火焰，激發了他一些最熱情、最浪漫、最有力、最持久的詩句。她的美麗、精神和韌性成為聶魯達創造力的源泉。她的愛喚醒了他的感官，為他的詩歌注入了原始而熱烈的能量。

烏魯蒂亞對聶魯達的生活和工作的影響是不可估量的。她為他提供了堅定不移的支援，同時也在情感和智力上挑戰他。馬蒂爾德的影響可以從聶魯達探索愛情、欲望和政治參與等主題的方式中看出，這在他的文學遺產中留下了不可磨滅的印記。正是在這個愛情的伊甸園裡，聶魯達完成了他的《奧德賽》（*Odas Elementales*）的一部分，這是一系列讚美生活中平凡事物的詩歌。他也在這裡寫了《我承認我活過》（*Confieso que he vivido*），這是他的回憶錄，記錄了他的旅行、愛情和政治活動。

說起聶魯達的政治生涯，他無疑也是南美走馬燈似的政治舞臺的過客，在極左和極右的惡性循環的漩渦中載沈載浮。他曾在多國擔任外交官，出任過左派參議員。右派上臺，對他下了逮捕令。只得到瓦爾帕萊索的友人家中地下室避禍。而後，從安第斯山脈取道出走阿根廷，直到三年後才歸國。之後，極左的薩爾瓦多·阿連德任總統，聶魯達為其親密顧問。獲得諾貝爾文學獎後，他應阿連德邀請在國家體育場面向七萬民眾朗誦詩歌。一九七三年七月，移居黑島的聶魯達和妻子馬蒂爾德，驚聞親社會主義盟友的阿連德政府被政變推翻，阿連德自殺。

三周後，聶魯達與瑪蒂爾德度在黑島（Isla Negra），度過最後一夜，然後被送到醫院，幾天後去世。據稱死於前列腺癌，但許多人認為，聶魯達的死極有可能是陰謀。數千人走上街頭哀悼他們愛戴的詩人。

聶魯達死後，瑪蒂爾德離開黑島，回到聖地牙哥的拉查斯科納。但房子在政變之後遭到了軍方成員的洗劫，許多書籍、傢俱和藝術品被損毀和燒掉。她只得努力按照記憶，在友人的幫助下對它進行重建和恢復。馬蒂爾德獨自一人居住在這座兩個人曾經的愛巢中，保存、整理聶魯達的遺稿。不顧當局的禁令，將它們在國外出版發行。並撰寫回憶錄《我和聶魯達》，把她和聶魯達的故事向世人講述。十年之後，瑪蒂爾德死於癌症，葬在黑島的聶魯達墓之旁。

在那些寂靜的日子裡，瑪蒂爾德像守護一盞不滅的燈火，獨自對抗時間的侵蝕與政權的陰影。她手指翻動那些泛黃的手稿時，彷彿還能觸到聶魯達的體溫，聞到他煙斗裡的煙草香與海風的鹹味。她不只是在整理遺稿，更是在延續一場對話——一場跨越生死的戀語，讓詩句在禁錮的國度外悄然綻放。她的回憶錄，不是簡單的敘述，而是對愛情的頑強證詞：在暴政的靴子踐踏之下，愛仍能開出頑強的花。

當我漫步在查斯科納時，感覺到過去的回聲在它的牆壁內迴響。帶著激情火焰的餘溫。這所房子本身就是一首情詩。是一個愛情的烏托邦。兩個獨特的有趣靈魂在此試圖證明愛情是可能的。愛、詩歌和藝術能夠交織在生命存在的織錦中。他們有觀看日落的窗戶，可以看到月亮和星星的陽臺，可以呼吸彼此發間的氣息。狹窄的樓梯像船梯，牆上懸掛的航海儀器與貝殼，餐桌旁那張為瑪蒂爾德特製的椅子，酒吧櫃後隱藏的暗門……這些都不是隨意的裝飾，而是聶魯達為他的「亂髮女郎」建造的奇幻迷宮。他說，這房子要像船，要像海，要像他們的愛一樣永遠在浪尖上搖晃卻不沉沒。他們是解渴彼此靈與肉的甘泉。

如今，斯人皆逝。空餘這棟屋舍查斯科納，在聖克裡斯托瓦爾山的腳下，俯視著這座城市。俯視著五顏六色街巷的行人。當今之世，還有誰如同聶魯達和馬蒂爾德一般解語、論道、銷魂？

已經很久不再這樣純粹地看待愛情了。人們愛著，或為情所困，或為孤單所苦。而宇宙浩瀚，生命短暫。誰真能吃掉這快樂睫毛上轉瞬即逝的陰影？

「*愛情太短，而遺忘太長。*」（聶魯達）

布宜諾賽勒斯的迷宮背影

去年春天在日內瓦，我未能去看博爾赫斯的長眠地。這個冬天，時間的小徑分岔，一個臨時起意，來了一場說走就走的旅行。穿過巴拿馬運河，跨越赤道，來到南半球的夏天，來到博爾赫斯的寫作現場:布宜諾賽勒斯。這是我迄今，這一生航行 最遠之處。

據說，十六世紀初，當西班牙隊駛入拉普拉塔河口，只見陽光普照、綠野千里，空氣清新，一名水手禁不住用西班牙語驚呼:「布宜諾賽勒斯!」(多新鮮的空氣)於是，這座城就有了它的名字。阿根廷還真是得天獨厚的好地方。有漫長的海岸線，一些世界上最美麗的海灘。廣闊的潘帕斯草原，水草豐美，氣候宜人，宜耕宜牧。南部有巨大的冰川，藍色的湖，多彩的冰原。曾是世界上最富足的國家之一。

我對於布宜諾賽勒斯這座城的瞭解，多來自博爾赫斯的文字。他的許多詩作，是他在黃昏的街道漫步，與思緒的情景交融而得。在二十四歲時出版的詩集《布宜諾賽勒斯激情》裡，他寫了這座城的晨昏。它透明的雨，點亮某個不復存在的庭院，並帶回死去的父親;它的黃昏，與一隻黃金老虎有關，模糊的光亮暗影、溫暖迷茫;它的街道，是迷宮的一部分，每一個分岔，指向不同人生。它的夜，是盛情的海浪和探戈，孤獨者的三分鐘愛情;它的歷史是一朵黃玫瑰的記憶，是用大理石紀念的馬背上幽靈。

博爾赫斯一生漫遊過很多城市。他的《地圖冊》詩集，收錄了他的浪跡天涯。始終，布宜諾賽勒斯於他具有家園的意義。「*我的靈魂在布宜諾賽勒斯的街道之中。*」我讀著讀著，布宜諾斯艾理斯也成了我不曾住過的故鄉。它「*貧窮的街道*、*絕望的日落*、*破敗郊區的月亮*」也成了我的鄉愁。

我抵達布宜諾賽勒斯時，夕陽正在這座廣袤城市的地平線上下墜。天空塗上橙色、粉色和紫色的色調。經過拉普拉塔河，天空與河水交匯，展現出夢幻的光彩。銀色的女人橋，泛著紫水晶或紫羅蘭的光澤，如一對正在翩翩起舞的探戈舞者。

河邊的漫步者中，我幾乎瞥見了博爾赫斯本人，剛從一場時間的迴圈中歸來，從他假設的空中墳墓裡走出來散步。借著河面的反光，推敲他生與死的詩句。他已經失明。「*絢麗色彩漸漸將我遺忘，現如今只剩下了模糊的光亮*、*錯雜的暗影以及那初始的金黃。*」但站在河岸邊，他的盲眼洞察一切。消融現實與超現實，生與死的界限。也許上游某處下過雨吧，拉普拉塔河泥濘不堪。夕照與隱約手風琴的聲響，探戈般糾纏。由新鮮水果製成的清爽雞尾酒，安撫著一天的暑氣。

我沒料到這座城市如此與巴黎雷同。其聲、光、味，以及城市的漫遊者都如此相似。咖啡館裡傳出的談笑聲，街頭藝人的音樂，電車和地鐵的轟鳴，都構成了城市的交響樂。

對於漫遊者來說，巴黎、布宜諾賽勒斯這兩座城市都是理想的探索之地。博物館、劇院、書店比比皆是。布宜諾賽勒斯的國家圖書館，可能讓人聯想到巴黎的國家圖書館，以至於博爾赫斯說，「*我心裡一直都在暗暗設想，天堂應該是圖書館的模樣。*」布宜諾賽勒斯的科隆大道讓人聯想到巴黎的香榭麗舍大街。都有寬闊的林蔭大道，適合漫步；都有錯綜複雜的小巷，充滿驚喜。濃郁的咖啡香氣彌漫在布宜諾賽勒斯街頭巷尾。此外，烤麵包的香味、街頭小吃的誘人氣息，都讓人聯想到巴黎的麵包店。布宜諾賽勒斯的五月廣場，則可能讓人想起巴黎的協和廣場，都是城市的中心，見證了重要的歷史事件。都有眾多的公園，供人駐足休憩。都有拱廊街，這一資本主義大都市特徵。漫遊者在人潮湧動中徘徊，但又保持距離，彼此陌生，而產生的一種「驚顫」。就像巴黎吸引了海明威、菲茨傑拉德等作家一樣，布宜諾賽勒斯也是博爾赫斯、科塔薩爾等文學巨匠的靈感源泉。漫遊者可以在兩座城市的街頭巷尾，感受到濃厚的文學氣息。

斜陽的餘暉，在布宜諾賽勒斯每一條街道上投下長長的影子,彷彿無數條時間的走廊，通向未知的命運之門。行人穿梭其間，他們的身影在不同的時空中交錯重迭，每一個瞬間都是無數可能性的分岔路口。每一個拐角都可能通向另一個世界。每一個腳步都是對過去的迴響,又是對未來的預言。

行人影子，裝飾著彼此的黃昏，就像博爾赫斯的《圓形廢墟》中的主人公，最終發現自己也只是別人的夢。在這些行人晃動的影子中，我覺得其中有一位可能是博爾赫斯。他喜歡一個人四處漫步，他喜歡布宜諾賽勒斯的黃昏、荒郊和憂傷，也愛清晨、市區和寧靜。「*沒有人知道他自己是誰，沒有人本質上是某個人。*」（博爾赫斯）

巍峨的方尖塔，聳立在七月九日大道廣場中央。它的尖頂指向天空，刺破黃昏的帷幕。它猶如一把巨大的鑰匙，仿佛可解鎖日與夜之間的密道。方尖塔巨大陰影的邊緣，一隻孤零零的鴿子，處在半明半暗中。車水馬龍的七月九日大道，一串串車燈，如墜落的星星。街道、廣場、雕塑、希臘柱、教堂鐘樓的影子，向我彙聚過來，像一個漩渦。這是活的迷宮，隨時變化。盛開著時間的詭計。

星星開始顯現。方尖塔可以被視為一個「阿萊夫」點，即包含宇宙所有點的一個點。如果以此刻作為時間的起點或終點，現在和未來都可能在此交匯，就像博爾赫斯小說中地下室裡那個能看到一切的神奇點。從此點出發，每個人，可以寫一部他自己的神話，他自己的創世紀。如果他恰好在夢幻的邊緣，半睡半醒。正如博爾赫斯好奇地凝視著一個如此陌生，如此多影的世界，以至於他不得不發明自己的世界。

來到布宜諾賽勒斯，我不知道所看到的這座城，與博爾赫斯是否同一個世界。他曾說，任何命運，無論如何漫長複雜，實際上只反映於一個瞬間，那就是人們大徹大悟自己究竟是誰的瞬間。我想，一個城市，甚至大如世界，無論它古老或年輕，繁榮或蕭瑟，輝煌或破敗，也就是那個瞬間對一個人呈現的樣子。一千個人，有一千個布宜諾賽勒斯，有一千個世界吧。我們的眼睛，只能看見意識留意之處，只能看到能領悟的東西。貝克萊說，存在就是被感知。當年我在哲學系就讀，曾從本體論上反駁過這位英國大主教。其實，我那時並沒有理解他的話。世界當然是有的，但對於此時此刻的我，只有被親身感知的事物才是有意義的存在。與我人生息息相關的事物、時空，才是世界。沒有一個絕對的世界。

每個人，盲人摸象一樣，只知道細節，只知道片段。被面前的瑣碎所埋沒。更何況，世界更是一個人用成見和情緒塗抹成的那副樣子，或者就是他想像、夢見的樣子。就像博爾赫斯的《圓形廢墟》的魔法師，通過夢幻，創造真實。

我閉著眼，呼吸著布宜諾賽勒斯的夜。它不再有那位西班牙水手驚呼的新鮮空氣。暮色消失，星星點燃滿街的影子。每一扇窗戶都是一個獨立的宇宙，內裡蘊含著無限的故事。那些庭院，會有博爾赫斯所吟詠的「*水的迴旋/在幽秘的水池*」、「*茉莉和忍冬的香味/沈睡的鳥兒的寧靜/門廳的彎拱，濕氣*」吧。街旁與廣場邊緣，聳立著藍花楹、金合歡、梧桐樹。枝條伸向天空，就像手指向虛空，也想知道它們生命為什麼。

最讓我歡喜的，是被稱之為拉蒂帕的紫檀樹，巨大、蒼勁。張牙舞爪的枝幹，雲一般，構建出高高拱頂和拱門，加深了暮色。當地人告訴我，她的花朵綻放時，粉紅色，鵝黃色或淡紫色，如精緻的蕾絲。白色的如同一片月光。我昂頭，看著光線穿過枝葉的縫隙，就像彩色玻璃一樣。從那裡，也可以瞥見星星。但不知有多少光年之遙。此刻，我在世界的這一端，不知是布宜諾賽勒斯夢見了我，還是我夢見了這座城?

當晨曦進入客棧的窗戶時，我已早早醒來。清晨的露珠閃閃發光，莫名的甜美花香。拉蒂帕樹張開眾多的手臂，擁抱天空。鴿子在那裡飛翔，它們有迅速的影子。陽光灑落，消散黑夜。一月的布宜諾賽勒斯生機勃勃。隨著咖啡館的蘇醒，充滿了熙熙攘攘的氣息。我乘著小巧而復古的有軌電車，從夜的深處開出來。繞著城市前行，車窗玻璃上變換著哥特式街景，五顏六色的房子和光的影子。折射出歐洲移民鄉愁的物化。他們在這世界的盡頭，按照記憶中故鄉的模樣，建造了這座城。經過裝飾著複雜的雕塑和馬賽克的流水宮時，我笑了。這座富麗堂皇的折衷主義建築，浮華的外表乃一具空殼，只是一個水泵站。勿怪乎博爾赫斯稱戲謔地稱它為「流水宮殿」。

五月大道上，一百萬示威者的影子，與猛烈、澎湃的陽光一起，推湧著我。這個曾經在世界最富有之列的國家，正經歷著經濟危機。五月廣場、國會廣場，旗幟招展。南美詩人、革命偶像切·格瓦拉木刻像在大街小巷。對那帽子上的紅星，我有一種莫名的熟悉。一戰以來，隨著經濟破產，各種思潮都試圖成為阿根廷的靈丹妙藥。頭腦風暴中充滿各種烏托邦幻影。國家的動盪簡直像螞蟻搬家一樣尋常。

唉，人類社會何嘗不是一個巨大迷宮？每個歷史拐點都是一個十字路口。都可能是歧途。博爾赫斯政治立場鮮明，在反對庇隆的宣言上簽過字。庇隆上臺，當然不會放過他。於是數月之後，這位大名鼎鼎的詩人就被撤銷了在國立圖書館的職務，改任科爾多瓦街市場的家禽和家兔稽查員。後來，他選擇了光榮的流亡。客死他鄉。但遠離，使他更能反思自己與這座城市的生命關聯。「布宜諾賽勒斯的街道已經是我的內心。」這句話重複了他早期詩作中的主題，顯示了他對故土濃郁鄉愁。這也深刻影響了他的寫作。博爾赫斯將對布宜諾賽勒斯記憶與想像交織在一起，創造出一種介於現實與幻想之間的敘事空間。

路過的巴羅洛宮時，我停下腳步。仰望著這座按照但丁《神曲》天堂、煉獄與地獄的設計所建造的大樓，它直抵雲霄的燈塔。融合了新藝術、裝飾風、折衷主義、哥特式的元素。中央大廳，裝飾著拉丁詩句銘文和怪物雕像。巴羅洛宮充滿模擬，大堂從一個中央圓頂向外輻射到九個拱形拱門，代表了地獄的九個圓圈，代表火的煉金術符號。牆壁和地板上各種共濟會符號。大樓每一層代表了《神曲》的一章。登上它像時間螺旋一般的樓梯，牆上的暗影晃動，隱約是維吉爾和但丁詩句，引導著穿越地獄、煉獄和天堂。樓梯的扶手和欄杆上雕刻著各種神話人物和象徵符號，發出歷史低語。牆上漫遊者的影子與歷史暗影混合，讓我恍惚不知自己是誰。

我看見博爾赫斯明亮的背影，總在我前面可見的距離，領著穿過時而金色時而昏暗的房間，經過雕刻的拱門，揭開被遺忘的層層面紗。在言語和夢想的境界中，我站立，身輕如無物。攀登或下降，皆是迷宮的路徑。我似乎聽見途中靈魂的喧囂。我登上巴羅洛宮之頂，一座令世界著迷的城市，全景盡收眼底。布宜諾賽勒斯，它的迷宮，它的憂傷庭院，它夢幻般科隆歌劇院，它的墓地，它的都市神話的廢墟，沐浴在金色的光芒中。幻影搖曳。我明白了，這座城為何會有博爾赫斯。

是否我們每個人都在某個迷宮中，東撞西跌，窮盡一生，近似徒勞地尋找意義所在？而一生就這樣忽然而已。正如博爾赫斯在詩中所吟：「*你的肉體只是時光，不停流逝的時光，你不過是每一個孤寂的瞬息。*」

迷宮的探戈

是怎樣的舞蹈，最善於表達情愛的喜悅與悲傷，適合在老虎般金黃的黃昏，在迷宮般的城市裡起舞？這舞蹈就是探戈，而這座迷宮般的城市，就是布宜諾賽勒斯。

用迷宮來說布宜諾賽勒斯，不是因為她街道的繁複，而是說她在時間和空間上的迷幻現實主義的性質。人生小徑岔道中分，會演繹出無限可能的命運。而這種可能又是循環往復的。活著的與死去的可以互換，失去的和得到的相互滲透，悲傷與喜悅並存。博爾赫斯是這個迷宮的揭示者。

旅行團在布宜諾賽勒斯第一個夜晚的安排，是一頓豐盛的晚餐和觀摩原汁原味的探戈舞表演。簡直太貼心了。離演出還有幾個小時，先去了拉博卡區，體驗那兒著名的街頭探戈風情。太陽尚未落入地平線，布宜諾賽勒斯這座城市彷佛從白天的沈睡中醒來。

在拉博卡的中心地帶，卡米尼托街的鵝卵石步道，建築的外牆裝飾著激越的色調，鈷藍色、金絲雀黃色和火紅色。五彩斑斕的房屋排列如同一串跳動的音符。斜陽灑落在鐵皮屋頂上，整條街道都在閃爍著金色的光輝。顯得老氣橫秋又生機勃勃。微風吹來，帶著新鮮釀造的馬黛茶的香味，與餐館飄來的鐵板肉餡卷餅的誘人香氣混合在一起。

在夕陽的餘暉與老式路燈的柔和光芒混合時，音樂開始呻吟，性感的節奏開始召喚。探戈街舞者紛紛出現。男男女女，像春天裡一對對咕咕叫的鴿子。女孩紅色的裙擺如同燃燒的火焰，在空中畫出優美的弧線；男孩兒黑色的西裝，腰板挺拔。

無論一天過得怎樣失意或得意，一舞為快。

人的情愛，多半欲而不得，得而復失。且生活充滿幻滅。數不清的烏托邦革命，數不清的軍事強人政變。走馬燈似的政治舞臺。在風調雨順的肥沃土地上，生產出貧困，於是，布宜諾賽勒斯這片土地誕生了探戈舞。它的起源，可以追溯到十九世紀末工人階級的昏暗小巷和煙霧彌漫的社區。融合了非洲節奏、歐洲移民音樂和土著的文化元素。這是一種渴望和絕望的舞蹈。是這座迷宮的藍調，舞出生活的悲音。正如探戈作曲家阿曼多·迪謝波洛所稱，「探戈是一種可以讓你翩然起舞的悲傷」。

在我看來，探戈是對荒誕人生的抵抗。試圖在無意義中尋找意義。由於探戈起於貧賤，起於風月場所，起先，被認為是下流傷風敗俗。女子羞與共舞，多是兩個男人的舞蹈。不久被帶到巴黎，很快風靡全球。使得起源地布宜諾賽勒斯也為世界矚目。一部電影《聞香識女人》，那首主題曲《一步之遙》（*Por Una Cabeza*），更是把探戈自由隨興，柔情和決絕演繹得淋漓盡致。

但拉博卡區的街頭草根探戈，多為了生計。舞者或是擺出舞姿與遊客合照，或是跳上一曲以收取小費。馬里奧，這個年輕的男舞者，伸手擦去額頭上的汗水。向遊客們鞠了一躬，用略帶口音的英語說道：「歡迎來到拉博卡，想要體驗一下真正的阿根廷探戈嗎？」他的手掌粗糙，佈滿老繭，他的舞伴瑪利亞輕輕地捏了捏他的手，無聲地傳遞著鼓勵。

他們的舞步輕盈，身體柔軟。似乎探戈流在他們血液裡，刻在骨子裡。其實每一個動作背後都是無數次練習的痛苦和汗水。「今天的收入還不錯，」馬里奧輕聲說，「但房租又要漲了。」瑪利亞歎了口氣，「還要給孩子們買新球鞋。」

接著，他們又接了一單生意。一首極其悲傷又充滿熱情的探戈曲響起。這是皮亞左拉的《自由探戈》。在這音樂中，似乎有整個阿根廷的歷史：獨裁、動亂、經濟危機……瑪利亞輕輕握住馬里奧的手，開始舞蹈。舞畢，遊客們熱情地鼓掌，將鈔票塞進馬里奧的帽子裡。馬里奧看著瑪利亞，喘息地說：「無論生活多麼艱難，我們還有探戈，還有彼此。」對於阿根廷人，探戈是他們的生活方式吧。教人如何在困境中保持尊嚴和浪漫。

布宜諾賽勒斯的探戈劇場多如繁星，各種風格。旅行團安排的這個安基麗托斯劇場，屬於古典型。大廳裝飾著華麗的枝形吊燈，掛著華麗的天鵝絨窗簾，散發著的優雅氣息。昏暗的演出大廳裡，搖曳的燭光投射出的光影，隨著熱情的節奏而舞動。男士挺直身板，盡顯鬥牛士的魅力，左手握住女士的手，右手輕輕搭在她的腰部。而女士眼神與腰身透出風情萬種，紅唇如烈焰。時而小鳥依人，時而高傲拒絕。糾纏在一起。從未見到腳步能表達如此多的情緒。熱烈、奔放、遲疑、果斷，自豪、魅力。愛恨。

這是一場身體之間的對話。又是一種超越身體的聯繫。探戈的核心特點是伴侶之間的強烈聯繫和複雜的腳步技巧。這種舞蹈以緊張與釋放的微妙互動，通過流暢而精確的步伐、戲劇性的停頓和感性的肢體語言，來詮釋音樂並表達情感。探戈舞者常常隨著情緒，進行即興表演。

及時詮釋瞬間的複雜情緒，激情與克制、渴望與嚮往、憂鬱和懷舊。讓內心最深處的感受迸發出來。

我側耳傾聽探戈音樂。激越又節制。和聲進行不複雜，但頻繁使用小調、半音音階和意外的和絃變化。通過緊張和釋放，傳達舞蹈的情感深度。有著憂鬱和激情動機之間的平衡。快速的節奏部分讓人心跳加速，緩慢的段落則充滿柔情。突然的停頓像是屏住呼吸的瞬間，而強烈的重音又如同生命力的迸發。伴奏中，鋼琴描繪出細膩的和絃織體，營造出一幅籠罩舞廳的聲音織錦。小提琴演奏出激昂又痛心的旋律。它的音色明亮，極有穿透力。富有激情，就像探戈舞者熱烈又憂傷的眼神。尤其是班多尼翁琴（一種手風琴）的伴奏，聽得我如呆似癡。

班多尼翁琴是探戈音樂的靈魂。它的音色既溫暖又憂鬱，像是在訴說一個永遠無法完全表達的故事。它具有風箱和佈滿按鈕的外觀，散發著神秘感。當演奏者將其捧在手中時，手指在按鈕上舞動，從其深處奏出驚心動魄的旋律。它呼吸、歎息、再歎息，再呼吸。如同喘息一般，講述了愛情的發生和失去。像是專為憂傷而熱烈的探戈舞蹈和歌詞而打造。

探戈的真正精髓正是在手風琴和舞者之間的相互作用中得以體現。該樂器令人渴望的旋律與舞者的動作交織在一起，創造了聲音和動作的共生關係。隨著每一次呼吸、每一次風箱的擠壓，手風琴都成為探戈想要表達的情感的容器——渴望、激情和內心燃燒的不羈火焰。其憂鬱的音調喚起了生活中苦樂參半，以及滿懷愁緒。將聽眾帶入一個欲望與心痛交織的境界。手風琴通常描繪一幅聲音景觀，協調著舞者的動作，身體完美和諧地搖擺，達致靈魂交織在一起。令人心悸的旋律引導著他們的腳步，如同海妖的呼喚，邀請他們進入一個時間靜止、情感自由流動的境界。手風琴飄逸的音色，像絲綢裹屍布一樣包裹著他們，飛升天堂又墜入地獄。化成一個整體。

杯滿了又空，侍者及時地斟滿。我微醺的雙眼，注視著兩位舞者的動作，若即若離，又如膠似漆。那舞蹈，推與拉、欲擒故縱、和諧與不和諧。向彼此試著開放自己靈與肉深處的欲望，孤獨，強大和脆弱。其表達的深遂，甚至超過了語言。我玩味著博爾赫斯的話，「探戈，是孤獨者的三分鐘愛情」。探戈以其充滿激情的動作和憂鬱的旋律，凸顯了人類經驗的短暫性。它反映了瞬間的短暫、情感的轉瞬即逝、以及生命本身的無常。探戈舞的過程，就是兩個陌生人，邀舞，誘惑，投入，激越，纏綿，一曲舞罷，分離，又重新成為兩個陌路之人。這是一場矛盾之舞，激情與克制、嬌柔與力量、欲望與理性交織在一起。以錯綜複雜的舞步和同步，特別是極具個性化的動作，建立對立力量之間的微妙平衡。在隔漠的人際尋求聯繫，這反映了人與人之間的二元性。探戈的瞬間，提供對人的欲望、恐懼以及對理解和聯繫的永恆追求的洞察。這是一種超越界限的藝術表達，訴說著我們所有人如何能聯繫在一起。探戈教會人們擁抱當下，品味每一步的強度，並在短暫的瞬間發現意義。擁抱每一步轉瞬即逝的美。

早期的探戈音樂創作，多著力於男女之情和去國離鄉的敘事，後期則愈來愈披露人生孤獨的主題。歌詞通常講述愛情、背叛、渴望和生活的困難，反映了探戈的苦樂參半的本質。探戈因此也被稱為「布宜諾賽勒斯的布魯斯」。作曲家迪謝波洛甚至將探戈的悲傷和遺憾升到存在主義的極致。他的經典之作《我可愛的布宜諾賽勒斯》和《回來》，成為深度探戈歌手們傳唱的保留曲目:

「*這世界根本不在乎*

它只是自顧自地旋轉，旋轉

即使你被生活擊垮」

探戈是舞歌並茂的。並且常帶即興的元素，使每次表演都獨一無二。舞臺上，二位歌手的演唱，頗得探戈的真髓。老年男歌手，歌聲中有溝壑，使用布宜諾賽勒斯方言的「耶伊斯莫」咬字，有很強的敘事性。歌聲沈鬱，顫音、滑音技巧嫻熟，充滿孤獨、懷舊。年輕女歌手，楚楚動人，嗓音珠圓玉潤。敘述如歌。常常唱得餘音繞梁。他們的聲音交織，像兩條河流在黑暗中匯合：男聲如老港區的霧氣，滄桑而纏綿，講述著移民的離散與失落的愛情；女聲則如拉普拉塔河的月光，清澈卻帶著隱隱的憂傷，將每一個音節都拉長成一場告白。探戈的歌詞，從不直白，它們是暗示，是喘息，是在擁抱中隱藏的刀鋒。

夜已深，這是布宜諾賽勒斯的夜，這是迷宮之夜。

探戈不肯睡去，方興未艾，燈光昏黃，煙霧繚繞。在迷宮深處舞著。兩個有肉體的孤獨靈魂，腳步交錯，呼吸相聞。在迷宮深處對話著，表達著。在旋轉中面對命運的分叉。博爾赫斯曾說，「探戈直接表達了詩人們幾個世紀以來一直試圖用文字表達的東西」。探戈，就像博爾赫斯迷宮般的敘事，邀請人們深入自己的孤獨深處，面對自己的欲望和靈肉的撕裂，面對自己人生的小徑分叉。記得《聞香識女人》中，那位長得有點像博爾赫斯的盲舞者，對那位女孩說，「*在探戈中，沒有錯步。不像人生。*」

「*別害羞，跳吧*」。瞧，那位盲者在領舞。我也看見了自己的影子，前來邀舞。

唯見長江天際流

一、

快秋天了，一起還鄉吧。長江邊，小沙蟹靈巧地奔跑，早晨潮濕的岸。猜想哪塊石頭下，記憶的寄存處。讓時間回到原初，一起教它走消失的老路。如果古井還在，從一瓢冷冽的水中，我們數逝去的面容，數其間星粒。

長江在一本卷角毛邊的唐詩中。一直在我的簡單行囊中。我帶著它跨過大洋，浪跡世界。在夜風呼嘯的異國客棧，在晨光微熙的他鄉庭院，在黃昏燃燒的陌生地平線，長江總是通過那些詩句在面前流淌。

記憶裡的長江，是那霧氣氤氳的清晨，一襲白紗輕籠故鄉潯陽的石階。江面如夢，朦朧中，漁舟隱現，桅杆搖曳，櫓聲吱呀。「*細雨魚兒出，微風燕子斜。*」江風，攜著魚腥和野花的呢喃。而落日時分，江水如一幅殘卷。江吞噬日輪。餘暉如血，斜刺入波濤，沙洲隱現，夕陽拉長的影子。那是歸家的時辰。春來，江水綠如藍，潯陽的堤岸復蘇，桃花灼灼，映在波瀾中，層層疊疊如畫卷鋪展。「*兩岸青山相對出，孤帆一片日邊來。*」融了天光，融了山影，融了春風的輕柔。

潯陽的嫩柳輕撫，聞見花香，江魚的鮮美。而秋日，楓葉荻花，鎖江樓的欄杆，月影婆娑。忽聞江上琵琶聲，江州司馬青衫濕。江上的一曲，足以斷腸千古。

曾經與少時玩伴，在江畔沙灘，遇到一黑色物件，似聞鐵鳴低吟。「戟沉沙鐵未銷，自將磨洗認前朝。」那可能是東吳的遺恨，赤壁的餘燼吧。長江，攜走英雄的血，也藏起他們的鐵。千古帝王的興衰。但江水滔滔。「*人生如夢，一尊還酹江月*」。

唯見長江天際流，那是我少年時代最遠的凝視。記憶裡，我曾爬上鎖江樓，憑欄遠眺，孤帆遠影，浪跡無蹤，攜走潯陽的燈火，也攜走我的少年。海外的夜，推窗望月，那月光如江水，銀白而悠長。剎那，長江從我雙眼中澎拜而出。

二、

終於又見到長江了！終於可以成行了，在長江，乘長風破萬里浪，越三峽，過萬重山。

臨行前，觀看了《印象武隆》，一場以瀕臨消失的「川江號子」為主要內容，融合了烏江船工號子、哭嫁、抬石號子的大型山水實景歌會。演出是以一個真實的山谷為舞臺。夜色如墨，唯有一片光，照亮了赤裸的、古銅色的脊背。那些扮演縴夫的漢子們，喊著號子，那聲音不是唱出來的，是從肺腑深處，從每一寸緊繃的肌肉裡，被生命最原始的力量擠壓出來的。他們俯身，幾乎與地面平行，肩上那無形的縴繩，勒進骨血。「呀——呵——呵——」一聲聲，在空穀中回蕩，撞在岩壁上，又碎成更細微的顫音。為了蓋過洶湧的江水聲、風聲以及勞作時的喧嘩聲，號子的曲調普遍音調很高，聲音宏亮，極具穿透力。號子分為兩種。上水號子（如《大板九號子》）：用於逆流拉纖，旋律激昂、剛勁有力。下水號子（如《薅草鑼鼓》）：用於順流而下，節奏和緩，曲調悠揚，帶有調節情緒的功能。那些粗獷、高亢的號子聲在幽深的峽谷中回蕩，極具穿透力，讓人強烈地感受到巴蜀地區船工們堅韌不拔、與命運抗爭的精神，觸動人心。

自古以來，在長江，尤其在三峽的航行往往如一場與天地的搏鬥：順流而下，輕舟如飛；逆流而上，則需無數縴夫肩扛手拉，喊著古老的號子，汗水與江浪交織成一曲人間悲壯的交響。水運中，縴夫是不可或缺的「人力引擎」。史載三峽「灘險水惡，明灘暗礁星羅棋佈，舟行艱難」，無縴夫相助，船難以上行。

想當年，李白的「朝發白帝，暮到江陵」，就該有赤足的漢子們，在峭壁間拉纖，助他的舟破浪前行。那些縴夫的號子，與李白的狂歌遙相呼應，化作江上一闋未完的豪情。而杜甫晚年，屢經戰亂，一直在長江漂泊。從成都溯江至夔州（今重慶奉節），再東下至岳陽、公安，那段「*國破山河在，城春草木深*」的長江之旅，飽含家國之痛。霧氣清晨的猿啼，血紅落日的悲涼，春水綠如藍的復蘇，皆與縴夫的足跡重疊。三峽纖道狹窄如一線天，杜甫乘舟時，逆流而上必賴縴夫之力。

如今，縴夫古業，隨著機械化和三峽大壩的修建，飄零而去，川江號子也成「絕唱」。《印象武隆》歌舞讓我明白，我即將要去拜謁的，不只是一段壯麗的山川，文化的源頭活水，更是一條浸透了汗、淚與血的路。

在暮色中，船緩緩離開朝天門碼頭。兩岸燈火初放。洪崖洞真是人間煙火釀成的琥珀，層層疊疊的吊腳樓，如今裝點了萬千燈火，金黃的光暈流淌在墨色的山岩上，又倒映在沉沉的江水裡，晃漾著，像一場不願醒來的、過於璀璨的夢。遊人的笑語，店鋪的喧嚷，與那火鍋裡蒸騰起的、熱辣而濕潤的霧氣攪在一起，將這座山城包裹得暖洋洋的。然而，不知怎的，我總覺得那光與影有些太濃太烈了，像一幅用盡了三襻九染的工筆劃，美則美矣，卻少了幾分天然的呼吸。兩岸璀璨的高樓和高度現代化，讓我更加理解縴夫古業會成為絕響。

三、

船，經過整夜的航行，于晨光熹微中靠近白帝城。

霧氣濃烈，滋養崖壁的苔蘚。風中瀰漫著濕潤的苔蘚氣，夾雜江魚的銀腥與遠方橘園的酸甜，隱約有猿啼。

白帝城嵌於瞿塘峽的崖頭，如一頂染血的月桂，傾聽秋風的鐮刀劃過峽穀的喉嚨，收割夏日的綠脈，留下一地金黃的殘響，如斷續的詩句，從古柏的枝頭飄落，鋪滿石階的青苔。

晨霧如白帝的輕紗，從烏巖頭的峭壁間悄然滑落，纏繞城門的銅鑄匾額，「白帝城」三字在斜陽下閃爍如銀鉤鐵畫。

李白的《早發白帝城》猶在耳畔迴盪：「*朝辭白帝彩雲間，千里江陵一日還。兩岸猿聲啼不住，輕舟已過萬重山。*」那猿啼如今斷續如山鬼的低泣，與江鷗的啼叫交織成秋的挽歌。

風中瀰漫橘園的酸甜與江霧的鹹澀，彷彿屈原的《九歌》從湘水浮起，蘭芷的芬芳混雜峽穀的鐵紅血跡，預言楚國的斷腸秋，卻在白帝的鐵閘下，化作一縷不滅的青煙，纏繞遊子的腳步，讓人不由自主地駐足，凝視白帝廟的飛簷，那些斗拱如鷹翼張開，俯瞰瞿塘的喉嚨，隱隱東皇太一的雷鼓，敲擊雲中九天的帷帳，召喚湘夫人的淚珠化作江珠，教懷古的情緒如藤蔓般攀爬心頭，頑強而無聲。

深入城內，托孤殿的石柱如諸葛亮的脊骨，藤蔓纏繞其上，紅瓦覆滿金菊的黃斑，彷彿星圖的餘輝，映照劉備的舊夢——那白帝托孤的殿堂，前二二一年，三國的鐵騎曾在此低語，蜀漢的皇冠滾落江底，諸葛亮的羽扇如斷翼的鷹，撫摸石壁的漢隸筆畫，那些筆畫如龍蛇盤踞，訴說「*鞠躬盡瘁，死而後已*」的誓言，秋陽灑下金絲的雨，點燃廟宇的香爐，沒藥的煙霧如鬼魂的絲帶，升騰於峽穀的回音中，勾起那幽情的漣漪：不是英雄的壯闊，而是凡人的無奈，劉禪的遺恨如落葉飄零。凜冽的江風，喚醒崖壁上的浮雕，那些浮雕如鬼魅的幻影，秋藤纏繞其柱，紅葉中隱現銅像的眸光，凝視過客如注視鏡中的自己。懷古的情緒如江水般，脈動於心。

四、

就要過瞿塘峽，我心如撞鹿。這幾乎是一生中最期待的時刻。

船行至最險處，人們歡呼著湧向甲板，這就是夔門了。果然是天造地設的關隘！兩座巨大的山體在此對峙，將江水擠壓成一條怒吼的狹帶。此刻的風，仿佛是從那兩扇巨大的、微啟的石門縫裡被硬生生擠壓出來的，成了一股股尖利而凝聚的力。風不再是拂過，而是「射」過來，帶著洪荒的狂野。那風聲不再是空曠的呼嘯，而成了一種尖嘯，一種被扼住喉嚨後又強行掙脫的、嘶啞的咆哮。它貼著黝黑的水面疾馳，犁開一道道白色的痕，又猛地撲上船舷，將冰冷的、帶著碎沫的水汽，狠狠地摔在人臉上，生疼。我抓緊了冰涼的鐵欄杆，覺得那風竟像是有形質的，沉甸甸地壓在我的胸膛上，連呼吸都需得用力才成。衣角被風扯得筆直，獵獵作響，仿佛下一秒就要被這無形的巨手撕裂，捲入那墨綠色的、打著旋兒的江心去。

山體幾乎是垂直的，上面佈滿歲月與江水撕裂的創痕，巨大的褶皺與裂縫，深不見底，望去只覺一片幽暗，仿佛藏著亙古的秘密與危險。

幾乎沒有草木，只在偶爾一處石罅裡，掙扎著探出一叢矮樹，枝葉盡皆向著江心的方向扭曲，彷彿仍在傾聽《九歌》的合唱與《蜀道難》的吟哦。

那岩石的顏色，是一種混合了青黑、赭褐與蒼苔暗綠的複雜色調，被水汽浸潤得油亮，在天光雲影的偶爾一瞥下，反射出冷硬的、金屬般的光澤。它們就那樣對峙著，彷彿自太初以來便如此，而且將永遠如此地對峙下去，將這奔流了千萬年的江水，也只看作腳下一道稍縱即逝的刻痕。

水勢愈發湍急，船像一片被無形之手拋擲的樹葉，在漩渦與暗礁的縫隙間艱難地尋著航路。浪頭拍打在船舷上，發出沉悶而巨大的聲響，濺起的水花如碎玉一般，撲面生寒。空氣裡彌漫著水汽與一種岩石的、原始的土腥氣。江水在這裡被激得完全發了狂，不再是流淌，而是翻滾、跳躍、咆哮。黃濁的浪頭互相衝撞、撕扯，湧起一座座瞬息生滅的小山，又轟然塌陷成深渦，彷彿水底有著巨獸在呼吸。船體開始了一種更劇烈的、令人不安的顫動，機器轟鳴著，與風吼、水嘯攪成一團，震得人耳膜發麻。

我向下望，那江水彷彿有著巨大的吸力，要將人的魂魄也攝了去；向上看，那逼仄的一線天，又彷彿隨時會徹底合攏。前後左右，皆是這鐵青色的、無聲的睥睨。人在這其間，何止是一葉孤舟，簡直是一粒塵埃，一聲歎息，是無限時空裡一個微不足道、隨時可以抹去的注腳。

所有人都屏住了呼吸，緊緊抓著欄杆，臉上現出一種混合著恐懼與敬畏的神情。我望著那刀劈斧削般的絕壁，彷彿能看見，就在那幾乎無法立足的岩岸上，曾有一隊隊赤身的縴夫，弓著背，將身體彎成一張拉滿的弓，他們的腳趾死死摳進石縫，他們的號子聲被江風的怒吼撕碎。

那「孤舟一系」的，不僅是老杜的故園之思，更是這些縴夫們沉浮不定的性命呵。

五、

在這令人心膽俱裂的壯美與苦難面前，我想起詩人杜甫在長江一帶「孤舟一系」的苦旅。他一生都在途中，足跡遍及半個中國。雖不乏悠遊快樂，窮餓愁苦卻居多。宋人王安石曾用詩句「*饑走半九州*」形容。「安史之亂」後，曾經繁榮的唐帝國分崩離析，四處烽煙、民生凋敝。杜甫加入了流亡的人群。他的詩思承受著一個時代的重量。不能再回到長安——精神聖地和靈魂家園，這是他最大的鄉愁。也是他那一代詩人的共同悲傷。

西元七六六年，杜甫漂泊到夔州，也就是這瞿塘峽的入口處。一個衰病纏身的老人，國家的殘破與身世的飄零，像兩塊冰冷的巨石，壓在他早已不堪重負的心上。杜甫深懷救國救民之仁心與家國意識。以儒家的祥瑞鳳凰自比，夢寐以求回到長安身列朝班一展抱負。這種漂泊是人生的困頓，對於一位詩人卻又是幸運。他的詩思在孤旅的極端困窘況味中得以純淨與豐沛。他寫出了唐詩最純粹的篇章。他的《秋興八首》詩思澄澈，意象紛呈。沈鬱抑揚，悲壯蒼涼，詞彩華茂，格律精工。寫盡其對故都長安的思念，羈旅夔州的飄零，國家盛衰及個人身世的感傷。

「*玉露凋傷楓樹林，巫山巫峽氣蕭森。*」此刻的我，便在這「氣蕭森」三字的正中央了。老杜筆下的露，是「玉露」，聽著溫潤，實則是秋寒凝成的、冰冷的刀鋒，它凋傷的不僅是楓林，更是詩人那飽經離亂的心。而「巫山巫峽」，這亙古的雄奇，在他眼中，卻只餘下無邊的「蕭森」。這蕭森，是視覺的，是聽覺的，更是心理的。它是一種龐大的、無言的威壓，讓人覺得自身的渺小，命運的無常，以及那種與輝煌過去徹底割裂的孤絕。

我的耳邊，彷佛響起了杜甫那更加悲愴的吟哦：「*江間波浪兼天湧，塞上風雲接地陰。*」眼前的景致，可不就是這兩句詩最忠實的注腳麼？那從峽谷深處奔湧而來的江水，濁浪翻騰，一浪追趕著一浪，彷佛不是流向東海，而是要撲向天空，與那低垂的、鉛灰色的雲團攪作一團。令人平添孤絕與漂泊之感。

這種漂泊孤愁在杜甫《登高》一詩中淋漓盡致。這是他在五十六歲時寫下的。一天他獨自登上夔州白帝城外的高臺，登高臨眺，蕭瑟的秋江景色，觸發了他對生命的浩歎。「*無邊落木蕭蕭下，不盡長江滾滾來。*」這不是泛泛的空曠寂寥的登高悲秋，而是無窮宇宙詩思的參照下，觀察個體的渺小和生命的短暫之困境。在無邊落木、滾滾逝川、野猿嘯哀、暮鳥飛盡的時間與空間的絕對孤獨中，追問生命的本體意義。生命的終極關切。其詩藝已達圓通之境，堪稱「古今七律第一」。

詩人老矣衰矣。杜甫已經在途中漂泊許多年，永遠回不去了。一條船就是他的家。甚至燕子兩度銜泥到船上築巢。他的長安，心心念念的長安，也安置在他這條孤蓬船上。

就像一些詩人，杜甫把長安背在行囊裡。他蒼老的心仍然湧動著對生命的仁愛。終其一生奉行儒家的濟世精神。始終懷抱生命的最高價值。「立德、立功、立言」，將個體生命融入人倫歷史群體，上體天道，消解死亡。作為一位深具儒家悲天憫人情懷的詩人，作為唐朝盛極而衰的親歷者和見證者，杜甫的詩觀照了時代的變遷，關懷多哀的民生。對人類真實生活的深切理解，為其「操心」，就是他的詩意棲居。為唐詩注入濟世精神。

六、

船出了峽，天地豁然開朗。江面變得平闊而安詳，像一場激烈的爭辯之後，終於到來的沉默。夕陽的餘暉，金燦燦的，鋪滿了半邊江水，溫柔得有些不真實。方才峽中的一切，那森然的寒氣，那震耳的濤聲，那壓迫的石壁，那想像中的縴夫背影，都像一場遙遠的、過於真實的夢。我仍舊倚著欄杆，回頭望去，那雄渾的夔門，正漸漸地向後退去，縮成一幅懸在天地間的、青灰色的畫屏。

我依舊立在船頭，任江風吹動衣襟。長江奔騰不已。三峽的漁樵到江南的煙火，滋養了中華斯文。承載了瓷器青花的藍白與絲綢的流光，從古蜀的巴渝到吳頭楚尾。屈原的香草，頑強綻放於《離騷》的夢境，與湘靈共舞於《九歌》。召喚湘君的簫聲與山鬼的足跡，如東皇太一的雷霆，喚醒河伯的漩渦與巫山神女的雲雨。江水悠悠，兩岸稻田的豐饒，孕育了李白的壯闊與杜甫的悲憫。江風鼓瑟吹簫，撫慰過客的孤舟。

既眷戀長江這原初的故鄉，又嚮往未知的遠方。

我這一介海外遊子的秋心，一直在這兩極之間蕩漾著。既懷念故鄉楓葉蘆花的溫柔，沉醉于其文化的璀璨，無法忘卻其過往的悲愴，又貪戀這江水奔流的大海，那波濤風雲的壯美，那渺茫的、不可知世界。但無論悠悠長江，還是茫茫大海，我，不過是水上的一片浮梗，在「兼天湧」的波浪與「接地陰」的風雲間，在故鄉與異國間，在歷史的絕唱與現世的繁華間，做一次短暫的、卻又仿佛貫穿了千年的航行。

唯見長江天際流。這是一個精神的歸宿，縱然身體漂泊萬里，它卻如這江心的暗礁，永駐在那裡。

木構的史詩

一、

歸國正逢四月，聽聞洛陽牡丹盛開。立刻買車北上，要一睹那「一城牡丹一城詩」、「花開時節動京城」的盛景。

抵達洛陽。客棧幾乎都滿。似乎天下人都來到洛陽看花。武曌千年過去，名城早已衰敗，牡丹依舊綻放，依然芬芳。

在伊洛河畔得見國色，我按說心可足矣，卻隱隱然若有所失。可能是因為除了被盜掘一空的帝王將相埋骨地邙山，十三朝古都遺存寥寥無幾緣故吧。過去那種神都「飛甍映日，傑閣聯雲」氣象蕩然無存。遙想武則天時，整個洛陽城就是天人合一的宇宙模型。其宮城（紫微城）位於西北隅象徵「紫微垣」，正門應天門採用「天子三出闕」形制，墩台跨度達一百二十米，其上飛廊相連的朵樓，與主樓形成「凹」字形巨大建築群，為後世宮闕形制典範。將宇宙觀、禮制規範、實用功能與藝術完美結合。洛陽城可謂當時世界城市文明的巔峰之作。

如今那盛唐氣象的物質載體，巍峨的「明堂」、「天堂」和紀功柱「天樞」都化為歷史的煙塵。特別是「上陽宮」，臨洛水而建，曾「粉壁丹楹，琉璃瓦當」，其觀風殿採用「鏡殿」設計，四壁嵌青銅鏡兩百餘面。王維《早朝》詩雲「*畫閣朱樓盡相望，紅桃綠柳垂簷向*」，即指此宮。但也早已不見只磚片瓦。令人唏噓。常掩卷遐想詩中唐代斗拱，如何大氣磅礴、雄大疏朗和出跳深遠。那如鳥斯飛的簷角曲線如何動人心魄。恨不能親眼得見。

前些年，在歐洲旅行，為古希臘、古羅馬遺留建築傾倒的同時，也為中華五千年文明沒留什麼建築而遺憾和惋惜。以至於給人一種錯覺，似乎中華建築技藝較西方遜色。甚至日本人曾斷言，中國無千年以上的建築。讓人扼腕。殊不知，東西方建築文明各有其長，只不過西方古代建築多用石頭，中國古代則偏愛用木料建構。而木構較易在走馬燈似的朝代更迭的兵火中摧毀，較易被歲月的風雨欺凌腐朽。韋莊在《長安舊裡》曾歎息，「*滿目牆匡春草深，壞簷破壁雨涔涔。當時丹陛曾排仗，此日風飄畫拱沈。*」寫盡唐亡後宮殿的斗拱彩繪剝蝕、沒入雜草的荒頹和淒涼。

我是木匠的兒子。從小看父親如何用榫卯結構製作傢俱。設計之巧妙令人叫絕。對於傳統建築的斗拱，我更是入迷。古人整棟建築不用一顆鐵釘，全靠木構的自然鳌合。十分堅固。父親也會和我講一些有關斗拱知識。古代建築中的斗拱（又稱鋪作）是木結構建築的核心構件之一，兼具力學承重與裝飾功能。斗拱通過層層出挑分散屋頂荷載。其基本構件包括栱（華栱、泥道栱、瓜子栱、慢栱、令栱）、鬥（櫨鬥、交互鬥、齊心鬥、散鬥）和昂（下昂、上昂）。其中，昂是斗拱中的斜向構件，用於支撐屋簷，使其更加深遠而不至於過高。

按結構位置，斗拱的類型有「柱頭鋪作」（主要承重斗拱），「補間鋪作」（輔助承重和裝飾作用）和「轉角鋪作」（位於建築轉角處，結構最複雜，需同時承接兩個方向的荷載）。及長，我讀到了北宋李誡著的《營造法式》，對傳統斗拱建築的大木作、小木作、雕作、瓦作、彩畫作等形制有了較完整的瞭解。自此，我對體現了「天人合一」哲學的古建築更加癡迷，常看著漢代畫像磚與石闕的「一鬥二升」發呆。

二、

去山西吧，那裡有中國最多的倖存古建築，或能一慰你的文化鄉愁。五千年文明看山西。去過的朋友對我如是說。那些古建築如同時光的碑林，木石構的史詩，鐫刻著華夏文明的密碼。從北魏的雲岡石窟到唐代的佛光寺，從遼金的應縣木塔到明清的晉商大院，那些歷經滄桑的古築，每一處榫卯都暗藏宇宙玄機，每一朵斗拱都體現了匠人的智慧，每一方磚瓦皆含歷史故事。

於是，我來到太原，來到晉祠。它始建於北魏（西元五世紀），為紀念周武王次子、晉國開國諸侯唐叔虞而建，距今已有一千五百餘年歷史。北宋天聖年間擴建，形成現存主體格局。在晉祠中漫步，宛如置身江南園林。晉祠園中多達百棟古建築。有道觀，佛院和祖祠。不僅是祭祀建築，更是中國古代建築、雕塑、園林藝術的綜合載體，反映了從北魏至明清的技藝演變。其宋塑、古建和園林被譽為「晉祠三絕」。

這是四月，丁香盛開。紫色的，白色的，襯在絳紅的牆上，安靜又靈動。其清新香氣與古老木頭的陳味混和，愈發古意盎然。遊人如織，多是來看聖母殿的。它是晉祠的核心建築，北宋遺存，供奉叔虞之母邑薑。殿內保存有四十三尊宋代彩塑侍女像，確乎精妙，她們衣袂飄飄，眉眼含情。勿怪乎被譽為「中國古代雕塑藝術的瑰寶」。但我的眼睛，總離不開八根簷柱上的斗拱。像八朵怒放的木雕花簇，每一朵都不同。最妙的是柱頭鋪作，雙杪三下昂，昂嘴削成琴面，泛著蜜色光澤。轉角處的斜拱尤為精巧，四十五度斜刺而出，如鶴頸般優雅地承托著深遠出簷。細看那些橫栱，兩端卷殺成婉約的弧線，似要挽住流逝的時光。柱頭枋上的散鬥排列如星斗，與簷角懸掛的銅鈴遙相呼應。當暮色浸透木紋時，斗拱的陰影在蓮花柱礎上蔓延，彷彿八百年前那個匠人用墨線彈下的痕跡還未幹透。

聖母殿前有魚沼飛梁，北宋橋樑，十字形結構，是中國現存最早的「立交橋」實例。再往外走就是獻殿。用於祭祀陳列，結構輕盈通透，堪稱「涼亭式殿宇」。它斗拱藏著金代的大氣。單杪單下昂的鋪作，像武士收刀入鞘般俐落。耍頭做成螞蚱頭狀，在簷下排成一列跳躍的姿勢。最奇特的是補間鋪作，用斜栱挑出斜昂，如同解開的衣帶在空中懸停。那些櫨鬥的棱角已被歲月磨圓，卻仍能看見當年斧鑿的痕跡。正心枋上的齊心鬥攢聚如蓮蓬，托著令栱的曲線像極了晉水泛起的漣漪。雨天時，水珠順著昂嘴滴落，在青磚上敲擊出與《營造法式》記載完全吻合的節奏。

獻殿前面的牌樓，「對越坊」的斗拱是明代的張揚。「對越坊」的四柱三樓的格局裡，層層疊疊的「如意斗拱」像要把天空都托住。平身科斗拱出五跳，斜栱穿插如織錦，在藍天下勾勒出繁複的幾何圖形。最上層簷下的溜金斗拱，昂尾斜向上挑起，金箔雖已斑駁，仍能想見當年「日照金鱗」的盛況。那些雕作卷草紋的吊嘴，在風中似乎仍在生長。陽光從簷下漏進來，在柱礎上投下斑駁的影子，斗拱的輪廓便在其間忽明忽暗。丁香花枝搖曳，斗拱卻巋然不動。當花影爬上牌樓，木構的剛勁與花瓣的柔軟，竟在斗拱的陰影裡達成了奇妙的和解。我如飲甘醇，竟看呆了。

三、

我馬不停蹄地在三晉大地穿梭，探訪倖存的古建築。那些古建築最攝人心魄處，在於其木構架的精妙和美妙。而它們都是在「榫卯」和

「斗拱」共同語法下建構的。其演變不僅反映了技術發展，更承載了傳統審美與文化內涵。從漢唐的雄渾到明清的繁麗，斗拱的每一處細節都是工匠智慧與時代精神的結晶。

那些看似粗壯的樑柱，實則經過匠人精心計算，以「減柱造」「移柱造」之法，在有限空間內創造出開闊的殿堂。它們是「剛柔相濟」的構造智慧——斗拱如蓮花般層層綻放，既承重又減震，將力與美融於一體。斗拱之美，在於其比例韻律。斗拱的「材分」制度（宋代以「材」為模數）賦予建築嚴謹的比例關係，如拱高與寬的比例（3:2）符合視覺平衡；斗拱之美，在於其虛實相生。斗拱的鏤空結構在光影下形成豐富變化，與屋頂的厚重形成對比；斗拱之美，在於其靜中之動。那些橫豎斜曲的構件，看似靜默地承托著屋簷，實則暗藏著一場凝固的舞蹈。細看那昂起的拱頭，微微上翹的弧度，恰似舞者揚起的手臂。一鬥三升的構造，層層遞進，猶如舞步的節奏。最妙的是轉角處的斜拱，四十五度斜刺而出，打破了橫平豎直的呆板，活脫脫是領舞者一個漂亮的轉身。

當我在山西五台縣的靜謐山谷之中與南禪寺大殿相遇，幾乎淚目。這是現存最古老的唐代木構建築啊，超過千年！大殿採用單簷歇山頂，面寬三間，進深三間，整體比例接近正方形，展現出唐代建築的端莊與穩重。與周圍黃土高坡與蒼松翠竹相輔相成，天人合一。其梁架簡練，力學精妙。大殿內的斗拱、梁枋上保留著唐代雕刻工藝。尤其是斗拱上的五瓣卷殺設計，使整個建築更具靈動感。它的簷角在空中劃出一道優雅的弧線，如大鳥展翼，斗拱疏朗有力，柱頭僅施闌額而無普拍枋，盡顯大唐建築的雄渾與自信。

站在殿前，但見二十二根立柱構成回字型佈局，殿內無柱，全賴「四椽栿通簷用二柱」的巧妙設計。那些被時光浸染成深褐色的樑柱，依然保持著千年不變的姿態，彷彿仍在訴說會昌滅佛時僧人們拆解殿宇又秘密重建的往事。

終於來到應縣，一睹遼代佛宮寺釋迦塔真容！我幾乎跟隨著春風來到這裡。有幸遇見杏花掩映，塔影婆娑的勝景。黃土高原的春來得遲，四月寺前老杏樹爆出粉白。花瓣落上朱漆闌幹。偶有燕子飛過。塔簷下五十四種斗拱如繁花初綻，燕影裁天，榫卯含香。風過時，鐵馬風鈴叮咚作響。春天的陽光照亮了佛像的殘金，塵埃飄舞。木塔的暗影在青磚地上流淌，就像歷史上的某個我不曾在的春日。

應縣木塔呈八角形狀。通體由華北落葉松和榆木構成。歷經千年戰亂，碩果僅存。即使近代年晉北大地震，附近房屋全塌，也未能摧毀木塔，只掉幾片瓦而已。據稱它曾被雷擊中十二次，依然堅挺。它能倖存，堪稱奇跡。應縣木塔歷經千年風雨而巍然不動，全賴「榫卯」和「斗拱」這種「剛柔相濟」的構造智慧——榫卯的結合處。不用一根鐵釘，全憑木與木的結合。凸者為榫，凹者為卯，兩者相接，嚴絲合縫。有些榫頭做成雲頭狀，有些卯眼刻作蓮花形，既實用又美觀。站在殿角仰望，可見數百個這樣的節點，宛如星羅棋佈，卻又井然有序。而斗拱如蓮花般層層綻放，既承重又減震，將力與美融於一體。應縣木塔有五十四種斗拱花樣，是中國建築史的傑作，堪稱「斗拱博物館」。站在塔下仰望，那些交錯疊壓的木質構件，恰似一首無聲的力學詩篇。

那些古老斗拱木質的肌理尤為動人。數百年的風霜在表面刻下細密的紋路，猶如老人手上的褶皺。漆色早已斑駁，露出原本的木色，深淺不一的褐色中偶爾夾雜著幾道金絲——那是歲月賜予的勳章。用手輕撫，能感受到木紋的起伏，有些地方被磨得光滑如鏡，想必是歷代工匠反復摩挲所致。當清風吹過，簷鈴輕響，恍惚間那些斗拱似乎活了過來。曲昂的拱嘴要吐出什麼秘密，交錯的華栱要舒展肢體，層疊的鋪作要重新排列組合。但定睛一看，它們依然靜靜地托舉著飛簷，只是光影在木紋上流動，給這靜止的舞蹈添了幾分生氣。

可惜離車催發，只能逗留片刻。不能得見夜塔噙露，月移鶯鵲的景致了。我繞塔三匝，猶如無枝可依的烏鴉。我讀著當年契丹貴族供養人題記：「*願春色長駐，國祚永昌*」。歎息。過客而已。

四、

斗拱與琉璃脊飾的結合，將古建築之美推向極致。

晉中市介休市廟底街的後土廟堪稱琉璃的絕唱。我站在它面前，恍若夢中。這座歷史悠久的道教廟宇，屬於全真派建築群。後土廟的三清樓採用十字歇山琉璃頂，屋頂覆蓋著黃綠相間的琉璃瓦，形成幾何拼接圖案。這種設計不僅增強了建築的防水性，還使屋頂展現出莊重而華麗的氣質。其琉璃脊飾種類繁多，包括懸魚、吻獸、龍鳳浮雕等。這些雕飾不僅具有裝飾作用，還承載著深厚的文化寓意。吻獸象徵鎮宅辟邪，常見於屋脊兩端。懸魚寓意吉祥，常用於屋簷下方。龍鳳浮雕象徵皇權與祥瑞，展現出道教建築的神聖氣息。

孔雀藍、翡翠綠、琥珀黃的琉璃脊飾，交織成流動的彩河。這些經高溫淬煉的釉色，歷經數百年風雨而不褪，依然保持著初燒時的明豔。正殿頂部的孔雀藍琉璃鴟吻高達二米，龍鱗以浮雕手法呈現，在陽光下產生奇妙的折射。這些明代琉璃構件採用「二次燒制」工藝：先以陶土塑形素燒，再施釉料釉燒，釉料配方至今成謎。三彩琉璃方心處的纏枝牡丹，花瓣薄如蟬翼卻曆四百年不剝落，當細雨飄落時，雨水在琉璃表面形成珠鏈般的水簾，折射出夢幻的光暈。

沿著呂梁山驅車。之洪洞縣廣勝寺。一座歷史悠久的佛教名刹，以飛虹塔、《趙城金藏》和元代壁畫聞名。一睹飛虹塔真容！中國現存最完整的琉璃塔，始建於明代。其「外琉璃內磚」的複合結構——內層為八角形磚砌塔體，外層鑲嵌黃綠藍三色琉璃構件。塔身裝飾的琉璃佛像共計千餘尊，每尊不過巴掌大小，卻眉眼清晰，衣紋流暢。二層以上的琉璃欄杆，採用透雕技法雕刻出卷草紋，既減輕塔身重量，又在陽光照射時構造出斑斕光影。

我繞著飛虹塔，如醉如癡。夕陽下，五彩琉璃絢麗如虹，十三層琉璃簷角熠熠生輝。最動人的是西面琉璃浮雕菩薩像——殘陽為佛像鍍上血色輪廓，低垂眉眼卻愈發慈悲。琉璃塔層層疊疊的孔雀藍、翡翠綠、琥珀黃在光線中跳躍，塔頂的銅鑄鎏金寶瓶與晚霞相互輝映。印證著「飛虹」之名由來。偶爾有歸鳥掠過塔身，簷角懸鈴輕顫，清音蕩開，驚起一片細碎的光暈。叮咚聲裡，整座塔彷佛在夕照中微微晃動，虛幻得像是下一刻就會隨光飛升。

五、

這些木構的中國古建築，人與自然的和諧共生。「雖由人作，宛自天開」。它們往往依山傍水，順應地勢，與環境融為一體。建構之木具有生命力，能夠呼吸、調節濕度。體現了對自然材料的尊重。它們的層層遞進象徵著人與天地的聯繫。體現了道家「順應自然」的哲學。

為了避免參觀者的人潮，我們在清晨探訪了懸空寺。它位於恒山金龍峽西側翠屏峰的峭壁之上。我們順著山谷進入這個佛教秘境。前幾天下大雪，尚未完全融化。谷中水流湍急。山桃花盛開。不經意抬頭，只見幾座廟宇飛簷斗拱，縹緲空中。宛如一架琴，鑲嵌在垂直崖壁上，凌空懸掛！

二十七根油松木，來自本地。半截釘進山體，半截懸在空中，利用杠杆原理，使建築重心內傾。竟已顫巍巍地托舉了懸空寺一千六百年。木梁表面佈滿龜裂的紋路，像老人手背脈絡，卻依然倔強地保持著向上的弧度。最險處的立柱，看似輕點岩壁，實則暗藏玄機——底部鑿有石槽，木柱卡入其中，如榫卯般嚴絲合縫。三座主殿的斗拱頗有妙趣。南樓的單翹三昂斗拱，出簷如鷹隼展翼；北樓的斜拱交錯，似蛟龍盤柱；中間的三教殿，斗拱層疊如蓮花綻放。這些木構件在雲霧中時隱時現，陽光穿過時，會在崖壁上投下鏤空的光影。

我沿著狹窄陡峭的樓梯，一步步戰戰兢兢踏上吱呀作響的木樓梯，登上空中樓閣。邊走邊讚歎。這組寺廟就像從岩石上生長出來似的。那些深深插入岩層的橫樑，不是征服，而是依偎。北魏工匠並未削平山體，而是讓木材順應岩壁的肌理生長——此處樑柱微曲以避石棱，彼處斗拱斜出以就山勢。全寺四十餘間殿閣，看似淩空欲飛，實則暗藏玄機。突出的飛簷與內凹的岩壁形成陰陽互補，懸挑的棧道與隱藏的石窟構成虛實相生。

這種「見之若虛而承千鈞，觀之欲飛而安百年」的構造，正是《易經》「一陰一陽之謂道」的空間演繹。連柱礎的雕刻都暗合八卦方位，讓建築成為流動的太極圖。最小房間僅容一人轉身。其佈局殿中有殿，樓外有樓。回廊最是奇絕。寬不過三尺的棧道，以榫卯結構懸挑而出，木板間的縫隙能望見百丈深淵。扶手欄杆的尋杖，被無數求佛之手摩挲得油亮，彎頭處的雲紋雕刻卻依然清晰。當山風穿過柱間，整個建築便發出古琴般的共鳴，那些斗拱、懸柱、飛簷，都成了發聲的弦柱。樓梯、走廊蜿蜒如迷宮，暗合「曲徑通幽」的東方美學。

三教殿內，釋迦牟尼、老子、孔子同享香火。讓我嘖嘖稱奇。斗拱間的彩繪，既有佛教飛天，又見道家雲紋，更雜糅儒家禮器紋樣。這種「殊途同歸」的宗教空間，將「萬物並育而不相害」的哲學理想具象化。懸空寺的木頭榫卯不僅連接構件，更銜接了不同的精神世界。它是中國現存唯一一座佛、道、儒三教合一的獨特寺廟。三教共處的太和之境。也以「奇、懸、巧」聞名於世，被譽為「世界十大危險建築」之一。

懸空寺，人造的秩序與自然的混沌達成了奇妙的和解，所謂「天地與我並生」。它完美演繹了人與自然最高境界的對話方式。它的關鍵字是「懸」與「藏」。從谷底仰望，只見層層疊疊的屋簷；登臨其上，才發現殿閣竟藏在山體凹陷處，雨雪不侵。這種半嵌半懸的構造，既借山勢卸去風力，又憑懸崖避開洪水。這種「不敢為天下先」的營造智慧，恰是道家「人法地，地法天」的生動體現。懸空寺的根基不在木石之間，而在這種對山體的敬畏之中。善哉！懸空寺最精妙的構造，不在其木石之間，而在它完美呈現了這種天人之間的中道。可謂絕壁上的建築奇跡。

六、

行至晉中一帶，尋常宅院的門樓照壁上，往往藏著令我屏息的雕刻世界。傳統的斗拱與古老的磚雕藝術的結合，造就了中國古建築的卓爾不群。

這種由黃土高原的澄泥燒製成青磚，質地細膩，是藝術家和工匠最好的畫布，是呈現其工藝技巧和智慧最佳謀介。他們運用「勾、斫、剔、削」技法，刻出中國農業文明的宇宙觀、歷史觀和倫理敘事，表達日常的喜怒哀樂，記錄了世間百態。平遙磚雕的線條誤差普遍小於0.3mm，這種精確度源自工匠「三年磨一磚」的匠作傳統。將漢代以來的磚刻藝術推向極致。其精湛的技藝與深厚的文化內涵，完美融合了晉商文化的實用精神與審美追求。作為明清時期金融中心的物質見證，這些鐫刻在青磚上的紋樣不僅是裝飾，更是一部凝固的社會經濟史與民俗百科全書。

晉商大院的建築展現了傳統倫理和實用美學。高聳的磚牆內，是嚴謹有序的生活圖景：東西廂房按長幼尊卑排列，繡樓窗櫺密如蛛網既防窺視又透光，地窖暗道兼具儲物與防禦功能。這些建築不事張揚，卻在細節處見功夫——門墩石上的瑞獸雕工細膩，簷下彩繪雖經百年仍依稀可辨當年的富麗。喬家大院那六進院落漸次抬高的地坪，不僅是排水需要，更暗含「步步高升」的吉祥寓意。

靈石王家的五進院落裡，每一塊方磚都是畫作：喜鵲登梅寓意「喜上眉梢」，蝙蝠環繞銅錢象徵「福在眼前」，更有漁樵耕讀、二十四孝等故事場景，以浮雕、透雕、圓雕等多種技法呈現。匠人們以刀代筆，在堅硬的青磚上刻畫出羽毛的輕柔、衣袂的飄舉，甚至人物眉宇間的神情變化。

這種倫理敘事的建築表達在平遙古城更是四處可見。民居照壁的「五福捧壽」（蝙蝠環繞壽字）磚雕，通過諧音與象徵完成儒家孝道教化。站在雷履泰故居門樓「麒麟送子」浮雕前，我不禁微笑，這幅浮雕以《詩經 · 麟之趾》為典，將商人家族對科舉功名的渴望嵌入建築表皮。

作為明清時期金融中心的建築，平遙古城磚雕有許多金融密碼。日升昌票號門楣的「匯通天下」磚匾，採用「萬字不到頭」網底與銅錢紋邊框，將商業理念轉化為視覺符號。錢莊建築中常見的「元寶疊篆」磚雕（如協同慶地下金庫通道），通過幾何化的貨幣符號，構建出財富神聖化的空間儀式感。市樓基座的「駝隊商旅」磚雕帶，以連續構圖記錄茶馬古道場景，其中駱駝轡繩採用「過牆雕」技法，使二維牆面產生三維空間的穿越感。

平遙古城的磚雕藝術是中國北方民居建築的瑰寶，堪稱磚雕的百科全書。我在那些古老街巷來回盤桓，舉頭看百花齊放般的斗拱，俯身看大千世界的磚雕。為先人的匠心和技藝讚歎。平遙磚雕獨創「多層鏤空」技藝，在單塊青磚上實現 3-5 層立體雕刻（如城隍廟影壁的「二龍戲珠」）。工匠利用當地特有的澄泥磚細膩質地，在 2cm 厚度內完成從雲紋到龍鱗的漸變雕刻，這種「微距透視」效果使靜態磚牆產生流動感。值得一提的是，平遙古城的磚雕不僅是裝飾，且具功能性。商鋪臨街牆面的「萬字錦」透雕，實為晉中地區風沙防治的智慧結晶——紋樣間隙精確控制在 1.5cm，既保證通風採光又能阻擋 70%以上的沙塵。民居墀頭部位的「如意雲」磚雕，其 45 度斜角設計可有效導流雨水。

七、

最動人的莫過於那些散落鄉野的形形色色的古戲臺。曾經演繹過多少神話和凡間英雄故事。翼城喬澤廟戲臺的藻井，以層層斗拱盤旋而上，形成完美的聲學穹頂；台口兩側的磚雕八字音壁，將演員的唱腔清晰地送往每個角落。這些建築見證了「歌舞場」與「祭祀所」的雙重身份，在實用功能與精神象徵間達到微妙平衡。

山西的古建築，是黃土高原上凝固的史詩。當陽光斜照在飛簷斗拱，斜照在那些青磚灰瓦上，時光的刻痕便從每一道磚縫裡滲出來，在簷角梁枋間流淌。這不是簡單的土木堆砌，而是一部鐫刻在木構和磚石上的文明密碼。它們體現了中國人的神聖崇高感、工匠精神、生存智慧和宇宙哲學；文人建築更將斗拱藝術推向天人和諧之詩境，體現了他們對詩意棲居的追求；斗拱的形制演變成為社會秩序的物化符號，體現了他們的空間詩學，空間政治學，社會倫理的表達。

讓人痛惜的是那些廢棄村莊的古亭台、寺廟和道觀。被人遺忘，搖搖欲墜。即便那些號稱重點保護文物的著名古建築也在風化腐朽。這些千年雕琢的土木華章，其斗拱、琉璃、木雕、磚刻不僅是技藝，更是一種文化基因和智慧，是中國人對詩意棲居的追求。它們會丟失在當代建築的水泥森林中嗎? 難道中國現代建築與其先人的居住營造智慧沒有任何關聯嗎?

布拉格：變形現場與寒鴉

在萊茵河和多瑙河航行半月後，我來到布拉格，這歐洲之心，東西方的十字路口，這金色的城。一個變形記的現場，一個生活在別處的此處。一個我一直希望抵達的地方。

一、查理大橋的黃昏

伏爾塔瓦河緩緩流過，薄霧氤氳。河水泛著油畫般的暗色調。將城市分割成兩半。查理大橋橫跨東西。入口處，哥特式的橋塔奇異聳立。橋的中央，我停下腳步。腳下，是查理四世在 14 世紀奠基的橋石；頭頂，是秋日深邃虛空；周圍，是形形色色現代人。在這一刻，過去、現在和未來彷彿在查理大橋上交匯，一幅跨越時空的畫卷。

橋的兩側矗立著三十尊巴羅克風格的聖三一騎士團聖徒雕像，歷經數個世紀風雨侵蝕而發黑。石像們拿著聖經和戴著四角帽，用空洞的眼睛，注視著川流不息的行人，注視著外鄉人的我匆匆又姍姍來遲的抵達。我憑欄舉目望著滿河的流水。一個本地人告訴我，伏爾塔瓦河在這裡流經一個暗礁，好似越跨過一道門檻。這就是這座城為何叫「布拉格」（門檻）了。漣漪波紋變化著，一道又一道橋的倒影在河中流淌。恍恍惚惚，有似曾相識的親和之感，也許它讓我想起了故鄉的長江。一個有河水流過的故鄉，更加讓人懷念吧。

懂得布拉格的人常說，只有把查理大橋走過九遍才算來過布拉格。在這座「歐洲的露天巴羅克塑像美術館」裡，隨光線，氣候的變幻，每次都能發現不一樣的風景。清晨薄霧籠罩自有朦朧夢幻之美；陽光穿破霧靄，一瞬間金光燦爛，恍如仙境；特別是黃昏，夕陽煙霞照拂，橋有魔幻般的絢爛；晚上月上梢頭，天空猶如深沈的天鵝絨，燈光閃爍中，橋添上一份神秘深邃。

也許正因為這神秘，作家卡夫卡對查理大橋十分迷戀。據說他從三歲時便開始在橋上遊蕩，他不但能說出大橋上所有雕像的典故。有好多次他的朋友甚至發現，他竟在夜晚借著路燈的光亮，數著橋上的石子……卡夫卡自己在日記中提及，他和妹妹奧特拉維過馬提尼新橋回家，在橋上望向查理大橋，橋在夜裡展現著奇特的夏夜之光。卡夫卡曾在寫給女友米蓮娜的信，描述他如何對故鄉的這條河著迷。說他最喜歡劃看小船沿伏爾塔瓦河逆流而上，生後仰臥在船中順流而下，欣賞不同形式的橋……卡夫卡生命中的最後一句話則是：我的生命和靈感全部來自於偉大的查理大橋。

鐘聲忽然響起，從參差不齊的青銅色教堂塔尖鑽出，此起彼伏。布拉格，這曾經的神聖羅馬帝國帝都，有歐洲最繁複的城市天際線。高高低低的山，紅色的屋頂波浪翻滾。不同時期的哥特式尖塔與巴羅克式圓頂交相輝映，彷彿一場跨越時空的建築爭吵。每一座塔尖都似乎縈繞著巴羅克藝術的催眠咒語。跳舞的房子模仿著自己的影子扭動，彷佛在進行一場無聲的華爾滋。火藥塔像一座巨大的沙漏，沙子緩緩流動，計量著時間的流逝。大橋向河對岸延伸。更遠處則是城堡山，再遠處則是或藍或灰的天空。這座城的個性，就像它天際線刺蝟般的塔尖，倔強、桀驁不馴。宗教改革的搖籃，三十年戰爭的彈痕猶在。身處東歐，卻從未真正屬於東歐。布拉格之春，當代戲劇的序幕，烏托邦的第一道裂痕。

查裡橋的確適合黃昏看。不管有沒有夕陽，都透著一股神秘。正值雨後斜照，花崗岩塊的橋面，被行人的腳步磨得像面破碎的鏡子，亂晃著行人拉長的影子，我看見自己的影子也加入其中。這座橋，似乎是布拉格的歷史與風情的展示場所。隨處可見各種草根藝術家、手工藝人的即興創作表演。不遠處，一位畫家正在為遊客畫像，顏料的氣味隨風飄來，混合著河水的腥氣和路邊小攤飄來的烤栗子香。人群熙熙攘攘，多種語言，捷克語、德語、英語、法語，以及其它語，以及河面天鵝嘎嘎的啼鳴，交織在一起，形成一種奇特的語言景觀。

我踏在古老石塊的橋面，聽見自己在時間中消失的聲音。空氣中彌漫著一股微妙的氣息，歷史的陳腐與現代的躁動交織在一起。整個布拉格，仿佛是一個巨大的變形現場，每一棟建築、每一條街道都在訴說著卡夫卡筆下那種難以名狀的異化感。我打量著眼前這座城市，其豐富與多維難以詮釋。現代思潮、先鋒藝術的策源地，約定俗成的怪誕格調，司空見慣的超現實主義，優雅又近乎迷幻。龐雜的種種，又契合歸一。滿街小人物，卻又大師輩出。歷史上曾有音樂、文學等諸多領域眾多傑出人物，如作曲家沃爾夫岡·莫劄特、安東尼·德沃夏克；作家弗蘭茲·卡夫卡、瓦茨拉夫·哈威爾、米蘭·昆德拉等人在此城進行創作活動。今天仍保持了濃郁的文化氣氛，擁有眾多的歌劇院、音樂廳、博物館、美術館、圖書館、電影院等，以及層出不窮的年度文化活動。居然還有國際流浪節。

遠處隱約傳來街頭藝人的提琴聲，似乎在演奏德沃夏克的作品。時悠揚，時急促。仿佛在測量著這座城市的過去、現在與未來之間的距離。測量著人群的距離，測量看此處與別處、故鄉與他國之間的距離。滿街的行人，他們望著我，而我也注視著他們。永恆的漂泊者，都在大地上尋找那個並不存在的「別處」吧？我哼著德沃夏克《致新大陸》中的念故鄉，那首基於黑人靈歌的曲子：

「*念故鄉，念故鄉*

故鄉在何方

秋風涼，葉正黃

故鄉在何方」

二、布拉格廣場

秋季的晨霧飄散，火紅的太陽，並沒那樣升起在泰恩教堂兩座猙獰的塔樓之間。而是秋雨綿綿。我覺得這更應景。

不過雨更細了，幾乎是停了。迷迷茫茫。我進入布拉格廣場。它就像我突然記起的一個遺忘已久的夢境。石塊鋪就的地面，看上去漩渦般起伏，不安如大海。空氣中彌漫著一股難以名狀的氣味，像是陳舊書籍、潮濕地窖、腐桃花心木的味道，混合看一股酸澀的新鮮。

布拉格廣場四周的建築物林立，混搭著不同世紀的風格。色彩斑斕卻又非雜亂無章。淺褐色的老市政廳，混合著哥特式和文藝復興式元素，哥特式窗戶，高聳的方形哥特式塔樓；洛可哥式的金斯基宮，大門始終緊閉，銅環佈滿了鏽跡。其外牆，色似淺粉又似淡珊瑚色，老而妖；哥特式的泰恩教堂尖聳入雲，暗影垂地；聖尼古拉教堂則在光影交錯中不斷變幻著形態，其哥特式的尖頂與巴羅克式的華麗外牆並存。不同時代的碎片被強行拼接。

教堂的彩色玻璃窗上繪滿了扭曲的聖徒形象，目光中無盡的哀傷和絕望，一些外牆上佈滿了複雜的浮雕，痛苦而猙獰表情栩栩如生。仿佛隨時會跳下基座，融入熙熙攘攘的人群之中。建築物屋頂上的風向標像一隻巨大的金屬鳥，銳利的目光掃視著腳下的人群，在尋找什麼又毫不在意。帶著莫名的神秘。廣場中央的胡斯雕像是一個巨大的、孤寂的身影。其真人因反對教宗販賣贖罪券而死於火刑。雕望的目光深邃而憂鬱，身體扭由成怪異的姿勢，仿佛正在承受著焚身的巨痛。

我坐在雕像前的長椅上，看看來自世界各地的遊客。各式各樣的街頭藝人，有的被人圍繞，有的無人問津。不乏憑空變出白鴿的魔術師，空中自由漂浮雜技漁員。還有拉馬車兜生意的車夫，以及吹肥皂泡泡逗小孩的閒人等等。小孩子們叫嚷著地追逐五彩繽紛的泡泡。一些遊客在人行道上觀看那塊標記出白山之戰失敗紀念石，辨認二十七位捷克領主新教徒被處決的地方；另一些人在看廣場的布拉格子午線。古時的布拉格人曾經用它來決定時間。他們非常入神，似乎那紀念石和子午線是一道神奇的時空之門，可以通過它瞬間互換位置，體驗他人的生活。

一隻黑貓蹲在一旁。也正專注地看著廣場上的一切。我幾乎以為，這只貓可能就是卡夫卡《內窺人》中的那位神秘敘述者。它的眼睛閃爍著深邃的光芒，似要洞穿那人群中的故事，或者要找出下一個格裡高爾・薩姆沙，蛻變大甲蟲的人。忽然，黑貓眼睛一亮。也許它發現了那位測量員 K 先生吧。他正焦急地四處張望，手裡緊握著一份文件。每當他試圖走進一棟建築，門就會突然消失或變換位置。他臉上寫滿了挫敗，依然執著地尋找那個永遠也找不到的入口。又或許黑貓看到了另一個約瑟夫.K 正在與一群陌生人激烈討論。充滿了荒誕和矛盾，但都神情嚴肅，儼然在辯論世界上最重要的真理。這時，黑貓跑開了，跑進了泰恩教堂的陰影中。那裡站著一位身材魁梧的門衛。目光鋒利，似能洞悉每個路過之人的秘密。有些遊客不由自主地向他走去，想要傾訴些什麼，卻又在靠近時突然改變主意，匆匆離開。他會是卡夫卡小說《審判》中那個神秘的看門人嗎?

這一刻，我恍恍惚惚，小說和現實之間的界限如此模糊。我自己是否也只是別人故事中的一個角色，在布拉格中心的這個神奇的廣場上徘徊。廣場來來往往的人群，越來越多。擁擠但彼此相隔，喧鬧但相互沈默。廣場上除了古老的鐘聲，還充斥著各種各樣的怪異聲音，比如鴿子的咕咕聲、馬車的車輪聲、以及人們的竊竊私語聲。低低的呢喃聲、金屬的摩擦聲、以及風在空礦的廣場上呼嘯的聲音。

三、布拉格天文鐘

在布拉格廣場，環顧四周時，我聽見了時間的聲音。那是老市政廳牆上的中世紀天文鐘發出的，進行每小時一次的精確木偶表演。巨大的圓形，藍色、金色和紅色的多個複雜圓盤組合一起，嘎嘎地運轉。在陽光下熠熠生輝。隨著光線的變化，鐘面上的顏色也會變化，時而深邃，時而明亮，透露著時間的流逝和宇宙的奧秘。

站在其下，我驚呆了。這面四百多年的老鐘，如此精巧地融合了多種文化傳統，如基督教、占星術、數學、中世紀科技，形成一個宇宙的微縮模型。特別是，時間竟可以如此打扮，被賦予如此多的意義。

兩個巨大的鐘面彼此重迭，上面的天文鐘是一個複雜的宇宙模型，四個互相嵌套的鐘盤旋轉著，每一個都代表著一個不同的時間維度：德意志的現在，波希米亞的過去，巴比倫的未來。而下麵的日曆鐘則是人間世界的縮影。太陽和月亮在鐘面上追逐著彼此，永遠無法相遇，而黃道十二宮則靜靜地注視著這場永恆的追逐。天文鐘的兩側的雕像，表徵虛榮、貪婪、瘟疫和戰爭。虛榮手持鏡子，不斷欣賞著自己；貪婪緊抓錢袋，生怕失去一分一毫；瘟疫的骷髏面容扭曲，似乎隨時準備跳下來散播恐懼；戰爭的土耳其人手握武器，永遠處於進攻的姿態。這些雕像是人類永恆的夢魘，日日夜夜盤踞著鐘樓。日曆鐘外側也有四個雕像，代表美好嚮往：哲學、正義、科學和歷史。哲學家的書頁似乎在風中翻動，天使的劍閃爍著正義的光芒，天文學家的望遠鏡彷彿真能看到宇宙的盡頭，歷史學家的筆永不停歇地書寫著時間的流逝。

布拉格天文鐘上 365 個小格子，每一個都代表著一位聖人，一個故事，一段歷史。這座鐘不僅是一件精妙的機械裝置、計時工具，更是時間哲學的物質化隱喻。它是時間的容器，宇宙的映射，人類欲望與理想的具象化。它靜靜地矗立在那裡，既是觀察者，也是被觀察者。時間，並非空洞的抽象，而是具有個人的特質，有不同的命運維度。

卡夫卡當年是否也站在這面精緻的鐘下，思考過時間？天文鐘每小時的「死神敲鐘」表演，將永恆運轉的機制與瞬間的事件結合在一起。這種永恆與瞬間的交織，是否對卡夫卡有所啟發？他的小說人物常常陷入無盡的等待或重複的行為中，彷彿被困在時間的迴圈裡。卡夫卡的作品中充滿了對時間的獨特理解。例如，在《變形記》中，格裡高爾 · 薩姆沙醒來發現自己變成了一隻大甲蟲，這種突然的轉變暗示了時間的斷裂和非線性。也導致未來時間的消失。變形後的格裡高爾失去了對未來的規劃能力。他無法再思考明天、下周或更遠的將來。在《審判》中，主人公 K 突然被捕，整個故事充滿了時間的不確定性和荒誕感。

人們來自世界各個角落，聚在鐘下。在這座古老的鐘樓前，似乎每個駐足者都成了時間的哲學家，陷入對存在本質的深邃思考。每一個人都被時間的洪流裹挾著，在尋找著自己的位置。人們睜大眼睛，咧開兒童般的笑唇，等待著那一刻的到來，等待著時間的宣判。青春會到來，衰老會到來。歡聚會有時，而散場終有時。時間不會偏袒誰……

這是一個時刻註定要離開的世界，但是我們都不擅長告別。

四、黃金巷

我遊蕩於布拉格老城。潮濕的鵝卵石街面，晃動著足影。我路過卡夫卡曾經工作過的保險公司大樓。深褐色的外牆在晨光中顯得格外沈重。我深吸一口氣，空氣中還殘留著昨夜雨後的清新，混合著附近咖啡館飄來的濃郁咖啡香。我穿過有破碎的啤酒瓶和香煙蒂老街巷，癮君子和流浪漢如同雕塑，點綴城市的風俗畫。一些音樂聲，回蕩在狹窄的巷弄中。似乎時間沒有改變什麼，布拉格古老巷子，一如莫劄特譜寫出《唐璜》那樣，一如卡夫卡寫《變形記》那樣。哥特式尖頂的黑影刺破天際，巴羅克式建築的浮雕在陽光下投下斑駁的陰影。

忽見一隻渡鴉，停駐於雕像之肩。它漆黑的羽毛在陽光下泛著幽藍，仿佛來自另一個世界，但又似曾相識。我凝視著它，它也凝視著我。這我想起卡夫卡。他的名字在捷克語中是「寒鴉」的意思。而他也以此自比，「我是一隻寒鴉，因為我的翅膀已經萎縮，因此，對我來說不存在高空和遠方。我迷茫困惑地在人們中間跳來跳去。他們非常懷疑地打量我。我是灰色的，像灰燼。我是一隻渴望在石頭之間藏身的寒鴉。」

渡鴉跳起。我的思緒也化為他的同伴。跳躍在石板路上，穿梭於古舊的房子之間。渡鴉的身份，如此與這座城，與這秋天相融入。雖然幽藍的羽毛，在紅色的屋頂背景中很突兀。我覺得身體透明如同一縷青煙。在布拉格的街巷飄來蕩去。不知不覺中，我跨過伏爾塔瓦河上的老橋，沿著河岸，經過卡夫卡博物館前兩個向世界噴尿的雕塑，經過幾隻向人類乞食的水豚，順著一條蜿蜒上山的階梯路，來到黃金巷。這是聖喬治大殿旁的窄道。

地面的鵝卵石是一個世紀的鴉啼的石化。五顏六色的矮房立著煙囪，每一扇窗戶張著一隻凝視過去的眼睛。每一個門把手，都是打開不同鴉啼的開關。每一個轉角都可能遇見自己過去的影子。時間的暗影濃稠如墨，還殘留著煉金術士們的呼吸。牆壁上斑駁的油漆，剝落處露出的磚石是時間的鳥骨。

我來到 22 號住宅，外牆被塗成寒鴉的藍色。銀行小職員卡夫卡曾在這裡住了兩年。他是這條巷子裡最不起眼卻又最引人注目的存在。在此默默完成了當時不為人知的作品《鄉村醫生》和《致科學院的報告》。屋內天花板低矮，空間狹小得令人幽閉恐懼，牆上的裂紋如同《變形記》中格裡高爾的肢節，扭曲而又充滿生命力。房間的角落堆積著看不見的官僚文書，它們的重量幾乎要將地板壓垮。牆上的掛鐘停在某個不確定的時刻。房間裡彌漫著一股若有若無的黴味，這是過去的氣息，也是未來的痕跡。這裡一榻一桌的局促，倒與一隻寒鴉之窩相得益彰。這讓我想起了卡夫卡曾說，「*籠子在等待著一隻小鳥，而我這只鳥卻在等待一隻鳥籠。*」但窗外射入的一縷陽光，提醒著外面還有一個廣闊的世界。

「你也來啦！」，一個瘦弱的聲音響起，生硬的漢語帶著濃厚的德語口音。接著又說，「我讀過《道德經》和《列子》的。從根本上我就是中國人，並且正在回家。」我很驚訝，似乎卡夫卡曾說過這句話，又像是我的自言自語。但這有什麼區別麼？同樣都是迷途的寒鴉，在現實與幻想的夾縫中尋找回家的路。這間屋子的寂靜如此完整，能聽見自己內心的低語。

等我回過神來，發現其實如今這裡是一家書店。窄窄的書架上佈滿各種版本的卡氏書籍，封面上，清瘦的卡夫卡憂鬱孤寂的目光，似乎欲言又止。我回到黃金巷上。遠處，無數隻渡鴉從四面八方飛來，我也不知自己是其中的哪一隻。哦，這個巷子經居住過許多潦倒文人。我輕聲給自己吟了曹孟德的《短歌行》，「*月明星稀，烏鵲南飛。繞樹三匝，何枝可依？*」

海德堡之詩意還鄉

這秋天的早晨，火車穿過一片片晨霧和秋林，把我從慕尼克帶到海德堡。這也是一直渴望抵達之處。

千年古城海德堡，就坐落在內卡河畔。前幾天下過雨，內卡河泥濘不堪。河水沿著狹窄陡峭的歐登瓦德山山谷，奔向萊茵河。秋陽下，紅色砂岩的卡爾·西多奧橋泛著溫暖的色澤。它橫跨在河上，由九個精心雕刻的紅色砂岩拱組成。橋的南端有一座古老的橋塔，曾是中世紀城牆的一部分。塔的兩側是白色的雙塔，曾是橋守的住所。橋頭有一具銅猴雕塑，面容滑稽卻不失莊重。他手捧鏡子，不知有何寓意。橋面寬敞，適合漫步。行人來來往往，又去意遲遲。來自昨天，去向明天。水波拍打橋墩，時間的聲音清晰可聞。

站在古老的卡爾·西多奧橋上，我感受著秋日空氣的清爽。舉目四望，青山相拱，河繞故城。北岸之山，名聖徒山（海利根貝格山）。其上有異教徒洞和西元前四世紀凱爾特土山堡壘的遺跡。沿山一側有哲學家小徑，穿越於鬱鬱蔥蔥之中，是散步的極佳路線。而南岸之山，曰王座山。半山上，海德堡古堡殘垣聳立，層層迭迭，依然王氣氤氳。海德堡老城就在其下。教堂塔尖錯落，夾岸嘉房精舍，多為紅瓦屋頂。有杏仁樹、無花果樹和橄欖樹襯托掩映。街巷古老卻鮮活，令人歡喜。

羅馬人最早來此建立據點。海德堡繁榮則始於中世紀。選帝侯帕拉蒂尼創立海德堡大學，為德意志文脈之根。該城遂為選侯國都城，宮廷富麗堂皇，文化藝術蓬勃。路德宗教改革時，此處為新教中心。然而，宗教的三十年戰爭給海德堡帶來浩劫，圖書館珍貴藏書被掠奪一空。十八世紀末十九世紀初，海德堡迎來復興。浪漫主義思潮在此興起，以大自然的神性和靈性來對抗工業社會帶來的異化。重量級學人紛至遝來。哲學家黑格爾、雅斯貝爾斯，以及後來的社會學大師韋伯在此執教、許多文化名人，各界領袖學成於海德堡大學。談笑有鴻儒，往來無白丁。海德堡遂成世界文化重鎮。

說起來，這座古城與我也有一種精神淵源。上世紀八十年代，我沈浸於德國浪漫主義詩化哲學。一次哲學年會上，我遇到北大哲學系的熊偉教授。向我們回憶起他的恩師海德格爾，「講課時，他滿堂吟詠。別人以為他是詩人，其實他是哲學家。」我驚奇地問所詠何詩，答曰，多為詩人荷爾德林流連於海德堡和萊茵河的山水間所作，探索詩意的棲居。那時，社會解放思潮湧動，我悉心研讀伽達默爾的解釋學，獲益良多。圖以此對中國古代哲學文本進行新闡釋，並在接受學做了些先聲性質的著述工作。而伽達默爾是海德堡大學繼雅斯貝爾斯之後的哲學大師，在此執教直至終老。有意思的是，九十年代，我赴美就讀哲學研究院，導師就是出自伽達默爾的門下。這次來海德堡，主要拜訪先哲工作過的學府。同時，對荷爾德林詩歌現場體驗，滿心期待。也算是一種精神還鄉吧。

我登上王座山。海德堡城堡在眼前一下子巍峨了許多。這是德國最迷人的城堡之一。城堡的佈局錯落有致，既有宏偉的主樓，也有精緻的庭院和花園。將哥特式、文藝復興時期和巴羅克式建築完美融合，並與自然景觀融為一體。弗裡德里希樓是城堡內保存最完好的部分之一。騎士大廳，這是城堡內最大的房間之一，選帝侯弗裡德里希五世曾在這裡舉辦過盛大的宴會。世界上最大的酒桶至今仍存放在城堡的酒窖裡，它由一百三十棵橡樹製成。騎士大廳，有高高的拱形天花板，牆壁上掛滿了古老的掛毯和繪畫，盔甲、武器和皇室徽章。掛毯上的騎士凍結在時間裡，用他們空洞的眼神凝視著每一個闖入者。

我徘徊在海德堡城堡的廢墟之間。這座曾經輝煌的建築，累遭兵火，雷擊，火藥炸毀，如今幾乎只剩下一具傷痕累累的骨架。秋蟲唧唧。偶爾傳來幾聲鳥鳴，清脆悅耳。為寧靜的廢墟增添了幾分生機。紅磚牆壁佈滿了歲月的皺紋。每一道裂縫都在呻吟著往日的榮光。在秋陽下，彷彿在燃燒，又彷彿在流血。常春藤緊緊攀附其上，讓死去的過往散發生命的氣息。塔樓和尖頂依然聳立，像是伸向天空的枯枝，徒勞地想要觸摸那往日雲彩。在這個瞬間，我感受到生命的短暫和永恆，美與衰敗的統一。記得海明威提到過在海德堡的經歷，「*站在城堡頂端，我感覺自己像是站在整個歐洲的廢墟上。*」我俯視著腳下的內卡河和海德堡小鎮，在秋陽下無比生動。

如此古城，兼得自然造化與人文滋潤。人傑地靈。無怪乎海德堡是浪漫主義的象徵和發源地之一。浪漫主義運動的目的，是留住前工業化世界的樸素與莊嚴，並使人們認識到可能會在時代前進的狂野中迷失自我。他們關切生命的價值和家園，主張詩意棲居。親近和崇敬大自然。熱切地相信神性和靈性。山川、湖泊、森林、風雨如磬的大海和陽光照射下的無邊無際的天空才是發現上帝的地方，也是躁動不安的人類最終找到和平歸屬的地方。大自然之美是靈魂所需要的營養，而對大其神聖性的追求，是最終要求。這些也是詩化哲學的核心。

順著古老的石板路，我走下山來。漫步進入了海德堡的老城。狹窄的街道兩旁，哥特式和巴羅克風格的建築鱗次櫛比。穿過卑斯麥廣場，人們圍著一個街頭音樂家，聽他演奏舒曼的作品。這裡是人們休閒娛樂的好去處，也是感受海德堡文化氛圍的絕佳之地。我來到海德堡大學。其校園和古城融為一體。樹木開始變換色彩，層層迭迭，仿佛大自然的調色板。校園的中心廣場上，學生們三三兩兩地聚在一起，有的在討論學術問題，有的在享受午後的陽光。三百多年的老大學是校園內最古老的建築之一。它的巴羅克風格外觀，配以精美的雕刻和裝飾。正門上方有一座鐘樓，鐘聲悠揚，如同幾百年前的秋天。大學圖書館是校園內另一座標誌性建築。它的外牆由紅磚砌成，配以哥特式的窗戶和尖頂，顯得莊嚴而神秘。圖書館內藏書極其豐富。在圖書館古樸的拱門下，我觸摸著斑駁的牆壁，感受著知識的厚重與時光的流逝。

金秋的陽光如蜜般傾瀉在海德堡古老的磚牆上，我漫步在這座承載著德國浪漫主義靈魂的大學校園裡。內卡河的水聲若隱若現，宛如雅斯貝爾斯深邃的哲思，在此處與生活的長河交匯。我駐足於哲學系門前，懷想著這位存在主義大師曾在此處暢談人生的本質與意義。秋風拂面，空氣中似乎還回蕩著他在課堂的演講，對自由與責任的深刻洞見。沿著鵝卵石鋪就的小徑前行，我的思緒不禁轉向了伽達默爾。這位解釋學大師曾在這裡執教多年，他的身影彷彿還徘徊在校園的每個角落。我想起他那句名言：理解就是融合視野。理解不僅是認知的過程，更是一種存在的方式。是一種與作者、與歷史、與自我的深度交流。當年，我讀到這些耳目一新的論斷，有一種雀躍。幾乎半個世紀過去了，如今想來，更覺大師對人的心靈洞若觀火。

陽光西斜時，我從內卡河畔的「蛇徑」，沿著山坡蜿蜒而上，進入哲學家小徑。石階兩旁是古老的石牆，牆上爬滿了青苔和藤蔓。腳下的落葉沙沙的輕響，宛如時間的低語。黑格爾、歌德、海涅，他們曾在這裡漫步。陽光透過樹葉灑在小徑上，斑駁的光影晃動。我似乎看到伽達默爾和哈貝馬斯正站在一棵古樹下討論,而卡爾-奧托·阿佩爾則獨自一人，若有所思地望著遠方。思想巨擘們，內心湧動著對生命、存在和人性的激情。在這條小徑上，留下沈思的足跡。哲學家小徑上，幾處靜靜的長椅，供行人打尖。我坐在長椅上，深深地吸了一口氣，空氣中似乎還飄蕩著智慧的餘馨，混合著泥土和枯葉的清香。

小徑半途，有一個哲學家小花園。立有詩人荷爾德林的紀念碑。上面刻著他有關讚美海德堡的詩句。這位癡迷於希臘文化詩人，有一個將詩歌與哲學完美融合的靈魂。凝視著紀念碑，我不禁想起他著名的詩句：「*人，詩意地棲居在大地上。*」以及海德格爾對荷爾德林詩歌的闡釋。其不僅僅是美的創作，更是一種本真存在的揭示。「詩意棲居」，是人的存在最高本質。以一種開放、感恩和創造性的態度面對世界，在日常生活中尋找美和意義，與自然、他人和自我和諧共處。

然而，當我的目光越過內卡河，投向高速公路的車流時，不禁要問：在這個技術至上、物質至上的時代、被各種資訊轟炸，被無休止的工作和消費所困擾，精神的淪喪，價值觀的迷失，還能夠「詩意棲居」嗎？還能「還鄉」嗎？沿著小徑繼續前行，我想，在白駒過隙的人生中，若能平凡中見證非凡，在充滿礪勞的社會角色中不失真我本性，保持對存在奧秘的敏感，或許也可於瞬間中觸摸永恆。人居於此大地之上，無可逃遁。得經歷異鄉的種種磨礪，能真正理解何為家園。

哲學家小徑的盡頭，是一片開闊的觀景台。遠處，內卡河靜靜地流淌，河水在夕陽下閃爍著金色的光芒。紅沙岩的老橋色澤更加溫暖。從這裡俯瞰，整個海德堡盡收眼底。城堡的輪廓被夕輝勾勒得更加古樸。一些暮靄升起來了，古老的建築物若隱若現，秋林斑駁，宛如一幅水彩畫。我閉上眼睛，享受黃昏的寧靜與美麗，猶如在故鄉的青山上。濃濃秋意在暮色中襲來。

秋日航行萊茵河

一、

前年在蘇黎世近郊，看過萊茵河如何湧出阿爾卑斯山。滿河都是流動的祖母綠玉石。萊茵河瀑布的澎湃之態，一直讓我魂牽夢繞。而現在，我來到它的入海處，準備乘船逆流而上。

我激動如回到故鄉的長江。歐洲歷史上眾多大河之中，古老而又居首的，恐當屬是萊茵河。它自瑞士阿爾卑斯山的北麓，流經列支敦士登、奧地利，在德、法之間蜿蜒北流，於美因茨古城附近會合緬因河，進入峽谷，在陡嶺夾持之下，三彎九轉的流進波恩、科隆平原，取向西北，瀉入低地國家荷蘭的名港鹿特丹入海。萊茵河上段與中段，與日爾曼民族多彩多姿歷史密切相關。充滿了動人的傳奇。

綿延千年的歷史長河當中，萊茵河曾是野蠻與文明的界河，見證了羅馬帝國的興衰和日爾曼部落的崛起。目睹了查裡曼大帝之下的統一，又淪於四分五裂；王權與教皇的爭鬥，宗教戰火蔓延兩岸，瘟疫、災害，神聖羅馬帝國，第三帝國……皇帝、選帝侯、主教、大公走馬燈似的。興，百姓苦，亡，百姓苦。普羅眾生，漁夫、農民、僧侶、商販、市民、乞討者，數不盡可憐可哀的個體，在一次次侵襲中被摧毀。二戰讓萊茵河更是彈痕累累，被轟炸的斷垣殘壁堵得幾乎斷流。戰爭中，勝利者是焦炭，而失敗者是灰燼。

就像傳說中尼伯龍根財寶埋於河中所隱喻的那樣，萊茵河是大自然和藝術、歷史和傳說、古老和全新生活的寶庫。萊茵河是詩人的繆斯，哲學家運思和靈性的活水，是畫家的調色板，是音樂家的旋律。萊茵河激蕩著德國浪漫主義精神，為無數童話、寓言、詩歌、音樂和繪畫注入了靈感。偉大的詩人歌德也是在萊茵河支流緬因河畔的法蘭克福誕生，並在那幢四層的樓房裡寫出了膾炙人口的《少年維特的煩惱》。從他的《浮士德》更能感受到萊茵河的浪漫與神秘。而貝多芬出生在萊茵河畔的波恩，他傾聽著河水日夜奔流的聲音，寫出了他的第一批樂曲。從他的《田園交響曲》中，能聽到萊茵河的流水聲。瓦格納的歌劇《萊茵的黃金》作為《尼伯龍根的指環》四部曲的第一部，故事發生在萊茵河畔，展現了河流的神秘與魔幻。

時維九月，序屬三秋。我將沿著萊茵河漫遊，穿越荷蘭和德國，經過兩岸古鎮，通都大邑。穿越陡峭幽深的峽谷、斷崖、湍流，鶴汀鳧渚，以及蜿蜒曲折的梯田葡萄園，廢墟城堡。訪風景於崇阿，得天人之舊館。我很期待，萊茵河急彎處那羅蕾萊岩上，美麗女妖是否還在用歌聲迷惑過往的船夫；那些中世紀的廢墟城堡、修道院、鐘樓、各色的老橋、半木結構的老屋、異鄉的燈火，如何從歷史中來到當代的地平線。那些詩人的吟哦之聲是否還在空中，那些先賢會對我，這大地上的異鄉者說些什麼?

二、

出發前，去看了布魯日、安特衛普。由於交通便利，它們和鹿特丹一起，是萊茵河三角洲的歐洲早期的商業城市。

阿姆斯特丹的清晨,港口的起重機和集裝箱在晨曦中顯得格外壯觀，船隻在水面上穿梭，留下層層波紋。空氣中彌漫著淡淡的咖啡香和新鮮出爐的麵包氣息。我站在運河邊，看著晨霧中若隱若現的狹窄房屋，聽著遠處教堂鐘樓傳來的悠揚鐘聲。

「歡迎來到萊茵河公主號！我們將會有一次終生難忘的航行。」大鬍子船長向大家允諾。他有孩子般的笑容，又有深邃如淵的眼睛。一陣細微的震動，船啟動了。一些乘客開始慶賀，船的餐廳內彌漫著葡萄酒香，與潮濕的河水氣息交織在一起。船緩緩駛離阿姆斯特丹的運河，駛向萊茵河。港口的繁忙景象漸漸遠去，取而代之的是寧靜的河流和兩岸的美景。河水輕輕拍打船身，遠處傳來野鴨或海鷗的鳴叫。金色的陽光灑落在萊茵河波光粼粼的水面上，形成無數閃爍的金色光點，刺得我微微眯起了眼睛。

駛入荷蘭鄉村，一片片圩田，由堤壩圍成的低地，經過排水和填土形成的農田。金黃的稻穀和深紅的甜菜在陽光下閃耀。堤壩上，野花依然開著。沿途的草地上，綿羊、奶牛和馬兒悠閒地吃草。秋天的牧場一片金黃。奶牛在草地上漫步，馬兒在河邊飲水，綿羊則成群結隊地在草地上覓食，陽光下顯得格外悠閒自在。經過一個個小村莊，白牆紅瓦的房屋整齊排列，村莊中央常常有一座高聳的教堂。一排風車。風車的巨大葉片在微風中緩緩轉動，仿佛在向過往的船隻致意。全盛期，荷蘭就有一萬多架風車。驅動水車以灌溉農田或抽幹沼澤。多可惜，現在大部分被拆除。

船繼續向前，進入德國境內，兩岸的景色變得更加多樣。山坡上，大片的葡萄園整齊地排列著。葡萄在成熟，空氣中似有酒香。山頂上，古老的城堡矗立，仿佛在守護著這片土地。

萊茵河的水色隨著光線的變化而變化，清晨時分，河水呈現出淡淡的藍色，隨著太陽升高，河水變得碧綠，到了黃昏，河面上泛起金色的波光，仿佛一條流動的金帶。

三、

萊茵河的水流湍急，河水拍打著船身，發出陣陣低沈的聲音。偶爾有船隻經過，船槳劃動的聲音與河水的聲音交織在一起。傍晚時分，當郵輪沿著萊茵河緩緩駛近科隆城時，城市的喧囂聲逐漸清晰。

幾乎漆黑的科隆大教堂哥赫然展現眼前，仿佛從天而降。哥特式雙塔，如兩把生銹的巨劍，高聳入雲。在午後的陽光映照下閃爍著斑駁陸離的光芒。船夫告訴我，教堂的鐘聲每隔 108 年就會響起一次，能喚醒沈睡在地下的古老靈魂。不過，他沒說那些古老靈魂為何。

我穿過霍亨索倫橋。它連接曾經的野蠻人與偉大的羅馬文明人。它為成千上萬的「愛情鎖」所累。鑰匙被起誓的情侶們扔進河裡。無解的愛情就能永遠麼？我繼續前行，穿過舊城市場，穿過猛灌啤酒的人群，穿過繽紛的肥皂氣泡，穿過一塊烏雲，穿過零星的雨滴，穿過戴面具懺悔的人群，我來到科隆大教堂。

這確能堪稱建築奇跡。典型的哥特式建築，尖拱、飛扶壁。這種獨特的支撐結構創造出律動感強烈的外觀。教堂的門廊、立柱和外牆上佈滿了精美雕刻和裝飾，展示了中世紀工匠的高超技藝。兩座塔樓高達近一百六十米，曾是世界上最高雙塔建築。這讓我想起施萊格爾兄弟對哥特建築的讚美，認為這種建築體現了人類對無限的追求。

教堂內部挑高的拱頂和細長的立柱，創造出一種空間無限延伸的錯覺。直指蒼穹，通向天國的視覺感受，也象徵著人類精神不斷向上攀升，追求超越有限世界的願望。教堂內有超過一萬平方米的彩色玻璃窗，具有精細複雜的幾何圖案。如玫瑰窗的放射狀設計，栩栩如生的人物肖像，包括聖徒、天使和聖經人物，以及植物紋樣，如藤蔓、樹葉等自然元素。多幅玻璃窗組合成完整的聖經故事場景。玻璃的色譜豐富多彩，深邃的藍色、熱烈的紅色、明亮的黃色等。以精妙搭配創造出動人的視覺效果。在陽光的照射下，營造出一種神聖而莊嚴的氛圍。光線的變幻洩露了神的無所不在和永恆存在，眾生對救贖的渴望。

科隆大教堂通過其卓越的建築藝術，將中世紀的宗教觀念和哲學思想具象化，成為了哥特式建築的巔峰之作。它不僅是一座宏偉的宗教建築，更是一部用石頭書寫的神學與哲學著作。在中世紀與文藝復興時期，科隆大教堂是最重要的朝聖地之一。

二戰時，此城幾夷為平地。科隆大教堂則是這座千年古城屈指可數的倖存者。人類文明似乎總在毀滅與重建迴圈中打圈圈。科隆城似乎是這種宿命的完美體現。築城那天起，就陷入毀滅與再生的迴圈。先是聰明享樂的羅馬人來到，建立了輝煌的城。其城名也源自羅馬皇后阿格裡皮娜。他們與蠻族隔河對壘。後為蠻族所克，城毀為白地。在中世紀，科隆是漢薩同盟的中心城市。商人們通過萊茵河進行貿易。繁榮一時。三十年戰爭、法國入侵、城均被毀損。導遊瑪麗講得哽咽，城中輝煌的洛可哥、文藝復興眾多建築，上千年的文化傳承，二戰時被成千上萬的炸彈毀去。有多少靈魂飄零而去。

瞬間，我記起了船夫的話，教堂的鐘聲每隔 108 年就會響起一次，喚醒地下的靈魂。我就像被科隆大教堂鐘聲復蘇的靈魂，徘徊於城市的街頭巷尾。空氣中彌漫著各種氣味。建在古羅馬遺址之上的羅馬-日爾曼博物館。展示了科隆從羅馬時期到中世紀的歷史。古羅馬的輝煌在這裡只剩下碎片。我矗立在十字街頭，世界在身邊走過。人們的談笑聲、汽車的鳴笛聲和街頭藝人的音樂聲交織在一起。

我閉上眼睛。似乎聽到了保羅 · 策蘭低沈的吟詠。這位出生於羅馬尼亞的德語詩人，曾在戰後的廢墟中尋找語言的重生。他的詩句「*死亡是一位來自德國的大師*」在我耳邊迴響。科隆！你在戰火中倖存，是否也像策蘭的詩一樣，從灰燼中重新找到了文明的意義?

夜幕降臨，科隆開始蘇醒。空氣中彌漫著啤酒和烤香腸的味道，街道上傳來歡聲笑語如同橡皮，擦去了往日血痕。我站在船頭，面對涼薄的夜風，看著岸上五彩斑斕的燈光，在水面上投下搖曳的倒影。遠處傳來悠揚的薩克斯風演奏聲，仿佛在訴說這座城市的悠久歷史。它的毀滅與新生。

四、

這是十月清晨，我輕聲起床，透過舷窗朝外，看見河面上升騰起層層迭迭的霧氣，輕籠河面，仿佛天帝吐納呼吸。河岸兩側的輪廓若隱若現。夾岸佳樹，儀態萬千。半木結構的古屋，教堂塔樓，站立在時間之外。在白紗般的霧中，鐘聲悠悠，村鎮相接。如漂浮的海市蜃樓。遠處的山巒化作一道道暗灰色的剪影，與天際線融為一體。

太陽微弱的光芒時而穿透雲層，時而隱匿其中。霧氣呈現出層次分明的灰白色調。遠處古老的城堡殘垣斷壁的輪廓，透過霧氣顯得格外神秘。這些曾經輝煌一時的建築，如今只剩下孤獨的塔樓佇立在峭壁之上。它們是時間的見證者，見證了無數的戰爭、和平、繁榮與衰落，而今卻只能以這樣破碎的姿態存在，讓人不禁感歎時光無情。

眼前這種近乎虛幻的氛圍，讓我想起卡斯帕・大衛・弗裡德里希的畫作，《阿爾卑斯山中的晨霧》。畫中，濃重的晨霧將群山籠罩，只露出最高處的山巔，猶如孤島般漂浮在雲海之中。此刻萊茵河上的霧氣也是如此，將古堡與峭壁的上半部分襯托得格外孤絕。弗裡德里希擅長用這種被切分的視覺效果，暗示現實與理想、可見與不可見之間的界限。他筆下的霧氣常常是分層的，由濃轉淡，把空間延展到無限遠處，創造出一種形而上的縱深感。而約翰・克利斯蒂安・達爾的畫作《萊茵河上的晨霧》，特別注重描繪霧氣的動態變化，他用半透明的色，層層迭迭地鋪陳，讓觀者仿佛能感受到霧氣的流動。畫中的船隻若隱若現，與我此刻的處境驚人地相似。這些德國浪漫主義大師深得萊茵河晨霧的神髓。他們筆下的霧氣不是單純的自然現象，而是一種介於可視與不可視之間的媒介，暗示著精神世界的存在。這些充滿哲思的風景畫中，人物總是渺小地背對著浩瀚的自然，凝視著無垠的遠方。

這種審美趣味也暗合中國的潑墨山水畫的意境，天人合一、情景合一。如當代國畫大師張大千所言，「雲霧為潤筆之助」。以霧的神秘，來營造空間的延展與深邃，反映了對形而上世界的追尋。用畫筆捕捉的不只是可見的風景，更是心靈的風景。在他們筆下，晨霧成為了連接有限與無限、現實與理想的一座橋樑。

我在水中央。一人孤立船頭，任憑潮濕的霧氣打濕衣襟。這種孤獨不是痛苦的，反而讓我感到一種深刻的寧靜。在這浩瀚的自然面前，個人的渺小與局限變得如此明顯，卻又如此安詳。船漸漸進入萊茵河峽谷。峰巒迭嶂，朝陽欲出未出。船駛過一道轉彎，突然之間，霧氣更加濃了。河面仿佛消失了。每一縷霧氣都可能通向未知的境界。我是誰，我在哪兒?

一隻玄鳥，拍翅貼水，跨河而去。轉瞬便消失在霧氣深處，留下幾圈漣漪慢慢擴散。

五、

河水的流動幾不可聞，彷彿整個世界都屏住了呼吸。忽然，一縷的陽光透過雲層，給河霧染上了一層淡淡的金色。我們的船駛入被詩人和畫家們反復謳歌的中部萊茵河谷。

兩岸的地勢陡然升高，深灰色的板岩山脈如同巨人的城牆，將河流束縛在狹窄的峽谷之中。遠處古老的城堡遺址若隱若現，殘垣斷壁的輪廓透過霧氣顯得格外神秘。這些曾經輝煌一時的建築，如今只剩下孤獨的塔樓佇立在峭壁之上，靜靜訴說著昔日神聖羅馬帝國最輝煌時期的榮光。船長告訴我們，接下來的航程將穿越歐洲最美的河谷之一，在這短短 65 公里的水道上，將看到超過四十座中世紀城堡。

在甲板上眺望兩岸。最引人注目的是那些依山而建的村落。巴哈拉赫就是其中最富魅力的一座。房屋排列在陡峭的山坡上，遠遠望去，宛如一幅精心構圖的水彩畫。紅褐色的半木結構房屋保持著中世紀的特色。一層石砌基座之上，是由深色木梁與白色牆面交錯組成的上部結構。既堅固又溫暖。

最令人驚歎的是那些葡萄梯田。十月的陽光下，葡萄藤葉子已經泛黃，與灰色板岩土壤形成鮮明對比。幾個世紀以來，這裡的居民，在陡峭山坡上開墾一層層狹窄梯田，用石塊砌成矮牆固定土地，種植適合生長在板岩土壤中的雷司令葡萄。釀造出了聞名遐邇的美酒。這裡的每一寸土地都浸潤著人類勞作，卻又完美地融入自然的壯闊之中。

船繼續向前，普法爾茨伯爵城堡巍然出現在右岸的懸崖之上。這座始建於十二世紀的要塞曾是萊茵河上最重要的關稅站之一。厚重的城牆、高聳的瞭望塔，無不彰顯著它昔日的威嚴。陽光透過城堡的箭垛，在殘破的牆垣上投下斑駁的陰影。德國浪漫主義畫家們鍾愛這樣的場景：古老的城堡、陡峭的懸崖、蜿蜒的河流，共同構成一幅充滿詩意的畫面。

沒過多久，博爾恩霍芬的朝聖修道院出現在左岸的山腰上。這座十四世紀的哥特式建築像一位虔誠的修女，靜靜地俯瞰著腳下奔流的河水。修道院米黃色的砂岩牆壁在晨光中泛著溫暖的光澤，尖拱的窗戶裡透出神秘的光芒。據說，中世紀時有無數信徒不遠千里來到這裡朝聖，尋求心靈的慰藉。

轉過一道河灣，利本施泰因城堡突然出現在眼前。這座被譽為「萊茵河上最美麗的城堡」的建築，完美地詮釋了德國浪漫主義建築的特點。高聳的塔樓、精美的尖拱窗、華麗的女牆，每一個細節都展現著中世紀建築師的匠心。城堡坐落在陡峭的山崖上，遠遠望去，彷彿一頂精美的王冠。

對岸的斯特倫貝格城堡遺址則展現出另一種美感。這座曾經輝煌的城堡如今只剩下斷壁殘垣，藤蔓爬滿了古老的石牆。德國詩人們常常在廢墟中尋找靈感，他們認為這些殘垣最能引發人對往昔的遐想和對時光流逝的感慨。城堡腳下的葡萄園一直延伸到河邊，金黃的藤蔓在陽光下閃爍著柔和的光芒。

終於，我們來到了最富傳奇色彩的羅蕾萊礁石。這座高 132 米的巨岩像一位沈思的巨人，俯視著腳下的河流。據稱羅蕾萊山岩中有一種奇特的自然現象：七重回聲。其礁石上有一座小瀑布，水流湍急，形成的回聲效果，如同竊竊私語。我側耳傾聽，岩石的竊竊私語，早已被工業和交通雜訊淹沒。曾經，這種七重回聲引起各種想像。最具代表性的是有關美麗的羅蕾萊仙女曾在這裡用歌聲迷惑過往的船夫，讓船隻撞上礁石。浪漫主義詩人海涅為此寫了的《羅蕾萊之歌》。這首傷感的抒情詩在十九世紀成為了德國民歌。我站在船頭望著這座神秘的巨岩，似乎能聽到空氣中飄蕩著若有若無的歌聲。

這條河谷不僅是一條水路，更是一條時光隧道。每一座城堡都是一頁歷史，每一個村落都是一首詩，每一片葡萄園都是一幅畫。共同構成了這條河流獨特的文化景觀，讓我們得以一窺中世紀的德意志是怎樣的模樣。而那些依山而建的村落，更像是時光的駐足處，讓我們在匆忙的現代生活中，還能找到一片寧靜的港灣。

六、

抵達呂德斯海姆（Rudesheim）。萊茵河已經在阿森曼豪森拐彎，到這裡由南北走向變成了東西走向，呂德斯海姆就位於萊茵河北岸，是通往萊茵河流向山谷的大門。乘纜車上山。站在尼德瓦爾德紀念碑前，俯瞰整個萊茵河谷的壯麗景色，這座高三十八米的紀念碑建於 1871 年至 188 年間，為紀念德意志帝國的統一而建。「日爾曼尼亞」雕像巍然屹立，象徵著德意志民族的團結與力量。秋日的陽光為紀念碑鍍上一層金色的光暈，遠處萊茵河宛如一條銀色的絲帶蜿蜒流淌。

呂德斯海姆四周環繞著連綿起伏的葡萄園。上千年來人們辛勤耕耘的土地。自十三世紀起，這裡就以葡萄種植和航運聞名。著名的雷司令葡萄酒就產於此地。其帶著誘人的漿果香氣，口感豐富、酸甜相宜。一座座古老的酒莊散落其間，每一處莊園都有屬於自己的故事。這是秋天，充沛的陽光灑在葡萄藤上，整片山谷彷彿披上了一層金色的薄紗。

不禁讓人聯想到德國浪漫主義畫家卡斯帕·大衛·弗裡德里希筆下那些令人屏息的風景畫。

下得山來。在呂德斯海姆城漫步。鎮上的古堡和教堂見證了歲月的變遷。布拉姆斯曾在這裡創作音樂，歌德也曾在此流連忘返。來到著名的胡同——畫眉鳥巷。小巷長約一百五十米，由岩石塊鋪成，最窄處僅不到兩米，是來這座酒城的遊客必到之處。兩旁古色古香的半木結構的房屋，各具特色的酒館和各式精緻禮品小店，所有外牆上都是裝飾精美的壁畫。秋日的陽光透過斑駁的樹影灑落在鋪滿鵝卵石的地面上，為這條中世紀小巷增添了時間的厚度。

我坐入畫眉鳥巷的一家咖啡館。品嘗當地的特色飲品「呂德斯海姆咖啡」，用火焰點燃的白蘭地咖啡，層次豐富，冷熱相濟。別有一番風味。從來沒喝過如此別致的拿鐵。飲後，居然有些醉意。悠揚的民謠在耳畔，身著中世紀古裝的女招待來回送飲品，仿佛回到了歌德漫步於此的年代。有種賓主盡歡的溫暖與和諧。我喃喃自語鄉音，我有嘉賓，鼓瑟吹笙。

參觀了齊格弗裡德機械樂器博物館。陳列歷史悠久的自動化樂器世界。大量古怪而令人愉悅的音樂發明——從百年歷史的小音樂盒到小提琴演奏機。走回船碼頭。萊茵河畔，暮光混合著遠處的燈火倒映在水中，與繁星遙相呼應。微涼的秋風吹拂,帶來陣陣葡萄酒的醇香。

七、

船由萊茵河轉入緬因河，向著米爾滕貝格航行。一路船閘無數，以調節船在不同水位航行。可保一年四季通航。令人讚歎。

河岸風光如平常鄰里，不似萊茵河之綺麗與開闊。

昨晚的兩把小提琴和一支電吉他的組合真是棒極了。古典又浪漫。我特別喜歡。一大清早，琴師漢斯在準備個人德國吉他的演奏。好讓我們今天穿過平庸河岸時不至於乏味。這具德國吉他真是奇妙的樂器，居然能同時演奏和絃、節奏和主旋律。他向我示範了如何演奏。那指法真是眼花繚亂。

緬因河，說你河岸景色平庸，是天大誤會。其實，你才讓天下大多河岸黯然平庸。你的河岸讓我彷彿在詩經中旅行。晨露未稀，微雨繼之。秋林初染，寒鴨燦爛其羽。逆流而上，鄉關何路？*青青子衿，悠悠我心*。你有蒹葭蒼蒼，水鳥於飛。蒲柳臨水，古橋弄姿。天人舊館，昔王故壘。精舍華屋，牛羊如玉。心攜詩經同游，陌路可為故鄉。此亦歸矣。

最讓我稱奇的是其水紋，時而漩渦，時而連波。兩岸的樹木與古塔、農舍的倒影，與水紋、光影的一起變幻，讓我心旌搖盪。此刻，我是年輕的亞裡斯多德，臉貼近水面，悉心觀察自然的細緻入微；我又是文王，試圖從水紋的形狀變化中，體悟宇宙萬物之易理；我還是德謨克利特，閱盡了時間的逝性，老氣橫秋地說，「*人不可能兩次跨過同一條河*」。一切皆變。不過是一個瞬間。如同水面的幻影，漣漪。

八、

午後，船系緬因河畔的米爾滕貝格。這是一座充滿中世紀韻味的小鎮。緬因河靜靜流淌，兩岸房舍的爬山虎在秋風中變得血紅。河中流淌著色彩斑斕的倒影。

米爾滕貝格歷史上屬於美因茨選帝侯領地，曾是一個重要的貿易中心。因其位於緬因河的戰略位置而繁榮一時。沿著狹窄的鵝卵石鋪就的主街漫步。兩旁是保存完好的半木結構房屋。典型的巴伐利亞風格。色彩斑斕的壁畫裝飾著房屋的外牆。古雅的商店、咖啡館和散發著新鮮出爐的麵包的醉人香氣。經過德國最古老的「巨人旅館」，據稱曾接待過神聖羅馬帝國皇帝、拿破崙和其他名人。

而被稱為「五彩集市」的市場廣場，則是這座中世紀小鎮的心臟，有八角形文藝復興風格的噴泉。水流在陽光下閃爍著晶瑩的光芒。旁邊還有幾座精美的雕像，雕刻著歷史人物和神話故事。各種攤位，售賣新鮮的水果、蔬菜、手工藝品和當地特產。廣場地面由鵝卵石鋪成，顏色和形狀各異，形成了一幅自然的拼圖。四周環繞著色彩斑斕的木筋房，每一棟房屋的窗臺上都裝飾著五彩繽紛的鮮花。市政廳古色古香。據說其地下室藏有鎮上最好的葡萄酒。逢年過節會面向市民敞開。聖雅各教堂，建於 14 世紀，以其美麗的哥特式建築風格而聞名。

著名的米爾滕貝格城堡，極其壯觀。俯瞰著整個小鎮，見證了這裡的興衰變遷。陽光下，高聳的塔樓和紅色砂岩外牆既滄桑又溫暖。城堡的建築風格融合了中世紀和文藝復興時期的元素。但它一半已是殘垣斷壁。城牆上爬滿了常春藤，在秋霜下開始變成火紅，與古老的石牆形成鮮明的對比。我一口爬上山頂，進入城堡。遠眺夕陽下的緬因河，美不勝收。心中歡喜。在這個被群山環抱的小鎮，每一座建築似都與自然融為一體。

沿著河岸步行回船，夕暉灑落在阿爾卑斯山脈上。雲無心以出岫，鳥倦飛而知還。我看見自己的影子，與岸邊房舍倒影渾然一體。被教堂晚鐘輕晃。

九、

早晨，穿過滿河的幻影，穿過天鵝離去時的漣漪，穿過樹木、古塔、田野交織成的倒影，船沿著緬因河繼續向南駛去。中午時分，船泊烏茲堡。瑪利恩堡要塞的輪廓在遠處顯現。這座始建於八世紀的城堡俯瞰著整個古城。這裡曾是弗蘭肯之都，宗教和文化中心。

踏上岸，就被迷住了。每個方向都擁有精緻的風景，從巴羅克和洛可哥風格的住宅到羅馬式維爾茨堡大教堂，修剪整齊的花園和公園。來到烏茲堡主教宮殿。這座被譽為「德國的凡爾賽宮」的巴羅克建築讓人驚歎。大階梯廳的壁畫，特別是天頂的巨幅壁畫《四大洲》，由喬瓦尼·巴蒂斯塔·提埃波羅繪製，可謂 18 世紀歐洲藝術的巔峰。皇帝廳以其華麗裝飾和精美壁畫而聞名。壁畫同樣出自提埃波羅之手，描繪了神話和歷史場景。而白廳則以其純白的裝飾和精美的雕刻而聞名，是宮殿內最優雅的房間之一。宮廷花園融合了法式幾何園林、義大利臺地園和英式風景園林的特點。站在宮殿的花園中，秋英燦爛。我不禁想起了哲學家謝林的話：藝術是絕對精神的器官。在這裡，人類的創造力與自然的美麗完美融合，構成了一幅令人愉悅的詩意畫卷。

烏茲堡也是精神繁華地。歌德曾多次到訪。並在他的旅行日記中詳細記錄了對維爾茨堡宮的印象。歌德對維爾茨堡的美景和文化深感讚歎，他的作品中也多次提到這座城市。年僅七歲的莫劄特也曾隨家人旅行到此。並在維爾茨堡宮為當地貴族演奏。他的音樂才華得到了高度讚賞。作曲家瓦格納在一八四零年代曾短暫居住在維爾茨堡。創作了部分歌劇《漂泊的荷蘭人》。

來到聖基利安大教堂。雙塔高聳入雲，在陽光下閃耀著金色。教堂的正面裝飾著精美的雕刻和花紋。這座始建於十一世紀的羅馬式教堂，經歷了數個世紀的修建和擴展，成為了烏茲堡的精神中心。教堂內的墓穴和庭院中埋葬著許多歷史名人和宗教領袖。我走入教堂內部。其裝飾融合了巴羅克風格。牆壁上裝飾著精美的壁畫和雕塑，描繪聖經中的故事和人物。彩繪玻璃窗灑落斑駁的光影，神聖又神秘。恰逢唱詩班在練習，管風琴的音樂聲和的歌聲在教堂內回蕩。人對崇高的嚮往該有多強烈啊，傾情注入如此藝術和工藝的努力。正如施賴爾馬赫所說，宗教是對宇宙的直觀和情感。

下午，我漫步在老城區的街道上。河上的老美因橋有摒息之美。橋上的聖人雕像在午後的陽光映照下顯得格外莊嚴，河面上倒映著橋蒼老的倒影與鮮花吊籃的繽紛倒影，構成了一幅令時間迷失的畫面。老美因橋上，彙聚著為美酒而來的人們，來自世界某些角落。咧開笑唇，品嘗著當地著名的博克斯博伊特爾白葡萄酒。空氣中彌漫著新鮮出爐的麵包和烤栗子的香氣。酒窖的牆壁上掛滿了歷史照片，講述著烏茲堡悠久的葡萄酒文化。

我東張西望，看著街景。陌生又熟悉。離故鄉很遠，卻又如歸。黃昏的暖光照亮了屋頂、塔樓和穹頂。維爾茨堡主教宮閃耀著深黃色的光芒，而法蘭肯葡萄園則起伏柔和、翡綠盎然。緬因河汩汩流著，一位身著現代服飾的青年與一位中世紀的騎士擦肩而過，誰也沒有對對方的存在感到驚訝。這一刻，時間幾乎不存在。我想起了諾瓦利斯的詩句:*黃昏時分,一切都變得如此親切,彷佛整個世界都是我們的家。*此刻,儘管身在異鄉,我卻有一種深深的歸屬感。

十、

這是十月的巴伐利亞，秋雨如幕。乘車穿過德國最富饒的農區。田疇一望無際。

一大早，我穿上自己最帥的夾克，刮淨鬍鬚。要去看心心念念的羅滕堡。它是一座完美的中世紀小鎮。坐落在鱒魚悠游的陶伯河上游。浪漫之路和古堡之路穿行而過，交匯於此。古城周圍有幽深的黑森林。羅滕堡有童話般「步雲萊」門，永不落幕的耶誕節。它是德國人心中「理想故鄉」的典範。

細雨綿綿，給羅滕堡平添了江南的韻味。我來到它的城門前，亦真亦幻。幾乎不相信自己的抵達。羅滕堡的城牆泛著時間的古光。城牆上長滿苔蘚的壁龕裡，風用手指撫摸著中世紀的石雕。這座古城擁有五座風格各異的中世紀大門和四十六座塔樓。斜坡上方的位置以及雅各教堂、市政廳塔樓、方濟各會教堂和城堡大門的塔樓剪影，讓許多人想起了耶路撒冷聖殿山的景色。

得益於南北往來的商路和堅固的軍事要塞，人傑地靈，從中世紀開始，它就是極富財力的自由城邦。漫步在鵝卵石的狹窄街道上，我感受到時光倒流。歷史的風擦亮了半木結構的山牆，吹過幾個世紀以來馬車的凹槽。每一棟精心修復的半木結構建築，都像是一本打開的歷史書，訴說著曾經繁榮的漢薩同盟時期的輝煌。也訴說著經歷三十年戰爭的兵火、黑死病後的衰落，以及二戰的毀滅。在這裡,過去與現在交織,形成了一幅令人驚歎的畫卷。

我來到羅滕堡的市政廳廣場。它是這座小鎮的中心，頗具歷史的厚重感和獨特的魅力。廣場四周環繞著色彩斑斕的木筋房，紅色木框架與白色牆壁形成鮮明對比。廣場中央有一座古老的噴泉，噴泉的水流在陽光下閃爍著晶瑩的光芒。噴泉旁邊還有幾座精美的雕像，雕刻著歷史人物和神話故事。

宏偉的市政廳，融合了哥特式和文藝復興時期的風格。正面裝飾著精美的雕刻和花紋。市政廳的鐘樓每到整點時分，鐘聲悠揚，回蕩在整個小鎮上空。時鐘左右兩邊的小門自動開啟，左側出現一個手持元帥杖的將軍人偶，右側則是握著大酒杯的市長人偶。接下來，便會重現「一飲定乾坤」的傳奇。據說在三十年戰爭期間，天主教聯盟部隊佔領了羅滕堡，準備燒毀這座城。敵軍將領蒂利宣稱，如果有人能一口氣喝光面前的葡萄酒，他就會饒恕這座城市。為了拯救城市免於被摧毀，一位勇敢的市長接受了挑戰，一口氣喝下三升多葡萄酒。那之後，每年聖靈降臨節都會上演戲劇來紀念這一活動。這也算是一種「古來聖賢皆寂寞，惟有飲者留其名」吧。

我沿著城牆漫步。登上了城堡花園。從高處俯瞰，整個羅滕堡輕籠在煙雨中。紅瓦屋頂被雨水塗得發亮。教堂的塔尖與雲雨渾然一體。永恆與瞬間失去了界限。這或許就是德國浪漫主義詩人所追求的「蔚藍花」——那個象徵著永恆與完美的理想境界。遠處的陶伯河蜿蜒流淌，隱隱約約。遠處的山丘上，葡萄園在雨中更加翠綠。雨讓一切都變得如此親切，整個世界都是我們的家。

雨逐漸消停。我來到著名的「步雲萊」或普林納門了。多少旅人千里萬里奔來此地就是為了一見。它矗立在一處「Y」字形街道的中間，一高一矮的兩座城門塔。左側西貝斯塔門，右側考泊爾策勒門。守護著中間那座小巧精緻鵝黃色牆的桁架木結構小屋。紅褐色尖頂在藍天的映襯下顯得格外醒目，似是從中世紀畫作中走出的場景。蜿蜒的鵝卵石街道從塔樓間分岔，猶如時光河流，靜靜流淌向遠方。房屋的木質橫樑上雕刻著精美的圖案，在雨滴中有斑駁的暗影。窗臺上擺放的紅色天竺葵在微風中搖曳，為這幅中世紀畫卷增添了一抹生機。

遠處教堂的鐘聲悠揚飄來，與附近噴泉的潺潺水聲交織在一起，靜謐悠遠。偶爾傳來馬蹄踏在鵝卵石路上的清脆聲響，仿佛是時光倒流，中世紀的商旅正駕著馬車穿行而過。無怪乎「步雲萊」看似平常的街角，卻具有與生俱來的浪漫氣質。成為夢裡故鄉的圖景。我發呆，凝視著「步雲萊」。深深感受到了德國浪漫主義詩人所追求的那種與自然、歷史和精神世界的和諧統一。在這一刻，在羅滕堡，我幾乎禁不住如歌德筆下那位浮士德一樣，要喊出來，「*停駐吧，你真美好!*」

十一、

當晨霧氣散去時，玫瑰臉的朝陽從古塔後面跳出。班貝格的城輪廓出現在眼前。它坐落於緬因河與雷格尼茨河交匯處，宛如被兩條綢緞纏繞。如同羅馬，這座古城也建在七座山丘之上，每座山丘都有自己的守護神。

教堂山上，主教宮殿巍峨壯觀，玫瑰園多姿多彩。我發笑，一位專注靈魂的教士，居然如此專注欲望。班貝格大教堂的四座尖塔直指蒼穹，仿佛要飛升。我從未見過一座教堂擁有四座入雲的塔樓。可見當年主教徵收了過多的稅收。站在如此教堂前，我見識到了人類精神與欲望聲名之間那種可調節的張力。誰說魚和熊掌不可兼得?

教堂內部，神聖羅馬帝國亨利二世和庫尼貢德的雕像靜靜佇立。這裡也也是他們的長眠之地。這對皇帝夫婦在十一世紀初建立了班貝格主教區，建造了這座教堂。為這座城奠定了深厚的宗教文化底蘊。教堂內還有一副騎士的雕像，具有典型日爾曼人的金髮碧眼的英俊。曾被推崇一時。最讓我印象深刻的是，東西兩端唱詩班的合唱耳堂。我閉目想像那合唱時的輝煌和聲。教堂山城牆上一排聖像，矗立在山頂，它們的眼睛彷彿在注視著每一個來這裡的旅人。灰雲停留在在雕像上，投下長長的陰影，給人一種莊嚴而神秘之感。

我沿著雷格尼茨河畔小威尼斯區漫步。河水輕輕拍岸。漁夫小

屋的煙囪冒出嫋嫋炊煙，與晨霧交織在一起，為這座城市增添了幾分詩意。河岸兩旁古老又精美的半木結構房屋倒映在水中，如同一幅水彩畫般柔美。班貝格的建築風格多樣，從羅馬式到哥特式，再到巴羅克和文藝復興風格，展現了歐洲建築藝術的發展歷程。這反映了此城的時間深度。班貝格的歷史可以追溯到902年，當時建立了巴本貝克城堡。這座城市在中世紀和巴羅克時期經歷了兩次重要的文化繁榮。幸運的，班貝格老城是德國最大的一座未受戰爭毀壞的歷史城區。

漫步至老城區，哥特式與巴羅克式建築交相輝映，彷彿是時光

的長廊。我來到了舊市政廳。它坐落於雷格尼茨河中央，河水從其下方流過，彷彿漂浮在水面上。非常獨特。塔樓高聳，在金黃色和紅色的樹葉映襯下，顯得格外迷人。走進舊市政廳，空氣中彌漫著一股古老建築特有的木質香氣，混合著淡淡的塵土味。它的內部裝飾同樣令人驚歎。高高的天花板上懸掛著華麗的吊燈，牆壁上裝飾著精美的雕刻和繪畫。每一個房間都充滿了歷史的氣息。市政廳內的瓷器收藏在歐洲前列。精美的瓷器在燈光下閃閃發光，彷彿在講述著它們的歷史。

舊市政廳的歷史可以追溯到 14 世紀，當時班貝格的市民為了表達對主教權力的抗議，決定在河中間建造這座市政廳。市政廳通過上橋和下橋連接兩岸，象徵著市民與主教之間的分界線。舊市政廳不僅是班貝格的地標性建築，也是這座城市歷史和文化的重要象徵。

班貝格是一座充滿歷史和文化底蘊的城。正逢節日，舊城區的街巷裡，舉行傳統集市。拿三叉戟的波塞冬雕像前，賣舊書、瓷器和老物件的攤位，到處都是。我悠遊其中，喝著薰制風味的朗客熏啤，四處問價。根本不把自己當外鄉人看。一位街頭藝人站在廣場中央演奏小提琴。是巴赫的《G 弦上的詠歎調》。優美而深沈的旋律充滿了整個廣場，似有形之物。我閉上眼睛，身心被那溫暖的低音包裹其中。

十二、

一個落霞與孤鶩齊飛的黃昏後，暝色潑墨般湧來，水聲加深著暝色。聽見水鳥不斷飛走。暝色入孤舟。我枕著連綿不絕的秋水睡去。

早晨，天欲雨未雨。泛舟於多瑙河谷。陡峭的懸崖高出水面 300 多米。在刀斧砍切過似的懸崖間，多瑙河湍急流過。河谷極其狹窄。剛發過洪水，河流渾濁。黑森林秋色初染。

在威爾騰堡修道院前棄舟登岸。修道院坐落在峽谷入口處的半島上，由蘇格蘭僧侶於七世紀建立。為巴伐利亞最古老的修道院。被認為是歐洲巴羅克風格的巔峰。其西壁龕中的裝飾風琴盒，以及天堂耶路撒冷的宏偉天花板壁畫令我印象深刻。修道院居然有世界上最古老的酒莊。可追溯到十一世紀。其黑啤酒曾多次在世界啤酒杯上，被評為最佳。我邊品嘗美酒邊發笑，好一群喝酒的靈修者啊。

打過尖，入雷根斯堡城。這是德國古老的城市。在多瑙河與雷根河的交匯處。從雷根斯堡作為羅馬帝國的河流堡壘起，一直是周邊地區的政治、經濟和文化中心。神聖羅馬帝國時期，它是雷根斯堡永久議會的所在地。因其優越的地理位置，來自東方貿易的貨物在抵達君士坦丁堡後，由此集散運往歐洲各地。因此雷根斯堡成為當時歐洲繁華之地，華屋精舍比比皆是。十五世紀後，其貿易優越地位不在，富人們紛紛搬離。城市停止發展。但這樣它也就沒被打擾，一直保持著它鼎盛時期的模樣。

漫步在狹長的街道中，感受著歷史的氣息。一陣悠揚的鐘聲傳來，我抬頭看見了雷根斯堡大教堂的哥特式雙塔，刺破秋日的雲霄。彷彿是通向永恆的階梯。但幾百年來，這座教堂老是有腳手架。似乎永遠修不完。入得其內，聽見一位年輕人在練習管風琴。燭光照在他臉上。我也聽得入神。

老城廳是我見過的最優雅精緻的中世紀建築。窗臺擺滿了鮮花。這座老黃色羅馬式建築，始建於十三世紀，是神聖羅馬帝國議會的舉辦地。擁有一間華美的帝國廳。華麗的吊燈、精美的壁畫和雕刻，無不展示著昔日作為神聖羅馬帝國自由城市的輝煌。在老城廳廣場旁的公主咖啡館，我要了杯咖啡，坐下來。這是德國最古老咖啡館，客人不斷。濃郁的咖啡香氣，混合著新鮮烘焙的糕點的甜香。老城廳周邊街區有多處歷史建築可憑證吊。有一家古老的藥房。據說，這裡曾是天才音樂家莫劄特駐足的地方。他在給女友的信中描述在雷根斯堡吃的美味佳餚，優美的宮廷宴會音樂，喝著摩澤爾美妙的葡萄酒。開普勒這位偉大的天文學家，也曾居此間。他發現了行星運動三大定律，然而一生貧困潦倒，晚景淒涼。在雷根斯堡討要欠薪，未果。便病死在這棟房子內。我進入室內，唏嘘不已。站在他的望遠鏡前，我想起了他的名言：「我測量了天空，現在測量地獄的陰影。」

離開時，我在著名的老石橋上流連。這座十二世紀建造的橋樑橫跨多瑙河，連接著新舊兩座城市。這是歐洲最古老的石拱橋之一，中世紀歐洲許多大型石橋的範本，也是這座城市的象徵。它的設計靈感很可能來自多瑙河下游羅馬帝國的圖拉真橋。在過去的八百多年裡，石橋是雷根斯堡多瑙河上唯一的橋樑，見證了無數歷史事件。橋的中間有一尊雕像布魯克曼德爾，一個年輕的男人望著老城，象徵著雷根斯堡自由市從主教統治下獲得獨立。站在老石橋上，可以看到雷根斯堡豐富無比的天際線。中世紀的建築，教堂塔尖、城門鐘樓、輝煌的大夏鱗次櫛比，彷彿時光在此凝固。我俯瞰著波光粼粼的河面，多瑙的浪花親吻著古老的石橋，時光在十六個橋拱流淌。空氣中彌漫著河水的清新和遠處森林的芳香。這一刻，我觸摸到了自然與人文的和諧統一。領會了荷爾德林的詩句：

在河流旁邊，我們棲居，如同花朵般開放。

十三、

萊茵河的秋日航行，是一次觸碰生命棲居本質的奇妙旅程。這條河流不僅是地理上的存在，更是一條串聯民族集體記憶、文化與自然的生命之河。我看到了歷史如何來到現在，看到了毀滅，也看到創造。狂暴的歷史早已成為遙遠的過去，但願它不會再來。

我想，萊茵河之所以如故鄉長江般親和，這與河的本質相關。河，不僅是地理現象，也是精神圖騰。在時間的深淵中，河流大地的血脈，滋養著人類文明的軀體。它們是是生命的源泉，永遠流淌在我們的集體無意識中，永不乾涸。無論走多遠，大地上的異鄉者，總會聽見故鄉河流的呼喚。那是永恆的鄉愁。就像大馬哈魚，千里萬里也要遊回故鄉的河。

作為異鄉的萊茵河，其流域的景象已化為故園圖畫，深深烙印在我的記憶中。陡峭的石岸、蒼老的樹叢、起伏的天際線，中世紀的鐘樓在暮靄中若隱若現，古老的堡壘等，構成了一幅動人的畫卷。這裡，自然的鬼斧神工與人類的巧奪天工完美融合，展現了令人屏息的美學奇跡。葡萄園、村落和小鎮點綴其間，既是日常生活的舞臺，也是歷史與現代交匯的見證。充滿日常的詩意。我閉上眼睛，還能聽到科隆大教堂的鐘聲，聞到米爾滕貝格城堡的古老氣息，嘗到福爾卡赫市集上的神奇蘋果，感受到班貝格街頭藝人音樂的魔力。

時間的力量如此強大，既能侵蝕一切，又能賦予事物特殊的魅力。在這永恆與瞬息之間，在浩瀚的人類文明長卷中，我們每個人的生命又顯得多麼渺小。然而我們的存在、創造，都成為這個宏大敘事的一部分。萊茵河航行，讓我深刻體會到文化的多樣性和人性的普遍性。儘管相隔千里，不同地域的人們似乎都在追求美好的生活、創造永恆的藝術。這種共同的追求跨越了語言和文化的障礙，展現了人類文明的共通性和延續性。或許，正是這種共同的人性，讓我這個異鄉人也能在陌生的土地上找到共鳴。

此刻，夜幕降臨，河畔的燈火次第亮起，構成了一幅動人的夜景。這些燈火不僅照亮了夜空，也溫暖了旅人的心。作為一個異鄉人，我在這滿河的光影中，在這來來往往旅人的腳步聲中，重新思考「家園」的含義。或許，家園不僅是一個固定的地點，更是內心的歸屬和精神的棲息地。這陌生又溫暖的燈光，是否也能照亮我心靈的港灣。

再見了，萊茵河。或許，我會回來。

多瑙河是何種顏色

一、

帕紹的十月清晨，格外清新宜人。多瑙河、緬因河和伊爾茨河在此彙聚。帕紹建在半島上，山環水繞。富麗堂皇的巴羅克建築。河面有美麗的倒影。帕紹是在一場大火災的廢墟上重建的，採用了義大利建築師的規劃設計，故與多數德國城市風格迥異。也因此，人們戲稱之為「巴伐利亞的威尼斯」。帕紹曾是神聖羅馬帝國的重要城市。善制神兵利器。

出發前，在帕紹的老城盤恒。鵝卵石鋪成的狹窄街道，重建的巴羅克風格房屋，色彩豐富鮮明，且少雷同。讓古老城區顯生動活潑。市政廳的牆上有許多精美的歷史題材壁畫。其中的一幅巨畫是英雄史詩《尼伯龍根之歌》中的克琳希德王后的入城圖。天花板上的壁畫還描繪了三條河流的傳說。

正在欣賞時，忽聞樂鐘齊鳴。人們告訴我，那是聖斯蒂芬大教堂的八口鐘在演奏。整個街區都被那深沈而宏大的鐘聲所籠罩。金屬的歌吟從天際傳來，震撼人心。低音鐘聲如同大地的脈搏，深沈而有力；高音鐘聲則如同天使的歌聲，清脆而悠揚。鐘聲的節奏緩慢而莊重，每一次敲擊都仿佛在宣告一個重要的時刻。鐘聲在石牆間回蕩，在塔尖上回蕩。時間的聲音如此輝煌。

我朝那鐘聲的核心走去。這座巴羅克風格的大教堂是帕紹的標誌。潔白的外牆配以綠色圓蔥形塔樓穹頂，高雅肅穆。踏入堂內，華麗的巴羅克裝飾穹頂、精美的雕塑和天花板濕壁畫。天堂景象被描繪的活靈活現。但我的目光被那正面的宏偉管風琴所吸引。哦，這就是當世最大的巴羅克式教堂管風琴。擁有近一萬八千根風管和二百三十三個音域，分佈在五個獨立的部分，可以通過一個五鍵盤的總控制台來演奏。坐教堂的長椅上，我仰望那高聳的管風琴，巨大的管道閃閃發光，仿佛一座音樂的天梯。

這時，一位老者在管風琴上正給一位棕髮姑娘示範演奏。老者棕須皆白、手指卻靈活地在鍵盤上飛舞，腳下的踏板也在不停地移動，低沈而有力的音符如同雷鳴，在教堂中回蕩。他們正在練習巴赫的管風琴名曲《d 小調托卡塔與賦格》。它以激烈的托卡塔部分開頭，沒有固定的結構。以即興式的、戲劇性風格為主，快速的音階和強烈的和絃，並包含一些裝飾性的音符和節奏變化。營造出一種緊張而宏大的氛圍，仿佛一場音樂風暴正在席捲而來。隨後，賦格部分以其複雜的對位元技巧，多個主題在不同聲部中交織，形成錯綜複雜的音樂織體，營造出豐富的層次感。讓人感受到一種嚴謹而精密的結構美。

巴赫的音符如同星辰，在管風琴的鍵盤上閃爍，每一個音符都是一顆璀璨的星。雖然《d 小調托卡塔與賦格》沒有明確的主題，其表達的情感深刻而複雜。莊嚴、神秘、戲劇性，充滿張力，層層迭加，複雜而和諧的音響效果。低沈的音符如同大地的脈搏，在教堂的牆壁間回蕩，高亢的旋律如同天使的歌聲，在穹頂下迴旋，直達心靈深處。令人不由自主地升起輝煌、莊嚴與崇高之感。

巴赫，多天才的音樂家，幾乎憑一己之力，奠定了管風琴的音樂基石。將複調音樂推向極致，對位技法的巔峰。為後世作曲家的學習典範。對貝多芬、勃拉姆斯、孟德爾松等作曲家產生了深遠的影響，推動了浪漫主義音樂的發展。

下午時分，我登上郵輪，開始多瑙河的航行。陽光斜斜地灑在聖斯蒂芬大教堂的尖頂上，金色的光芒如同天使的翅膀。教堂的鐘聲又悠悠傳來，回蕩在靜謐的河面上。轉眼間，帕紹消失在河的拐彎處。進入了奧地利。

二、

這就是藍色多瑙河了！我在音樂中，聽過它的流淌。就像在「春來江水綠如藍」的詩中，我看見故鄉的長江。

這是十月，沿途的田疇如畫，層層薄霧繚繞。我居然看見金色油菜花開滿天際。十分親切。哦，歐洲人秋天也種油菜。柳樹在風中搖曳，觀賞自已的臨水之華爾滋。天鵝悠然於水，其優雅的頸，倒映水面，勾勒出音符的形狀。渾然不覺巨大飄零就在眼前。野鴨成群亂飛，姿態各異。飛得沒心沒肺地。大約覺察到什麼。

但這畢竟是秋天。向日葵田在微雨中色澤憂鬱，花冠漆黑，只有零星幾朵仍然展開黃色的花瓣。垂首，像在回憶韶華。野玫瑰早就開敗，只剩下通紅的果實。

一棵古樹上，無數鳥兒鳴叫。就要南飛，對前路的不確定，讓它們緊張又興奮。傳說中的藍色多瑙河在面前流淌。河水並非的藍色，而是一種難以名狀的灰綠色。也許是春天裡它是藍色的吧。也許是觀察者的視界，因為世界本來就是主觀的。又或許藍色並非實際的色彩，而是一種情緒特質。藍色，應是德意志抒情的基調吧，沈鬱、深邃、本質。

多瑙河，歐洲的生命之脈，從德國西南黑森林山脈奔湧而出，穿越奧地利、斯洛伐克、匈牙利等十國，流經四座首都，最終匯入黑海的懷抱。它的澎湃激情，它的峭壁懸崖，它肥沃的岸，孕育出燦爛的人文美景，見證了無數文明的興衰，承載著豐富的歷史與文化。人們謳歌它、讚美它。用音樂、用詩歌、用繪畫向她致敬，創造出多少不朽的壯麗篇章。

此生何幸，竟能行舟於多瑙河。讓你把世間至景帶到我的面前。多瑙河，此刻，我是你的一名異鄉過客,又是你的漂泊已久的歸家遊子。渴望在你的波瀾中，用他鄉來感受家園的溫暖。

三、

多瑙河，在德國境內只是一條勉強可通航的小川，進入奧地利的林茨後，河水因支流的注入而變得寬廣。多瑙河不像萊茵河谷那樣懸崖夾岸，也沒有如萊茵河谷那樣繁密市鎮，雞犬相聞。而是一派淳樸。自然的山水相憑倚，景色富於變化。河中時見沙丘，一叢叢已過盛花期的菊蒿或洋姜，依然泛著暗黃的光。天空有熟悉大雁的飛離。

船抵達林茨。此城起源於一座羅馬堡壘。曾經的哈布斯堡王朝的重要城市。奧地利曾經的主要工業中心。現在是尋找陌生事物的旅行者的目的地。

在林茨港鐵銹斑駁的巨大倉庫、集裝箱、起重機和鐵路之間，現在是歐洲最大的連貫塗鴉畫廊。在這風景如畫、田園詩般，孕育了古典音樂和浪漫主義音樂的多瑙河畔，居然有如此與古典、高雅相悖的街頭文化，不能不說突兀、另類。那些色彩斑斕的塗鴉顯得格外生動，似要從牆面上躍出。漫步在塗鴉畫廊。空氣中彌漫著一種難以名狀的憂鬱，仿佛波德賴爾筆下的巴黎或紐約。

我駐足於一幅巨大的塗鴉前。這是一幅抽象作品，大片的紅色與藍色相互交織，如同兩股激烈碰撞的洪流。在這看似混沌的色彩中，隱約可見一張扭曲的人臉，它的眼睛似乎在注視著每一個路過的行人。這幅作品的審美趣味顯然不在於其形式的優雅或構圖的精妙，而在於那種原始的、幾乎是野蠻的表現力。

它讓我想起了表現主義大師蒙克的《吶喊》，同樣是一種內心情感的外化。

繼續前行，看到一幅風格截然不同的塗鴉。極富超現實主義色彩的作品，畫面中一隻巨大的機械鳥棲息在一座微縮的城市上空。鳥的身體由齒輪、螺絲和金屬管道組成，而城市則是由書本、鋼筆和墨水瓶堆砌而成。頗具想像力和隱喻。它似乎在暗示著工業文明與人文精神之間的某種微妙關係，又或者是在預言一個由機器主宰的未來。

在這條街上，每一幅塗鴉都是一個獨立的精神世界，洩露了創作者的內心世界。有些充滿了憤怒和反叛，筆觸粗獷，色彩強烈；有些則充滿了詩意和夢幻，線條柔和，色彩溫暖。各種風格，抽象、寫實、超現實、混亂、狂野……，隨心所欲。這些塗鴉就像是綻放在鋼筋混凝土叢林中的野花。

從古典音樂到街頭塗鴉，反映了社會價值觀和審美趣味的某種漂移。意味著從精英文化向大眾文化、從形式主義向自由表達的轉向。在這裡，每一種聲音試圖找到自己的表達方式，每一種情感急於找到自己的出口。在這個日益原子化的社會中，人與人之間，聽而不聞，言不由衷。而這些塗鴉，無論其內容如何，都是創作者向世界發出的一種呼喚。一個問題不斷在我心中縈繞：這些塗鴉的生命意義究竟何在？它們是否僅僅是一時興起的塗鴉，還是蘊含著更深層的人生追求？

太陽西沈的多瑙河，竟起了涼風。暮色無邊，猝不及防地襲來。但並未妨礙我的肆意行走。暮色朦朧的陌生街道反而有一種熟悉感。黃昏的世界到處都一樣。

四、

晨曦初露，船進入梅爾克-瓦豪河谷。不到四十公里的河道，像一條玉帶，造化了奧地利最美麗的河谷。這是多瑙河最為幽美深邃的一段，從克雷姆斯到梅爾克不到四十公里的河道，像一條玉帶。不但山清水秀，還完整保留了中世紀以來歷史發展的印跡。沿河點綴著著珍珠般的古鎮。幽幽古堡、靜謐村莊，教堂的尖頂在晨霧中若隱若現。使得這一段河域充滿神秘的色彩。

船泊梅爾克。我們攀登至梅爾克修道院。這座巴羅克式建築矗立在陡峭的山岩上，俯瞰多瑙河。毗鄰瓦豪河谷。從遠處可以看到它，塔頂高聳入雲。是歐洲最偉大輝煌的景點之一。修道院是奧地利建國歷史的核心之一。它曾是巴本伯格家族的所在地。他們是奧地利最初的統治者，直到哈布斯堡王朝接管奧地利。

修道院建於 11 世紀，外牆採用當時非常時髦的「美泉金色」（特蕾西亞黃）。在陽光下熠熠生輝，好似一座天國降臨人間的宮殿。它不僅僅是一座教堂和博物館，還是奧地利最大的天主教私立學校。以獨特而完美的方式融合在一起。就像任何本篤會修道院一樣，最重要的部分是教堂。這座教堂是巴羅克式建築教科書般的範例。以大理石和壁畫裝飾，語言不足以描述其美輪美奐。

之於我，最喜歡的是修道院的圖書館。這可能是世界上最美的圖書館。其大廳由三個相連部分組成，中間的圓形穹頂由十二根粉紅大理石柱支撐，兩邊各伸展出三個圓形拱頂支撐的狹長空間。走進其中，讓人屏息。空氣中彌漫著一股古老書籍特有的氣息，混合著木質書架的清香和微微的塵土味。這是一個充滿歷史和文化氣息的神秘殿堂，讓我仿佛回到中世紀，看到修士們在這裡抄寫和閱讀書籍的場景，虔誠和專注。

天花板上，保爾·特羅格繪製的壁畫。描繪著宗教和哲學的寓意場景，色彩絢麗，筆觸細膩。呈現人類與神的種種溝通，給人一種莊嚴而神聖的感覺。高聳的書架一直延伸到天花板，整齊擺放著一本本羊皮包裹的珍貴書籍，一卷卷稀世珍品。例如珍貴的古登堡聖經，曾收藏在這裡長達幾百年，那是西方第一部活字印刷文獻。由於豐富的藏書和中世紀珍品，這個圖書館被視為歐洲人文重要的靈魂所在。事實上，在 十八世紀，修道院是啟蒙運動的中心之一。有一個共濟會小屋，當時許多僧侶都是共濟會會員。

走出修道院，我們漫遊了被葡萄園所覆蓋的河谷。層層葡萄梯田沿著山坡蔓延。風吹過葡萄葉，發出沙沙的聲響。我目光撫過陽光下一簇簇飽滿的葡萄，感受著其中蘊含的生命力。每一粒葡萄都是大地的饋贈，凝聚著陽光的溫暖、雨水的滋潤和土壤的養分。

這裡的葡萄酒不僅是一種飲品，更是人與自然和諧共處的見證。這樣優質的葡萄，讓河谷成為奧地利最著名的葡萄酒產區之一。綠維特利納、雷司令是其馳名酒品。也產少量的長相思和霞多麗等酒。

我回望遠處的梅爾克修道院，金黃的外牆在陽光下熠熠生輝。我想起了貝多芬的《田園交響曲》,那描繪鄉村生活的音符似乎在這裡找到了最完美的詮釋。貝多芬曾說，我愛樹木勝過人。人類的勞作與大自然的鬼斧神工完美融合，創造出了這片令人歎為觀止的景致。這不正是詩意棲居的生動寫照嗎?梅爾克-瓦豪河谷不僅是一個地理概念，更是一個心靈的棲息地。在這裡，自然與人文完美融合，過去與現在和諧共存。我很高興我來過這裡。

五、

薄霧輕籠多瑙河，河水拍打著船舷，發出低沈的吟唱。與清澈的野鴨啼鳴混合一起。我坐在甲板上，閉上眼睛，感受著河流的低語。

經過一片白樺林，血紅的朝陽，帶著霧氣，自林後跳蕩而出。太陽不知多少次噴薄而出，可我第一次在這裡看見它；這多瑙河水不知多少次流淌這絢爛之光，可我第一次在這裡看見它。但終於得見，這讓我慶倖。岸邊一些打漁的綠色小艇，忍受著河浪湧動，舉起撐網。如同兒時在長江邊所見那般。五月時，那滿長江的銀色鳳尾魚兒。

我們的船隻緩慢下來，維也納出現在眼前。在甲板上憑欄，我看著維也納的天際線在朝陽下展開。周圍的巴羅克風格建築與現代化的高樓相映成趣，展現出維也納獨特的建築風貌。屋頂的紅瓦，閃爍著溫暖的光芒。多瑙河猶如一條銀色的絲帶，將城市分為兩岸，河水在朝暉中流淌，映射出斑斕的光影。

沿著著名的環路——在原城牆基礎上建起的環城大道，我走入維也納老城。石板鋪成的街道縱橫交錯，巴羅克式、哥特式、羅馬式各種風格的建築林立。在燦爛的挪威楓樹、歐洲山毛櫸和栗子樹的秋葉下，我一一走過哈布斯堡王朝的帝都地標。霍夫堡宮矗立在光影交錯之間，沈浸在歷史的夢境。查理大公的雕像呈現誇張的英姿，在戰馬之上，彷彿仍在回味他那場不朽的戰役。霍夫堡宮苑，上宅下宅，幾千房間如同迷宮，六個多世紀的帝王大興土木所打造。當年的王朝的貴族們宴飲之聲，舞會和音樂會的樂聲，餘音繞梁。盛宴的銀器的閃爍，似乎還留著茜茜公主長袖善舞的微笑。

朝陽照在斯蒂芬大教堂的塔樓上。彩色琉璃瓦片交錯，既斑駁又輝煌。據說聖史蒂芬，匈牙利之王的右手，珍藏於此。鐘樓的六口鐘，驟然齊聲奏響。一群鴿子飛起。這座大教堂見證了數百年王朝的紛爭。目睹過數次維也納圍城戰、拿破崙鐵蹄入城和哈布斯堡王朝的轟然坍塌。並親身經歷在二戰中化為瓦礫又重新站立。這高聳入雲塔尖，曾在古典音樂中找回自己的崇高，發現自己高大拱頂、雕刻柱子的結構之美；在浪漫主義夜鶯歌唱中體會自己與自然的相連；在圓舞曲《藍色多瑙河》旋律中看見自己的盛世容顏，彩繪玻璃窗的光輝奪目。

瑪麗亞·特蕾西亞廣場更是一片斑駁的光影晃動。廣場中央，特蕾西亞雕像高高在上，俯瞰著這片她曾統治的土地。這位「歐洲王室岳母」的嘴角，有種天下盡入吾轂中的笑意。通過其與丈夫弗朗茨一世養育的十六名子女與歐洲各王室的聯姻，讓古老的哈布斯堡王朝重新煥發了活力。盛極一時。幾乎整個歐洲匍匐在它腳下。這個家族的成員曾擔任過歐洲神聖羅馬帝國、奧地利帝國、波西米亞王國、奧匈帝國等十二個國家的君主，出自其家門的公侯更是遍佈歐洲各地。特蕾西亞母子當政，也熱衷於文化藝術的繁榮。維也納宮廷不僅是政治的舞臺，也是藝術的殿堂。這裡有歐洲最高的音樂標準，而市民幾乎人人通音律。維也納繼歐洲經濟中心之後，遂成其最重要的文化中心，「音樂之都」。那些音樂大師，海頓、薩列裡、莫劄特、貝多芬等紛紛來到這座城市創作，把古典主義推向輝煌。而施特勞斯家族的圓舞曲，代表這個城市攀上了維也納現代主義的文化巔峰。

我來到維也納，是為了向我幾乎聆聽一生的音樂大師們致敬。在城市公園的一角，找到施特勞斯的雕塑——著名的「小金人」我仔細端詳著這座雕像，閃耀著金色的光芒。呈現的是年輕時的施特勞斯。手持小提琴，正要拉響第一個音符。姿態優雅而生動，臉上帶著淡淡的微笑，眼神中閃爍著對音樂的熱愛和對生活的憧憬。雕塑的底座上刻著音符，仿佛隨時會跳出來變成真實的旋律。這真是一座為音樂而存在的城！

聽一場經典音樂會，應是融入維也納最好的方式。

黃昏後，我們來到城中蘇普林交響樂團的音樂廳。這個演出廳的天花板和四壁都是由胡桃木構成。音樂會的演出都是經典曲目。主要是施特勞斯和莫劄特的作品。歌舞與純音樂兼顧，很具觀賞性。女高音嗓音華麗，吐氣如風吹蘭花；男高音則滿臉戲劇，細節感人。他們合唱了一首莫劄特歌劇《唐璜》的「跟我走」。極具戲劇性。疫情期間，我曾與一位優秀女高音線上合作過這首。再聽，有親切感。

音樂會壓軸節目是約翰·施特勞斯的《藍色多瑙河圓舞曲》。音樂仿佛從河面升起，又似從天空飄落。我閉上眼睛，完全沈浸在這美妙的樂章中。此曲原為一首由樂隊伴奏的男聲合唱，後改為一首獨立的管弦樂曲。由小序曲、五段小圓舞曲及一個較長大的尾聲結構而成。樂曲以典型的三拍子圓舞曲節奏貫穿。音樂主題優美動聽，華麗、高雅、節奏明快而富於彈性，廣受歡迎。也是每年元旦維也納新年音樂會的保留曲目。

序奏開始時，小提琴在 A 大調上，用碎弓輕輕奏出徐緩的顫音，好似黎明的曙光撥開河面上的薄霧，喚醒了沈睡大地，多瑙河的水波在輕柔地翻動。圓號吹奏出最重要的一個主題，連貫優美，高音活潑輕盈，它象徵著黎明的到來。當音樂進入高潮，主題 A 旋律起伏回蕩，柔美而又溫情；主題 B 則是一段熾熱而歡騰的音樂，形成了全曲的高潮。起伏、波浪式的旋律使人聯想到在多瑙河上無憂無慮地蕩舟時的情景。我彷彿看到了多瑙河的全貌：它蜿蜒流過群山峻嶺，穿越廣袤平原，最後匯入黑海。河水不再是單一的藍色，而是呈現出七彩斑爛的光芒，每一種顏色都代表著不同的情感：歡樂、憂傷、激情、溫柔……

這一刻，我終於理解了為什麼這首曲子能夠打動如此多的人心，它不僅僅是一首讚美多瑙河的歌曲，更是對生命本身的頌揚。

據說施特勞斯寫這首曲子時，靈感突現，把這首曲子五線譜寫在其襯衣的衣袖上。要不是他的妻子發現和挽救，這首曲會消失在盛滿肥皂水的桶裡。音樂會極其成功。首席小提琴手尤其出彩。人琴合一，我很喜歡她弓法的敘述性。在音樂中，把多瑙河的景色，娓娓道來，親切如話。創造了一個美好的音樂之夜。

回船時，巴士特地帶我們遊覽夜景。維也納是歐洲文明的首都，在建築上，只有巴黎可與比擬，在音樂上更是惟我獨尊，巴羅克時代是貴族氣味濃厚的浪漫主義的時代。這座音樂之都，這座哈布斯堡王朝的明珠，在燈光下閃耀著迷人的光芒。環城大道上，巴羅克式的建築氣勢恢宏，歌劇院、音樂廳、博物館、皇宮，無不訴說著昔日的輝煌。

離開維也納時，我看著多瑙河。它並不是藍色的，而是一種綠色。世界可能真是主觀的。也許，多瑙河從不是藍色的。它的藍來自於人們的想像和憧憬。它的藍只存在於音樂中。

六、

離開維也納，船隻駛向最後的目的地——布達佩斯。

布達山丘上的漁人堡俯瞰著整個城市，七座白色的尖塔，象徵著古代馬紮爾人的七個部落。佩斯特平原上的國會大廈倒映在多瑙河水中，形成一幅完美的對稱畫面。鏈子橋橫跨多瑙河，將布達和佩斯這對孿生城市緊緊相連。布達城堡高高聳立，遠遠望去，宛如一頂華美的皇冠。馬加什教堂的尖頂直指藍天，哥特式的建築風格莊嚴肅穆。多瑙河的水泥岸邊，幾十雙銅鞋子，有的鞋子中插著鮮花。它們如空洞，似乎還在呼喚其二戰中冤死的主人。

時見幾隻烏鴉飛過，為這座城市平添幾分神秘色彩。這些黑色的精靈，與布達佩斯有著不解之緣。

我站在城堡山上，布達城堡的雄偉壯麗盡收眼底，多瑙河悠悠遠去。城堡由匈牙利國王貝拉四世為了抵禦蒙古金帳汗國的入侵而興建。其後，神聖羅馬帝國皇帝西吉斯蒙德，將原來的建築物改建為哥特式王宮城堡。其白色外牆在陽光下閃閃發光，細膩的雕刻和裝飾在光影中若隱若現。

城堡前的廣場上，石板路被夕陽拉長的影子覆蓋，顯得格外寧靜。我看了大門旁的大理石柱上一隻展翅欲飛的大鳥，腳下緊緊抓著一把寶劍，這就是傳說中的那只神奇的烏鴉。正是它引領著馬紮爾人來到這片土地。在遙遠的過去，馬紮爾人在阿爾帕德王子的帶領下，長途跋涉尋找新的家園。在他們即將放棄希望的時候，一隻烏鴉突然出現，帶著他們跨過喀爾巴阡山脈，來到了多瑙河畔這片肥沃的平原。烏鴉停在一座小山上，馬紮爾人就在那裡建立了他們的家園，這座小山後來成為了布達城堡的所在地。從那時起，烏鴉就成為了布達佩斯的守護者，見證著這座城市的興衰。

正值黃昏，烏鴉鳴叫，上下翻飛。我想起了匈牙利天才的作曲家李斯特，那玄乎其技的鋼琴技巧，彈奏起來，其雙手在琴鍵上猶如烏鴉翩翩,狂放不羈。一位鋼琴家朋友曾經和我談起，李斯特是鋼琴演奏技巧的革新者。他的作品常常包含複雜的技巧要求，如快速的八度跳躍、寬闊的和絃跨度、快速的音階和琶音等。這些技巧不僅展示了演奏者的能力，也為音樂增添了戲劇性和表現力。李斯特的和聲大膽，擅長運用主題變奏的手法。他常常取一個簡單的主題，通過不同的節奏、和聲、調式等變化，將其發展成複雜而富有表現力的作品。李斯特打破了傳統的奏鳴曲形式，創造了「交響詩」這一新的音樂形式。交響詩通常是單樂章的管弦樂作品，以文學或繪畫作品為靈感，自由地表達音樂內容。

我是李斯特《匈牙利狂想曲》十九首鋼琴曲忠實聽眾。它們充滿了匈牙利民間音樂的元素，特別是吉普賽音樂的影響。這些旋律常常從深沈、莊嚴過渡到輕快、火熱，甚至狂躁的情緒。帶給人強烈的情感衝擊和視覺想像。聆聽時，彷彿置身於匈牙利多瑙河河畔的城鄉村之間，感受著那裡的風土人情和歷史變遷。音樂時而深沈、時而歡快，幾乎能聽見多瑙河的奔湧。

李斯特的旋律就像那只引路的烏鴉。帶著馬紮爾人的靈魂，在布達佩斯的上空自由翱翔。今天來到《匈牙利狂想曲》的音樂現場，每一處風景都彷彿是他音樂的注腳。我參觀了李斯特音樂學院。紅磚牆上爬滿了常春藤，古老而不失優雅。庭院烏鴉出沒，教室裡傳出的音樂聲。我目光停留在李斯特用過的鋼琴琴鍵上，似能感受到大師指尖的溫度。空氣似乎還留著遠古烏鴉的引路之音。

布達佩斯，有如同布宜諾斯艾宜斯般的黃昏。滿街的舊日夕暉如同漏屋滴水，從各種裂縫裡滴出。而新時代的暗影，羞羞答答。街樹半黃半綠，欲秋未秋。

我穿過半明半暗的黃昏街道，找到了李斯特廣場。他的青銅雕塑，手指像蜻蜓翅膀揚起，正在彈奏輕風。他是鋼琴鬼才，無人可以模仿。就像小提琴鬼才帕格尼尼一樣，不可重複。北京姑娘王羽佳也算半個鋼琴鬼才。她彈奏「野蜂狂舞」，讓我目瞪呆。

夜幕降臨，布達佩斯的燈火漸次亮起。多瑙河的堤岸上到處都是塗鴉。這座城真的產生了佩多菲和李斯特麼？我站在鏈子橋上，看著夜晚的多瑙河，望著天空中盤旋的烏鴉，看著夜晚的布達佩斯，這座由烏鴉引領而來的城市。在李斯特的音樂中，在烏鴉的守護下，綻放著獨特的魅力。

七、

布達佩斯，是我這次多瑙河旅行的終點。昨夜夜遊多瑙河，漁人堡與國會大廈的燈火夾岸，交相輝映。滿河的燈光流淌，滿河的幻影流淌。醒來時，兩岸夢幻般的燈光早已熄滅。晨光中，我望著多瑙河東去。穿過匈牙利廣闊的平原，穿過各色的中世紀鐘樓、各色的老橋、異鄉的燈火，穿過我從未抵達的地方。向更遠的黑海流去。我有些依依不捨。

天地廣袤而持久。我一介蜉蝣之身，能抵達如此之遠，看到如此之多，心充滿感激。這趟旅程其實永遠不會結束。旅行不是到達某個目的地，而是保持一顆永遠好奇、永遠探索的心。而多瑙河將永遠在我記憶中流淌，充滿神秘和未知。

一個短暫而永恆的冬之旅

有一支歌，我幾乎唱了一生，從青春至兩鬢染霜，從家鄉故里到異國他鄉。無論秋風凜冽撲面，無論雪遮蓋了前路，當我一人在路途時，我會哼起這支歌。當年旅美初始困頓蹉跎，每天在雪地步行數英里去打工，也時時唱起這支歌。它就是舒伯特的《菩提樹》。今天，我終於跨越阿爾卑斯山，來到這支歌的故鄉，來到舒伯特度過彗星般短暫迅速人生的地方——維也納。

花了一整天漫遊這座曾經的哈布斯堡王朝帝都。站在維也納國家歌劇院前，我端詳著這座音樂的殿堂，就像第歐根尼來到一個散場的劇場，體會席散人去的況味。空曠的金色大廳，池座、包廂，紅天鵝絨座椅，繞梁不絕的音符，足顯當年哈布斯堡君主貴族們登峰造極的奢靡，對音樂符合自己趣味的挑剔，對作品完美無瑕的苛刻。有什麼能比富麗堂皇的歌劇院更彰顯帝國的盛世排場和正當性？有什麼能比音樂更能超越其治下十幾種語言的隔膜，彌合人心和增強帝國的凝聚力？而能在此演奏自己的作品，接受如雷般掌聲，該是每個作曲家的畢生夢想吧？當然，這座音樂殿堂精美的大門，想必迎接過那些名滿帝都的作曲家意氣風發的臉。但它是否也見過那位年輕的小個子作曲家舒伯特，黃昏裡走過的他落魄背影？

夕陽完全沈入城市的天際線，我回到多瑙河邊的船。晚餐後，臨窗看著維也納的萬家燈火在閃爍。遠方有熟悉的音樂傳來，有一種在異鄉又在故鄉的感覺。旅途的勞頓讓我很早入睡。夢見我的嘴唇像一條船，停靠在多瑙河岸。我似乎聽見舒伯特手指在鋼琴有限的八十八鍵上滑動，而源源不絕的旋律從他指間流出。這樣一位天才作曲家卻無法在這座城市中，於無盡的街道間找到屬於自己的空間。只能在音樂中構造，在孤寂歌聲中點燃一根蠟燭。明天去看他的菩提樹、古井吧，我對自己說。

夜泊維也納。殘暉烙在大理石天空，一片片血色的裂痕。多瑙河流水悠悠，穿城而過，橋上行人遲遲，漣漪發出時間的尖叫。

清晨被流水聲喚醒。洗漱早餐畢，出發去維也納郊外。藍色的多瑙河從阿爾卑斯山奔流而來。山脈在秋日的陽光下變得更加宏偉壯麗。我登上了卡爾斯普拉特山，俯瞰著整個城市。山頂的風吹過臉龐，我彷彿在雲端。山下的維也納森林沐浴在金色陽光中。

舒伯特也曾來過這裡遠眺吧。他的偉大 C 大調交響曲中那清新、自然、神秘的樂句，那豐富多變的和聲對比、調性的突然轉換，必是融入了這藍天白雲、陽光與陰影的交替、綿延起伏的山巒、藍水如玉和田園如畫。那最後樂章中持續的三連音，也必是在隱喻多瑙河的逝川不舍晝夜。彷彿一個人流浪者在森林、山脈和草地中漫遊。帶著一種深刻、內省的悲傷，一種幾乎超然的喜悅。

我跳上 37 路有軌電車，去裡赫田塔爾（維也納第九區），參觀弗朗茨·舒伯特的出生地。當時這是兩層樓的公寓，有十六個家庭住在這所房子裡。舒伯特的母親伊莉莎白在廚房的薰制室裡生下了他。十四個兄弟姐妹，只有五人倖存。其父是一位學校校長，業餘音樂家。那時這裡還是城郊。四周環繞著綠樹和田野，空氣中彌漫著花草的芬芳。小鎮上的教堂鐘聲悠揚，彷彿在為這位元未來的音樂大師奏響序曲。舒伯特在這裡度過了童年時光。他極有音樂天賦。父親教他小提琴。哥哥教他鋼琴，但很快就超過哥哥。舒伯特本人還是一名兒童歌手，嗓音優雅。十三歲開始寫音樂。舒伯特的出生地，一個充滿歷史和音樂的世界。館內陳列著舒伯特的曾使用過的鋼琴、眼鏡和手稿，展示了他短暫卻充滿創造的一生。據說為了不錯過靈感，睡覺時他也不肯摘下眼鏡，以便及時投入作曲狀態。舒伯特一生漂泊。除了童年時住父母家,他住過寄宿學校，當老師時住在教師宿舍，後來就常寄住在他的朋友家。舒伯特性情隨和，很有朋友緣。他深入骨髓的流浪感，大概也與居無定所有關吧。

我不能免俗地去看了美泉宮。當年為了不讓凡爾賽宮專美，哈布斯堡王朝在此清爽甘冽泉水處修建夏宮。極盡巴羅克之優雅與壯麗。花園占地廣闊，佈局頗費匠心，處處展現出皇家園林的恢宏氣派、富庶與奢華。我在描金的大廳停留片刻，走過爭奇鬥豔的花壇。海神尼普頓駕馭海馬的雕塑噴泉、路徑錯綜的迷宮、凱旋門、羅馬式的觀景亭，俯視夢境般美泉宮的全景。想像當年哈布斯堡王朝鼎盛時期美泉宮的夏日音樂會。貴族們身著華服，戴羽毛和珠寶點綴的帽子，乘華麗的馬車抵達美泉宮。露天的舞臺上裝飾著鮮花和絲綢，演奏古典音樂和歌劇選段，只有名滿長安的音樂家才受邀。美酒和美食，杯觥交錯，高談闊論。

當年，舒伯特，作為一位名不見經傳的音樂家，在維也納這樣居之不易的環境裡，會很沮喪吧。自文藝復興以來，宮廷文化興起，皇室成為音樂家的「保護人」。幾乎每位音樂家或藝術家不僅需要宮廷或貴族的豢養來生存，而且需要他們提供了演出機會、宮廷職位和社交地位。巴赫的《哥德堡鋼琴變奏曲》就是為治療伯爵的失眠症而作。「海頓爸爸」幾乎一輩子都在埃斯特哈奇府邸擔任「音樂僕人」。神童莫劄特從小便獲貴族夫人們對其音樂寵愛有加，賞賜的金幣多得像吻一樣。莫劄特許多著名的作品，在奧地利皇室的庇護下所創。其父也曾是一位宮廷樂長。貝多芬也受到神聖羅馬帝國皇帝約瑟夫二世的支持和資助。

而舒伯特是西方音樂歷史上第一位在沒有贊助的情況下，僅僅靠藝術生存的偉大作曲家。甚至因收入不穩定而無法得到婚姻許可證，與自己心愛的女高音組成家庭。這也是他罹患不治之症而英年早逝的導因。舒伯特一生只有過一場公開音樂會。落魄潦倒，連作曲的紙都是朋友給的。直到去世的前一年，才擁有一架自己的鋼琴。他所有的交響樂，今天我們聽來如此美妙，都直接從他的想像中產生，然後寫下來。生前從來不曾演奏過。這真令我驚奇。他的音樂作品中很長一段時間都是以手稿形式傳世。很少發表。

去阿岑布魯格城堡聆聽《冬之旅》音樂會前，我來到東南郊的中央公墓，拜謁了舒伯特的長眠處。在累累墓碑中，我找到了他的名字。他靜靜地安睡在這裡，與他的偶像貝多芬為鄰。墓前陽光明亮，鮮花燦爛。貝多芬見曾過舒伯特一面。讀到其譜稿，讚歎道，「真的，神聖天才的火花就在這位舒伯特身上！」可惜，不久貝多芬病逝。舒伯特為其扶靈，是葬禮上的火炬手之一。而他本人的生命還不到二十個月。在生命剩下的日子裡，舒伯特進行了大量創作，完成了《天鵝之歌》，聲樂套曲《冬之旅》。

舒伯特對於詩相當敏銳，總能以最貼切的旋律、和聲，層次分明地表徵出詩的意境。他從貝多芬的巨大暗影裡走出來，把音樂語言帶入了新的領域。在古典主義與浪漫主義之間建構了一座橋。如果說貝多芬作曲像一位建築師，那麼舒伯特作曲就像一位漫遊者。不是為輝煌的帝王殿堂、為貴族音樂廳而寫，而為在大地的異鄉者而作，為每一個孤獨個體而歌，為在家、和失去家而作。為我們的生必有死而哀歎。他一直在至悲至愛之間徘徊，對存在的悲傷有真正理解和關照。他自己也說，「我的作品就是透過我對音樂的理解和我的痛苦才會存在；而只有那些被痛苦招喚來的事物，似乎才能給這個世界最起碼的喜悅。」舒伯特一生可能寫過一千五百首樂曲，現存的就有一千首左右。其中六百多首獨唱歌曲，幾乎憑一己之力把藝術歌曲推至完整的音樂形式。這位孤獨的、愛而不得的流浪者，在地球上度過如此短暫的 31 年，卻創造了如此之多。帶著神秘的美。

阿岑布魯格城堡距維也納僅約三十分鐘路程。夏季，舒伯特和他的朋友們會在這中世紀城堡的逗留幾日。此處現為舒伯特博物館，陳列著其生前用品。牆上掛著繪畫《舒伯特之友的聚會》。畫中，舒伯特坐在鋼琴旁，朋友們的圍繞。鋼琴下還有條長耳狗。畫的正是他們在阿岑布魯格聚會情形。城堡內有巴羅克式花園涼亭，現被稱之為「舒伯特的作曲屋」。直到今天，這座城堡還舉辦舒伯特之友專題音樂會。

我和一小群人在一個古老的大房間安靜就座，等待著即將開始的《冬之旅》專題音樂盛宴。這是舒伯特用德國詩人威廉·穆勒的二十四首詩歌創作的套曲。一部有關愛、流浪、死亡主題的作品。唱的是一位失戀的年輕人一段孤獨的冬之旅，離開小鎮時，烏鴉從屋頂上向他撒下雪。路途上，迎著北風，感受滾燙的冰淚，雪融的洪流，帶著濃烈鄉愁，不斷被幸福的回憶所折磨。最後遇到一位年邁風琴藝人，與其結伴而行。這部套曲，我聽過漢斯·海特林版本的，其男中音聲線深沈又明亮，被認為是二十世紀該作品最偉大的演唱者之一。還聽過彼得·舒賴爾版本的。其男高音柔和細膩，唱得詩意盎然。一些女性歌手也加入進來。我也常聽埃琳娜·格恩哈特、娜塔莉·斯圖茨曼《冬之旅》的演唱。這說明流浪的普遍性。我很期待今天的演唱。

燈光漸暗，一位身著灰色運動西服的男高音歌手緩步走上舞臺，鋼琴師緊隨其後。一陣短暫的寧靜後，鋼琴輕輕奏響了《冬之旅》的第一首《晚安》。d 小調的進行曲節拍緩慢而堅定，鋼琴的前奏如同踏在冰封路面的腳步聲。歌手開口，他的聲音低沈而理性，旋律線起伏不定，和聲中時不時的不協音讓人揪心。孤獨感在這古老的城堡秋夜格外真實。隨著音樂的推進，彷彿看到了旅人悄然在暗夜時分踏雪而去，無人察覺。他迷失方向，在雪地中孑然前行。在《風標》一曲中，鋼琴快速的音型模仿著呼嘯的北風，歌手的聲音時而激昂，時而低沈，展現了旅人內心的波瀾。當第五首 E 大調《菩提樹》響起時，整個室內被溫柔的回憶籠罩。鋼琴的三連音如同輕輕搖曳的樹葉，溫暖的號角召喚回家，歌手的聲音變得柔和而深情，音質純淨。讓人彷彿看到了那棵承載著甜美回憶的故鄉菩提樹。這是整部套曲唯一的大調，從《冬之旅》的淒涼景色中脫穎而出。

舒伯特藝術歌曲的特點是將鋼琴家的重要性提升到與歌手同等重要的角色。鋼琴不單純是伴奏陪襯，而是為歌唱提供了真實地平線和內心狀態，傳達歌詞都無法表達的內涵。他十七歲時作的套曲《紡車旁的格麗卿》的鋼琴伴奏也是如此，以紡車旋轉的時徐時疾，來傳達在愛情陷阱中的掙扎。在《冬之旅》中，鋼琴伴奏創造出詩歌的豐富自然意象，如奔騰的暴風雪、哭泣的風、冰下的水、烏鴉的呱呱叫聲、狗的叫聲、生銹的風向標格柵、哨聲的呼喚聲等。以及躁動的切分音、戲劇性的顫音、閃爍的音符簇和尖銳口音的，更增加了情緒性。有時，鋼琴使用重複、稀疏音型，喚起一種空虛和孤立之感，勾勒了流浪者的孤獨旅程。在《春之夢》中，鋼琴的快板段落如同歡快的鳥鳴。一段 A 大調後，與夢醒之後憂鬱的小調慢板形成鮮明對比。歌手的表情和聲音也隨之變化，從憧憬到失落，將夢境與現實的落差表現得淋漓盡致。菩提樹、春天，這些美好事物，在轉瞬間就破碎、消失，在生命裡只留下滿懷的遺憾。

整場音樂會的最後一首是《風琴藝人》，歌曲一開始，鋼琴奏出上下起伏的大跳旋律，每個樂句使用聽起來空洞的(缺少三度音程的)空心五度和聲收束。歌中一位白髮的老藝人，用冰冷的手指搖動他的風琴。乞討碗空空如也，沒有人聽他的音樂。他凍得在冰面跺腳，狗對他咆哮。他的琴音如同其生命一樣無足輕重，被這個世界漠視和拒絕。但他的演奏從未停止過。努力地、不停地搖著琴，就像不停止前進腳步的流浪者。最終鋼琴的持續音仿佛冰凍的河流，「*怪老頭，我和你同行，用你風琴的伴奏我的歌好嗎？*」歌手的聲音，化作一聲冰片般晶瑩尖銳的歎息，飄散在城堡的牆壁間。

當最後一個音符消逝時，整個音樂廳陷入了長久的沈默，仿佛所有人都沈浸在這場音樂之旅中，無法自拔。我動容了，這唱的似乎也是我自己。能完把文字與音樂如此完美結合，縱觀古典與浪漫主義作曲家，惟舒伯特耳。有之，恐怕只有莫劄特才能比肩吧。

掌聲終於響起，經久不息。環顧四周，發現很多觀眾的眼中閃爍著淚光。歌手普雷加迪安的平民化的演出很具親和力。很好地表現了舒伯特音樂的那種親密性，創造一種與聽眾的心靈聯繫。分享生命的喜悅、悲傷、渴望或絕望。接下來，聽訪談節目。主持人問歌手：「您是一位漫遊者嗎？」我精疲力竭地笑了。在這個人世間，誰不是在途中呢？或許會遇到短暫相伴，但終不免走入各自的歧路，有各自的冬之旅。

走出城堡，夜空中繁星點點。在客棧半夜醒來。不知身在何處。窗外，霧濛濛，路燈似有似無。可以聽見溪流的聲響。秋風吹過，這個阿爾卑斯山脈邊緣的城。迷迷糊糊中，我問自己，此生能把《冬之旅》二十四首套曲全部唱一遍嗎?

「*我抵達時是一個陌生人，我離開時是一個陌生人。*」（《冬之旅·晚安》）

www.ingramcontent.com/pod-product-compliance
Lightning Source LLC
Chambersburg PA
CBHW030344120726
47901CB00007B/1901

* 9 7 9 8 9 9 4 3 4 9 9 0 8 *